Ron DeSantis · Mut frei zu sein

Für Madison, Mason und Mamie

Denkt daran, immer auf eure Mutter zu hören.

Titel der amerikanischen Originalausgabe: »THE COURAGE TO BE FREE. Florida's Blueprint for America's Revival«.
© 2023 by Ron DeSantis, erschienen bei Broadside Books, an imprint of HarperCollins Publishers LLC, 195 Broadway, 24th floor, New York, NY 10007, U.S.A. Alle Rechte vorbehalten.

© 2024 LMV, ein Imprint der Langen Müller Verlag GmbH, München
Alle Rechte vorbehalten
Umschlaggestaltung: Sibylle Schug
Umschlagfoto: Lauren Socarras
Satz: VerlagsService Dietmar Schmitz GmbH, Heimstetten
Druck und Binden: Friedrich Pustet GmbH & Co. KG, Regensburg
Printed in Germany
ISBN 978-3-7844-3702-6
www.langenmueller.de

Ron DeSantis

MUT
FREI ZU SEIN

WAS AMERIKA VON
FLORIDA LERNEN KANN

LMV

Inhalt

Vorwort

Ende Oktober 2018 traf ich Ron DeSantis das erste Mal. Damals noch ein relativ unbekannter Kongressabgeordneter, wollte er Gouverneur von Florida werden und machte Wahlkampf. Gemeinsam mit 20 000 Menschen war ich in die Hertz Arena nach Estero gekommen, um ihn und den damaligen Präsidenten Donald Trump zu sehen. Die Halle bebte. Fast eine Stunde hatte Trump die Menge bereits aufgeheizt, als Ron und Casey DeSantis auf die Bühne kamen. Rein optisch ein Generationenwechsel. Auf der einen Seite Trump, der Einpeitscher, Bauchmensch und Meister der Manipulation, optisch bereits leicht derangiert. Auf der anderen Seite ein junges Paar wie aus dem Bilderbuch. Casey, eine ehemalige Emmy-prämierte Nachrichtenmoderatorin im zartblauen Kleid; Ron, ehemaliger Leistungssportler und Marineoffizier mit akkurat sitzender Frisur und Anzug. Nicht nur die optischen Unterschiede blieben mir im Gedächtnis, auch DeSantis Vorstellung. Er sei kein Showmensch, sondern ein Mann der Tat. Ein Arbeitstier mit Disziplin, das auf Fakten statt Emotionen setze. Er würde klar kommunizieren. Florida könne ihm vertrauen und sich auf ihn verlassen. Augenzwinkernd fügte er hinzu, dass er der einzige Kandidat sei, gegen den nicht wegen Korruption ermittelt würde.

Heute, fünf Jahre später, weiß ich, was er damals meinte. Für Florida und seine Bewohner war es ein Glücksfall, dass DeSantis im November 2018 zum 46. Gouverneur des Staates gewählt wurde und im Januar 2019 sein Amt antrat. Bereits ein Jahr später kämpfte die Welt mit einer Pandemie, und selbst die erfahrensten Staatenlenker verloren sich in einem Dschungel aus Unsicherheiten, Lockdowns, Inzidenzien und immer neuen Beschränkungen. Florida dagegen, unter der Regie des Newcomers DeSantis, wirkte immun gegen die Angst. Zwar wurden auch hier im April 2020 Schulen, Geschäfte und öffentliche Gebäude vorübergehend geschlossen, im Gegensatz zu anderen Staaten ging es in Florida aber von Anfang an um die Rückkehr zur Normalität.

Parallel zur Schließung veröffentlichte DeSantis einen 3-Phasen-Plan zur Wiederöffnung. Floridas Bürger wussten genau, welche Voraussetzungen erfüllt werden mussten, um wieder normal leben zu können. Seine Strategie war schon damals »Say what you do, do what you say.« Hysterische Überreaktionen, die die Politik vieler seiner Kollegen prägten, waren ihm fremd. Nüchtern, angstfrei und analytisch studierte er die Zahlen und entschied nach Fakten. So trat bereits Anfang Mai 2020, nur einen Monat nach der Schließung, Phase 1 der Öffnung in Kraft, die Restaurants, Geschäfte und Schulen wurden ab Juli 2020, in Phase 2, geöffnet. Im September des ersten Pandemiejahres, als Phase 3 und somit nahezu Normalität herrschte, erklärte er bereits, es sei ein Fehler gewesen, Schulen überhaupt zu schließen.

DeSantis wurde für diese einzigartige Strategie hart und oftmals unter der Gürtellinie kritisiert. Ein Satz ist mir besonders in Erinnerung geblieben: Florida sei das Schafott der USA. Die Kritik prallte an ihm ab, seine Zahlen sprachen eine andere Sprache. Er hatte den Mut, Freiheit und Selbstverantwortung auch während der Pandemie zuzulassen. Ich habe die Corona-Zeit abwechselnd in Deutschland und in Florida erlebt und fühlte mich unter seiner Regierung durchgehend besser aufgehoben als im dauerreglementierten Deutschland, in dem niemand mehr wusste, welche Regel gerade aktuell war.

Maskenpflicht herrschte in Florida nicht. Auch nicht an Schulen. Eltern durften entscheiden, nicht der Staat. Dafür konnte man sich bereits Mitte 2020 im Drive-through auf das Virus testen lassen. Jeder blieb im Auto, so konnte sich niemand in der Schlange anstecken. Ab Januar 2021 wurde geimpft, ganz pragmatisch im lokalen Supermarkt neben der Käsetheke. Als ich Nachbarn später erzählte, dass in Deutschland zunächst riesige Impfzentren gebaut würden, fragten sie nur: Warum?

Rückblickend müssen sogar seine Kritiker DeSantis Recht geben. Die Todesfälle in Florida unterschieden sich nicht signifikant von denen anderer Staaten, waren sogar unterdurchschnittlich - beachtet man die überdurchschnittlich alte Bevölkerung und die hohe Besucherquote. Ab Winter 2020 wurde der südlichste Bundesstaat nämlich förmlich überrollt von Touristen. Man erkannte sie sofort. Nicht nur an der fehlenden Sonnenbräune, sondern vor allem an den Masken und dem ängstlichen Blick. Es war wie in der Geschirrspülmittelwerbung: Während der Rest der Welt noch geschlossen war, wurde in Florida schon gefeiert. Die Snow-Birds, wie die Wintertouristen hier genannt werden, legten die Masken meist nach wenigen Tagen ab und genossen die bereits vergessene Freiheit und Normalität.

Florida wurde zum Pilgerort für Menschen aus ganz Amerika. Viele kamen, um zu bleiben. Donald Trump hatte schon Ende 2019 seinen Hauptwohnsitz von New York nach Florida verlegt, später kamen pikanterweise auch die Schwiegereltern des Gouverneurs von Kalifornien. Dessen Politik war von besonders starken Covid-Restriktionen geprägt. Während der Pandemie zogen jeden Tag 1000 Amerikaner aus einem der nördlichen, restriktiven Bundesstaaten nach Florida. Das ist eine Stadt von der Größe New Orleans, um die der südlichste amerikanische Bundesstaat jährlich wuchs.

Ein Blick auf die amerikanische Seele hilft, um dieses Massenphänomen zu begreifen. Der Amerikaner will den Staat nicht als Lebenslenker wissen. Er möchte, dass der Staat sich für Sicherheit, Infrastruktur und die Durchsetzung von Recht und Ordnung einsetzt. Den Rest regelt er lieber selbst. Genau dieses uramerikanische Prinzip holte DeSantis wieder aus der Versenkung und machte Florida damit zum Erfolgsmodel.

Florida lebt vom Tourismus, Immobilien, Grüner Energie, Finanzdienstleistungen, Militär und Technik. Unter DeSantis Regierung machte Floridas Bruttosozialprodukt einen gewaltigen Sprung von 500 Milliarden Dollar und überschritt im vergangenen Jahr erstmals die magische Grenze von 1 Billion. Auf globaler Ebene steht der Staat mittlerweile auf Platz 16 der größten Volkswirtschaften der Welt. Das zieht Menschen und Investoren an. Wohnungen und Häuser sind heute mehr als doppelt so viel wert wie vor der Amtsübernahme DeSantis. Die Baubranche platzt aus allen Nähten und neue Siedlungen schießen wie Pilze aus dem Boden.

Ron DeSantis ist der erfolgreichste und beliebteste Gouverneur, den Florida jemals hatte. Auch, oder vielleicht gerade weil er den Mut hat, umstrittene Entscheidungen zu fällen. Nicht nur beim Thema Covid. Er weigerte sich, dem Genderwahn zu huldigen und erklärte Florida zur »No Woke Zone«. 2022 erklärte er kurzerhand die zweitplatzierte Emma Weyant in einem Schwimmwettbewerb zur Siegerin. Die Erstplatzierte war nämlich eine Transfrau, also als Mann geboren. Er sah darin einen ungerechten Wettbewerbsvorteil. Von linken Aktivisten und der Translobby lautstark kritisiert, wird seine Sicht heute vom Schwimm-Weltverband FINA geteilt, welcher Transfrauen von Schwimmwettbewerben weitgehend ausschloss.

DeSantis verbot LGBTQ-Unterricht für Vorschule und Erstklässler, stärkt und unterstützt die Polizei und verweigert sich der Neuinterpretation der amerikanischen Geschichte durch Black-Live-Matters- und Kolonial-Aktivisten. Gleichzeitig macht er grüne Politik. Die Auswirkungen kann ich sehen, wenn ich durch die Everglades fahre oder auf einem der vielen Kanäle paddele. Das Wasser wird sauberer, die Umwelt regeneriert.

Ein Rechtsaußen, wahlweise die Kopie oder Marionette von Trump sagen seine Kritiker. »Make America Florida« die anderen, die sich wünschen, dass er Amerika genauso wirtschaftlich vorwärtsbringt und aus dem woken Wahnsinn heraus führt, wie er es mit Florida gemacht hat. Gegen linke Indoktrination ist DeSantis immun. Er sagt von sich selbst, dass er einer der ganz wenigen Menschen sei, die sowohl in Harvard als auch in Yale studiert haben, und konservativer aus diesen linken Kaderschmieden herauskam, als er hineinging. Ihn als Marionette Trumps zu bezeichnen hat schon fast humoresken Wert. DeSantis mag politisch mit Trump oftmals auf einer Linie liegen, menschlich ist er ganz anders.

Im Oktober 2021 gab DeSantis bekannt, dass seine Frau Brustkrebs hatte. »Casey is a true fighter, she will never, never, never give up«, beschrieb der Gouverneur seine Frau. Seit März 2022 ist die First Lady krebsfrei. Was für ein Powercouple die beiden sind zeigte sich, als Casey DeSantis in dieser Zeit zu einer Kämpferin nicht nur gegen den eigenen Krebs, sondern auch für die Unterstützung anderer wurde. Direkt nach ihrer eigenen Therapie reiste sie durch den Staat und besuchte Krankenhäuser und Patienten, um auf die Bedeutung der Früherkennung hinzuweisen. Die eigene Erfahrung mit der Krankheit seiner Frau bewog DeSantis, ein Gesetz durchzukämpfen, das jedem Einwohner Floridas das Recht auf Besuch im Krankenhaus gab. Auch während einer Pandemie.

Im Herbst 2022 zerstörte der Hurrikan »Ian« weite Teile der Golfküste Südwest-Floridas. Eine Naturkatastrophe, gegen die kein Politiker sein Land schützen kann. DeSantis bewies einmal mehr, dass er ein Mann der Tat ist. Bereits im Vorfeld wurden die Bewohner der gefährdeten Gebiete umfassend gewarnt und evakuiert, Arbeiter zur Hilfe aus der ganzen USA geordert.

Als das Ausmaß der Jahrhundertkatastrophe dann klar wurde, krempelte er die Ärmel hoch wie einst Helmut Schmidt nach dem Hochwasser in Hamburg.

Unter DeSantis Leitung wurde umgehend mit Aufräumarbeiten und Wiederaufbau der Region begonnen. Seine Meisterleistung: Die komplett zerstörte Straße auf die Halbinsel Sanibel wurde inklusive einer neuen Brücke in nur drei Wochen wiederaufgebaut. Asphaltiert! Während ihr Mann noch vor Ort zupackte, sammelte First Lady Casey fast 50 Millionen Dollar private Spenden ein. Gemeinsam mit Amazon organisierte sie Spielzeug und Bedarfsartikel für Kinder, DeSantis bat Elon Musk um Spacelink-Stationen und stellte auf die Art Internet für die Hilfskräfte zur Verfügung. So funktioniert Führung.

In den USA schoss »The Courage to Be Free« umgehend nach Erscheinen auf Platz 1 der Bestsellerlisten von Amazon bis zur *New York Times*. Wenige Monate zuvor, bei den Wahlen im November 2022, war DeSantis gerade mit überwältigendem Vorsprung im Amt bestätigt worden. Darüber hinaus hatte er dafür gesorgt, dass Florida kein Swing State mehr ist, sondern als rot, also republikanisch, gilt. Amerika interessierte sich brennend für das Erfolgsrezept des 46. Gouverneurs von Florida, der kurz darauf seine Kandidatur für die Präsidentschaftswahl 2024 ankündigte. Ronald Dion »Ron« DeSantis ist bereit für den nächsten Schritt. Vielen, nicht nur in Florida, gilt er als Hoffnungsträger für ein neues Amerika. Dem Land wäre ein Präsident mit seinen Qualitäten zu wünschen!

Susanne Heger, Naples,
im Dezember 2023

Der Mut gilt zu Recht als die wichtigste aller Tugenden,
denn von ihm hängen alle anderen ab.

WINSTON CHURCHILL

Das Florida-Modell

Die meisten Amerikaner wissen instinktiv, dass etwas schiefgelaufen ist mit unserem Land in der letzten Generation.

In Zeiten des Aufruhrs wünschen sich die Menschen Führungspersönlichkeiten, die bereit sind, die Wahrheit zu sagen, für das Richtige einzutreten und den nötigen Mut zur Führung zu zeigen.

Dies gilt insbesondere für das Amt des Gouverneurs.

Die Gesetzgeber spielen in unserem System eine wichtige Rolle, aber sie müssen nicht wirklich führen – ihre Wahl spiegelt zwar ihre Philosophie wider, aber die Verantwortung liegt nicht bei ihnen. Ein Gouverneur muss ein starkes Gespür für die richtige Richtung haben, aber dieses Gespür muss mit der Fähigkeit und Bereitschaft verbunden sein, mit Überzeugung zu führen. Ein Gouverneur, der in der Sache recht hat, dem aber der Mut zur Führung fehlt, wird ein ungeeigneter Regierungschef sein.

Florida hat sich während meiner Amtszeit als Gouverneur auch deshalb hervorgetan, weil wir bereit waren, mutige Positionen zu beziehen, selbst wenn es nicht einfach war: Wir haben gegen parteiische Medien und etablierte Bürokraten gekämpft, indem wir Florida während der Corona-Pandemie nicht abriegelten, wir haben gegen Disney gekämpft, um kleine Kinder in Florida zu schützen, und wir haben uns gegen mächtige Interessen gestellt, um die natürlichen Ressourcen des Staates zu schützen.

Die Menschen werden eine Führungspersönlichkeit unterstützen, die Zivilcourage zeigt und entschlossen für die Wahrheit eintritt, weil dies bei gewählten Amtsträgern selten der Fall ist. Wenn ein Gouverneur den Menschen zeigt, dass er bereit ist, unter schwierigen Umständen für sie zu kämpfen, dann werden die Menschen ihm den Rücken stärken und noch mehr.

Nach ein paar Jahren meiner Gouverneurstätigkeit war das Wichtigste, was die Leute sagten, wenn sie auf mich zukamen, einfach »Danke«. Einige waren dankbar dafür, dass Florida während der Corona-Pandemie offenblieb, andere waren dankbar dafür, dass ihre Kinder die Schule weiterhin besuchen konnten, wieder andere dankten mir für alles, vom Schutz von Arbeitsplätzen bis zur Verteidigung der staatlichen und lokalen Strafverfolgung.

Nicht nur die Floridianer waren dankbar; Menschen im ganzen Land und auf der ganzen Welt betrachteten Florida als eine Bastion der Freiheit in einer verrückt gewordenen Welt, und einige schickten Kurzmitteilungen an mein Büro, um mir dafür zu danken, dass ich den Weg der freien Welt eingeschlagen hatte.

Auf dem Höhepunkt der drakonischen Abriegelungen in Australien schrieb ein Mann aus Sydney an mein Büro: »Es gibt hier im Moment nicht viel Hoffnung, und viele von uns haben Angst vor dem, was unsere Regierenden für uns auf Lager haben. Ich hoffe, dass Sie und Ihr großartiger Bundesstaat Florida uns in dieser dunklen Zeit Hoffnung geben. Danke, dass Sie sich für uns einsetzen.«

Zu Beginn des Jahres 2021 wurde eine kleine Industrie von Waren und Kleidung mit dem Motto »Make America Florida« gegründet. Auf diese Weise brachten viele Floridianer ihren Stolz auf unseren Staat zum Ausdruck, während andere den »Sunshine State« als Vorbild für andere Bundesstaaten und sogar für die ganze Nation anpriesen.

Die Menschen haben eindeutig auf unsere Führung in Florida reagiert. Wir sehen dies in der historischen Zuwanderung, die der Staat erlebt hat, seit ich Gouverneur bin.

So bemerkenswert die landesweit führende Nettozuwanderung Floridas in den letzten Jahren auch war, umso bedeutungsvoller ist vielleicht die politische Zusammensetzung dieser Zuwanderung. Seit Beginn der Corona-Pandemie sind in jedem einzelnen der neunundvierzig anderen Bundesstaaten mehr Republikaner nach Florida gezogen als Demokraten.

Als ich 2018 gewählt wurde, gab es im Bundesstaat Florida fast 300 000 mehr registrierte Demokraten als Republikaner. Bevor ich Gouverneur wurde, hat es in Florida nie mehr registrierte Republikaner als Demokraten gegeben. Im Oktober 2022 gab es in Florida über 300 000 registrierte Republikaner mehr als Demokraten – eine Verschiebung der Registrierung zugunsten der Republikaner, die in der modernen Geschichte der Politik beispiellos ist.

Wir wurden Zeuge eines großen amerikanischen Exodus – Amerikaner flohen aus Staaten, die von linken Regierungen beherrscht wurden, und Florida galt als das gelobte Land.

Das ist keine allgemeine Bestätigung der Republikanischen Partei, geschweige denn des republikanischen Establishments. Es gibt Leute, die sich von den Regierenden in Washington, D.C., weitgehend nicht repräsentiert fühlen und nach Florida gezogen sind, weil wir mit einer Agenda angetreten sind, die die Werte von Menschen wie ihnen vertritt. Ich denke sogar, dass die Einwanderung nach Florida durch Menschen bestimmt ist, die eine Politik wollen, die sowohl die amerikanische Tradition als auch den gesunden Menschenverstand widerspiegelt. Dies gilt umso mehr, als sich die Demokratische Partei in etwas verwandelt hat, das man nur noch als wach rüttelnde Müllhalde bezeichnen kann.

Florida hat ein Konzept für die Regierungsführung entwickelt, das zu greifbaren Ergebnissen geführt hat und gleichzeitig den etablierten Eliten, die unsere Nation in den Ruin getrieben haben, eine Rüge erteilt. Florida ist der Beweis dafür, dass wir, das Volk, diesen Eliten nicht machtlos gegenüberstehen.

Wer genau sind diese Eliten? In einem Essay im *American Spectator* aus dem Jahr 2010 stellte Angelo Codevilla die Quelle der politischen Spaltung und des politischen Versagens Amerikas als die ideologische, inkompetente und eigennützige »herrschende Klasse« heraus, die in den letzten fünfzig Jahren die Macht über die amerikanische Gesellschaft gefestigt hat.

Diese Eliten kontrollieren die Bundesbürokratie, die Lobby-Geschäfte an der K Street in Washington, das Großkapital, die Medien, die Big-Tech-Unternehmen und die Universitäten. Ihre Mitglieder sind Produkte des ideologischen amerikanischen Hochschulsystems und werden folglich durch eine Reihe von Ideen und »bemerkenswert einheitlichen Leitlinien sowie Gewohnheiten« vereint. Diese ideologische Einheitlichkeit geht über geografische, ethnische und religiöse Unterschiede hinaus; die Ideologie ist de facto die Religion der Eliten.

Diese Eliten sind »Fortschrittler«, die glauben, dass unser Land von einem exklusiven Kader von »Experten« geleitet werden sollte, die ihre Autorität durch einen nicht rechenschaftspflichtigen, überdimensionalen Verwaltungsstaat ausüben sollten. Sie neigen dazu, den Durchschnittsamerikaner zu verachten, glauben an die Notwendigkeit einer umfassenden sozialen Umgestaltung der amerikanischen Gesellschaft und halten sich für berechtigt, Macht über andere auszuüben.

Sie sind zwar Eliten, aber in diesem Zusammenhang bedeutet das Wort »Elite« nicht, dass jemand über eine ungeheure Begabung, großen Reichtum oder beachtliche Leistungen verfügt. Stattdessen meint es jemanden, der die Ideologie und die Ansichten der herrschenden Klasse teilt, was man durch »Tugendhaftigkeitssignale« (d. h. das Sprechen der »In«-Sprache) und dadurch zeigen kann, dass man die Amerikaner als Untertanen betrachtet, über die man herrschen muss, und nicht als Bürger, die man vertreten muss.

Zu diesen »Eliten« gehören nicht einige Personen, die es bis in die höchsten Ränge der Gesellschaft geschafft haben. Eine wichtige Person in unserer Regierung wie der Richter am Obersten Gerichtshof der USA, Clarence Thomas, Absolvent der Yale Law School, gehört nicht zu dieser Gruppe, weil er die Ideologie, den Geschmack und die Einstellungen der Gruppe ablehnt. Einige, die großen Reichtum erlangen, sei es ein Ölunternehmer aus Texas oder ein Autohändler aus Florida, gehören auch zu den »Außenseitern«, weil sie sich nicht der vorherrschenden Weltanschauung und den philosophischen Präferenzen der herrschenden Klasse anschließen.

Der große Thomas Sowell hat all dies schon vor mehr als fünfundzwanzig Jahren erkannt. In seinem bemerkenswerten Buch *The Vision of the Anointed: Self-Congratulation as a Basis for Social Policy* (Die Vision der Gesalbten – Selbstbeweihräucherung als Basis der Sozialpolitik) erklärt Sowell, wie eine politische Perspektive zu einem quasi-religiösen »besonderen Gnadenstand wird für diejenigen, die glauben«, in dem diejenigen, die von der Vision abweichen, »nicht nur falsch, sondern sündig« sind. Das entscheidende Merkmal der Vision liegt in ihrer Widerstandsfähigkeit gegen Beweise. Wenn eine bevorzugte Politik ihre erklärten Ziele nicht erreicht, können neue Kriterien formuliert werden, um das anfängliche Scheitern zu rationalisieren – und, wie Sowell hervorhebt, garantiert diese »Isolierung von Beweisen praktisch einen nie endenden Vorrat an Politiken und Praktiken, die fatalerweise von der Realität unabhängig sind«. Den Gesalbten geht es um Erzählungen, nicht um Fakten oder Ergebnisse.

Der Grund, warum diese Klasse die Quelle großer Spaltungen in der amerikanischen Gesellschaft ist, liegt darin, dass sie die Menschen, über die sie sich berechtigt fühlt zu herrschen, grundsätzlich nicht repräsentiert. Ihre natürliche Heimat ist die Demokratische Partei, aber sie repräsentiert nicht einmal alle demokratischen Wähler. Während die Werte der herrschenden Klasse von den meisten Wählern abgelehnt werden, werden diese Wähler in unserem politischen System in der Regel nicht angemessen vertreten. Wie Codevilla erklärte, sind die etablierten Republikaner die »Juniorpartner« der herrschenden Klasse; sie wollen von den Gesellschaftsmedien akzeptiert werden und sind keine Herausforderung für die grundlegende Vision der Gesalbten.

Diese Dynamik hat zu einer sogenannten Einheitspartei geführt, in der die meisten Wähler der Republikaner, viele Wähler der Demokraten und eine große Zahl unabhängiger Wähler durch die Regelungen von Washington, D.C., nicht repräsentiert werden. Da die Ideologie der herrschenden Klasse so viele führende Institutionen in unserer Gesellschaft erobert hat, hat sie de facto ein »Regime« geschaffen, in dem Regierungsbürokratien, alte Medienkanäle, große Technologieunternehmen und viele Unternehmen in Amerika zusammenarbeiten, um die Vision der Elite einer unwilligen Öffentlichkeit in den Hals zu stopfen.

Vor diesem Hintergrund sollten die Debatten über »Populismus« analysiert werden. Ein populistischer Aufstand, der auf die Errichtung einer kommunistischen Diktatur abzielt, wie es in Kuba geschah, ist nicht wünschenswert. Ein populistischer Impuls, dem Versagen einer nicht repräsentativen herrschenden Klasse eine repräsentativere und erfolgreichere Regierung entgegenzusetzen, stellt eine logische Reaktion der Menschen dar, die die Hauptlast ihres Versagens tragen.

Die Vereinigten Staaten sind zunehmend zum Gefangenen einer arroganten, veralteten und gescheiterten herrschenden Klasse geworden. Im Laufe der Jahre haben diese Eliten die Kommunistische Partei Chinas gestärkt, indem sie China den

Status des »meistbegünstigten Landes« im Handel einräumten (zum Nachteil der industriellen Basis Amerikas). Sie unterstützten militärisches Abenteurertum in der ganzen Welt ohne klare Ziele oder Aussicht auf einen Sieg; sie frönten dem Social Engineering in Bezug auf Wohneigentum, das den Grundstein für eine große Finanzkrise und die vom Steuerzahler finanzierte Rettung der Wall-Street-Banken legte; sie bewaffneten sogar den nationalen Sicherheitsapparat, indem sie die Verschwörungstheorie über russische geheime Absprachen ins Leben riefen, und trafen harte »Maßnahmen« als Reaktion auf das Coronavirus, die die individuelle Freiheit einschränkten und Gemeinden im ganzen Land verwüsteten, ohne dass dies zu einem entsprechenden Nutzen bei der Bekämpfung des Virus führte.

Diese Eliten sind nicht instinktiv patriotisch, sondern betrachten sich als »Weltbürger«. Das bedeutet, dass sie eine Politik befürworten, die die Bedeutung der nationalen Souveränität ignoriert und offene Grenzen und eine »globale« Wirtschaft bevorzugt. Sie halten diejenigen, die sich über den absichtlichen Ausfall der Grenzkontrollen an der Grenze zwischen den USA und Mexiko aufregen, der die Einfuhr großer Mengen an Fentanyl in die USA zur Folge hatte und die Zahl der Todesfälle durch Überdosierung stark ansteigen ließ, für »rassistisch«, weil sie die Souveränität der USA verteidigen und die Rechtsstaatlichkeit aufrechterhalten wollen. Sie sind begeistert von Konzepten wie dem »Great Reset« des elitären Weltwirtschaftsforums, das eine Zukunft vorhersagt, in der man »nichts besitzen und glücklich sein wird«, die USA nicht mehr die führende Supermacht sein werden, die Menschen viel weniger Fleisch essen werden, um die Umwelt zu retten, und die Energiepreise deutlich steigen werden.

Die Eliten verlassen sich nicht darauf, Wahlen zu gewinnen, um genügend politische Macht zu erlangen, um die gewünschte Politik umzusetzen; sie verlassen sich auf einen riesigen Verwaltungsstaat, mit dem sie ihre bevorzugte Politik unabhängig vom Ausgang der Wahlen umsetzen können. In dem festen Glauben, dass die Gesellschaft am besten von »Experten« regiert wird, die in Regierungsbehörden arbeiten, die nicht rechenschaftspflichtig sind, treiben sie sehr große Veränderungen in der amerikanischen Gesellschaft voran in Bereichen, die von der Energie bis hin zur Bildung reichen, und zwar durch bürokratischen Erlass, nicht etwa durch die Zustimmung der Bevölkerung.

Meiner Meinung nach ist der Hauptgrund für die politische Spaltung in den Vereinigten Staaten diese verknöcherte herrschende Klasse, die den Großteil der Öffentlichkeit in Versuchung führt, ihre Macht durch einen riesigen Verwaltungsapparat ausübt und trotz der unzähligen Misserfolge, die sie hinterlassen hat, ein Gefühl des Anspruchs aufrechterhält. Diese Eliten haben große Teile der Amerikaner entfremdet, die zunehmend Zuflucht davor suchen, von der gescheiterten und zerstörerischen Politik erdrückt zu werden.

Floridas Vorgehen hat sich als wirksames Gegenmodell zu Amerikas gescheiterter herrschender Klasse bewährt. In Florida befähigt die Politik den Einzelnen, das Beste aus seinem Leben zu machen, unter anderem durch die Begrenzung der Macht und des Einflusses großer, mit der Politik verbundener Institutionen, die im Einklang mit der linken Ideologie arbeiten. In einer Welt, die zunehmend verrückter wird, ist Florida ein Brückenkopf der Vernunft, die jene angezogen hat, die im Inneren an die amerikanischen Werte glauben.

Die Reaktion auf das Coronavirus ist ein gutes Beispiel dafür, wie wichtig es ist, dass jeder Bürger seinen eigenen gesunden Menschenverstand einsetzt. Florida widersetzte sich den »Experten« und schlug einen Kurs ein, der darauf abzielte, das Funktionieren der Gesellschaft und die allgemeine Gesundheit der Bürger aufrechtzuerhalten, während machthungrige Eliten versuchten, das Coronavirus zu nutzen, um eine repressive biomedizinische Sicherheit auf den amerikanischen Staat durchzusetzen, aber Florida hat solchen Plänen widerstanden.

Wir haben auch den intellektuellen Bankrott und die dreiste Parteilichkeit der Eliten des öffentlichen Gesundheitswesens – wie im Fall von Dr. Anthony Fauci – erkannt. Die Leistung dieser sogenannten Experten – sie lagen falsch, was die Notwendigkeit von Abriegelungen, die Wirksamkeit von Stoffmasken, Schulschließungen, die Existenz natürlicher Immunität und die Genauigkeit epidemiologischer »Modelle« anbelangt – war so entsetzlich, dass kein vernünftiger Mensch jemals wieder »den Experten vertrauen« sollte. Während die »Gesalbten« es vorziehen, die Selbstverwaltung an die vornehme Klasse abzugeben, spiegelt das Modell von Florida die Mahnung von Präsident Dwight Eisenhower wider, dass die öffentliche Politik nicht von einer wissenschaftlich-technischen Elite vereinnahmt werden darf.

In Florida haben wir nicht tatenlos zugesehen, wie fortschrittliche Eliten unsere Gesellschaft mit Füßen getreten haben. Wir haben zurückgeschlagen – und zwar bei den wichtigsten Themen.

Wir haben uns in der Bildungsfrage gewehrt, die eine Generation lang von den Fortschrittlern beherrscht wurde. Als die Corona-Pandemie eine Menge grundlegender Fehler in den Schulsystemen im ganzen Land aufdeckte, wurden die Eltern aktiver in Bezug auf die Vorgänge an den Schulen ihrer Kinder. Daraus entwickelte sich eine landesweite Bewegung zur Verteidigung des Rechts der Eltern, eine entscheidende Rolle bei der Erziehung ihrer Kinder zu spielen. Schulen sind dazu da, der

Gemeinschaft zu dienen und bei der Erziehung der Kinder zu helfen, und nicht dazu, die Rechte der Eltern zu beschneiden und der Bürokratie die Werte aufzuzwingen, die sie für richtig hält.

Unser Mantra in Florida war Bildung, nicht Indoktrination. Florida war einer der ersten Bundesstaaten, der eine »Parents' Bill of Rights« (Gesetz über die Rechte der Eltern) – eines Gesetzes, das die Rolle der Eltern in der Bildung gesetzlich festschreibt – sowie eine Gesetzgebung zur Transparenz der Lehrpläne erlassen hat, die den Eltern das Recht garantiert, das in den Schulen ihrer Kinder verwendeten Unterrichtsmaterial einzusehen. Die Tatsache, dass eine solche Maßnahme überhaupt notwendig ist, zeigt, wie weit sich das moderne Schulsystem vom Kernauftrag der Bildung entfernt hat.

Florida ist landesweit führend bei der Wahlfreiheit der Eltern in Bezug auf Schulen von der ersten bis zur zwölften Klasse. Unsere Schulwahlprogramme – sowohl private Stipendien als auch öffentliche Charter-Schulen – haben jährlich mehr als 500 000 Schülern geholfen und dazu beigetragen, mehr Wahlmöglichkeiten innerhalb der Schulbezirke zu schaffen, sodass mehr als 1,3 Millionen Schüler in Florida nicht die öffentliche Schule besuchen, für die sie »eingeteilt« sind.

Florida hat auch modellartig die Bedrohung erkannt, die entsteht, wenn die »woke«-Ideologie in den Führungsetagen der Gesellschaft um sich greift. Die Wall-Street-Banken können Finanzdienstleistungen für Branchen verweigern, die mit der Vision der »Gesalbten« kollidieren, beispielsweise für Hersteller von Schusswaffen oder für Unternehmen, die Dienstleistungen für die Durchsetzung der Einwanderungsgesetze erbringen, weil sie den zweiten Verfassungszusatz ablehnen und offene Grenzen befürworten. Diese Absprachen stellen für die herrschende Klasse eine Möglichkeit dar, über die Wirtschaft das zu erreichen, was sie an den Wahlurnen niemals erreichen könnte. Die Bewegung für Umwelt, Soziales und Unternehmensführung (Environmental Social Governance, ESG) ist der logische Höhepunkt dieses Impulses, da sie versucht, der Gesellschaft die Ideologie der herrschenden Klasse durch börsennotierte Unternehmen und Vermögensverwaltung aufzuzwingen. Indem wir es mit dem Woke Kapital aufgenommen haben, haben wir in Florida die Gefahren der öffentlichen Macht erkannt, die von privaten Einrichtungen ausgeübt wird, die den Wählern gegenüber nicht rechenschaftspflichtig sind.

Die Rolle, die Big-Tech-Unternehmen in unserer Gesellschaft spielen, bedroht inzwischen unsere Selbstverwaltung. Es ist eine Sache, wenn ein Unternehmen groß und profitabel wird, indem es seinen Kunden gute Produkte und Dienstleistungen anbietet. Es ist aber etwas ganz anderes, ein Quasi-Monopol zu sein, dessen Plattformen den größten Teil der politischen Äußerungen des Landes beherbergen, und dann diese Macht zu nutzen, um das bevorzugte Narrativ der herrschenden Klasse durchzusetzen, wenn Big-Tech-Firmen mit der Bundesregierung zusammenarbeiten, um »Fehlinformationen« zu überwachen und zum de facto Zensurarm des Regimes zu werden, reicht nicht aus, um einige zu überzeugen.

Eine weitere Bedrohung für das Verfassungssystem ist die Abkehr der Elite von der Rechtsstaatlichkeit. Durch die Unterstützung offener Grenzen unter Verletzung des Bundesrechts stellt die herrschende Klasse ihre eigene Vision über die Souveränität der Nation auf. Die Hauptlast dieser Politik trifft natürlich die »benachteiligte« Arbeiterklasse, die mitansehen muss, wie Fentanyl und andere Drogen ihre Gemeinden verwüsten, und die sich mit gefährlichen Kriminellen herumschlagen muss, die absichtlich wieder freigelassen werden – während die »Gesalbten« sicher in ihren komfortablen Umgebungen ruhen und die katastrophalen Folgen ihrer Politik nicht erleben müssen.

Florida hat diese gesetzlose Vision der »Gesalbten« abgelehnt. Ich habe Maßnahmen wie das Verbot von »Sanctuary Cities« zur Bekämpfung der illegalen Einwanderung unterzeichnet – und erhielt infolgedessen starke Unterstützung von Latinos aus der Arbeiterklasse. Florida hat auch wichtige Reformen zur Unterstützung der Polizei und zur Erhöhung der öffentlichen Sicherheit durchgeführt, einschließlich des Verbots der Aushöhlung der Mittel für die Strafverfolgungsbehörden und der Verhängung von Strafen gegen diejenigen, die sich an der Gewalt des Mobs beteiligen.

Unsere Nation braucht eine Einwanderungspolitik, die die Souveränität des Landes anerkennt und durchsetzt, und zwar nicht nur durch eine Mauer an der Südgrenze, sondern auch durch die schnelle Abschiebung derjenigen, die sich illegal im Land aufhalten. Ein irrtümlicher Asylantrag sollte für einen Ausländer kein Ticket sein, sich im Inneren unseres Landes niederzulassen. Das legale Einwanderungssystem sollte auch keine Maßnahmen wie die »Diversitätslotterie« und die Kettenmigration beinhalten. Stattdessen sollte das Einwanderungssystem auf Leistung basieren, Assimilierung und nicht Massenmigration fördern und darauf ausgerichtet sein, die Löhne der amerikanischen Arbeiterklasse zu verbessern.

Die Politik der sanften Kriminalität ist im Laufe der Jahre immer wieder gescheitert, wenn sie umgesetzt wurde. Der Schwerpunkt des Strafrechts sollte auf der Aufrechterhaltung der Ordnung in der Gesellschaft liegen. Unsere Gesellschaft kann nicht funktionieren, wenn skrupellose Staatsanwälte Gesetze, die ihnen nicht gefallen, aufgrund ihrer persönlichen Vorstellung von »sozialer Gerechtigkeit« einfach außer Kraft setzen können, und wenn diejenigen, die grundlegende Aufgaben der Strafverfolgung wahrnehmen, für ihren Dienst verunglimpft werden.

Als wir diese Positionen vertraten, taten wir dies vor dem Hintergrund eines nahezu einseitigen Widerstands der traditionellen Medien. Viele der Probleme, die der Öffentlichkeit untergeschoben wurden, wären vielleicht nicht aufgetreten, wenn wir Medien gehabt hätten, die an der Suche nach der Wahrheit interessiert gewesen wären, anstatt parteiische Narrative zu verbreiten. Falsche Mediennarrative wurden benutzt, um Kinder in vielen linken Enklaven für mehr als ein Jahr von der Schule auszuschließen und um Angriffe gegen die Strafverfolgungsbehörden zu rechtfertigen, weil sie »rassistisch« seien, was dazu führte, dass mehr Menschen Opfer von Kriminellen wurden.

Wenn Menschen sich gegen das Regime auflehnen – sei es gegen den Gouverneur eines Bundesstaates oder ein Elternteil, das auf einer Schulkonferenz spricht –, werden die etablierten Medien unweigerlich dem Regime in die Quere kommen und sie verleumden, wobei sie oft anonyme Quellen benutzen, um ihre Angriffe zu »waschen«. Die Medienkonzerne sind eindeutig kaputt und eine der Hauptquellen für die Spaltung unseres Landes. Wir haben uns diesen Medien nie gebeugt, indem wir sie als Gatekeeper anerkannt haben; stattdessen haben wir uns gegen ihre falschen Narrative gewehrt und den Menschen die Wahrheit gesagt.

Florida hat seine Bürger ständig gegen große Institutionen verteidigt, die ihnen Schaden zufügen wollten – von Bürokraten des öffentlichen Gesundheitswesens, die versuchten, Kinder von der Schule fernzuhalten, über große Unternehmen, die versuchten, die Rechte der Eltern zu untergraben, bis hin zu Bundesbehörden, die versuchten, Menschen aufgrund von COVID-19-Impfungen aus dem Arbeitsleben zu drängen.

Der Grund dafür, dass so viele Menschen nach Florida gezogen sind, ist der Inbegriff des »freien Bundesstaates«, weil wir eine Politik umgesetzt haben, die erkennt, dass die Bedrohung der Freiheit nicht auf die Handlungen der Regierungen beschränkt ist, sondern auch eine Menge aggressiver, mächtiger Institutionen umfasst, die unserem Land unbedingt eine wunschgemäße Agenda aufzwingen wollen. In dem Maße, in dem die Linke die Kontrolle über diese Institutionen erlangt hat, ist ihre traditionelle Skepsis gegenüber der verfestigten Macht solcher Institutionen geschwunden.

Wir haben gegen die woken Eliten in Florida gekämpft, und wir haben gewonnen, immer und immer wieder. Wenn Sie gegen die Elitemaschinerie vorgehen, wissen Sie, dass Sie mit einer Menge Schleudern und Pfeile konfrontiert werden. Die Fähigkeit, zielgerichtet und mit Überzeugung zu führen, ist das, was eine Agenda, die auf dem Papier schön klingen mag, von einer, die einen Unterschied machen wird, unterscheidet.

In Zeiten wie diesen gibt es keinen Ersatz für Mut.

Kapitel 1

Grundlagen

Der Apostel Matthäus erzählte, dass ein Haus, das auf einem starken, stabilen Felsenfundament gebaut ist, dem peitschenden Regen, den anschwellenden Flüssen und den heulenden Winden standhalten kann (Matthäus 7,24–27). Für einen Gouverneur bedeutet ein solides Fundament, dass er weiß, woran er glaubt, dass er eine klare Vision von dem hat, was er erreichen will, und dass er sich dessen bewusst ist, dass das Erreichen großer Ziele nicht »kostenfrei« zu haben ist. Es ist unerlässlich für die Ausübung von Exekutivfunktionen und die Führung in turbulenten politischen Gewässern.

Als ich im Januar 2019 Gouverneur von Florida wurde, half mir das Fundament, das ich mitbrachte – mein Glaube, meine bürgerlichen Werte und meine Reise von einer Kleinstadt in Florida über die irakische Wüste bis hin zu den Hallen des Kongresses –, standhaft für das Richtige einzutreten. Ich würde nie die Art von lustlosem Regierungschef werden, die allzu oft in den Hauptstädten unserer Bundesstaaten und manchmal sogar im Oval Office sitzt, umgeben von Meinungsforschern und Beratern, und sich sagen lässt, was zu tun ist.

Ich bin ein stolzer Einwohner Floridas. Geboren in Jacksonville, zog meine Familie, als ich vier Jahre alt war, nach Orlando, und als ich in der ersten Klasse war, ließ sie sich in Dunedin nieder (in Pinellas County, einer Halbinsel zwischen dem Golf von Mexiko und der Tampa Bay). Meine Familie zog in Florida herum, weil mein Vater für das Fernsehforschungsinstitut Nielsen arbeitete. Damals musste Nielsen spezielle Geräte an den Fernsehgeräten der ausgewählten Familien anbringen. Meine Mutter war Krankenschwester und kümmerte sich neben der Pflege von Patienten auch um meine jüngere Schwester und mich.

Dunedin hatte etwa dreißigtausend Einwohner, als wir Mitte der 1980er-Jahre zum ersten Mal dorthin zogen. Die Stadt war eine Mischung aus Südstaatlern und Zuwanderern aus dem Mittleren Westen und Nordosten, darunter viele Rentner. Ich hatte den Eindruck, dass mehr meiner Nachbarn ihre Wurzeln in Staaten wie Ohio und Illinois hatten als in New Jersey oder New York. Das entspricht der allgemeinen Faustregel in Florida, dass die Menschen aus dem Mittleren Westen die I-75 nach Süden wählen und sich an der Westküste Floridas niederlassen, während die Menschen aus dem Nordosten der I-95 nach Süden folgen, um an der Südostküste zu landen, wo die Heimspiele unserer damals einzigen Profisportmannschaft, den Tampa Bay Buccaneers, stattfanden. Dort gab es oft mehr Fans, die Gastmannschaften wie die Chicago Bears anfeuerten, als Menschen, die unsere Heimatstadt Bucs besuchten. Obwohl es ein Privileg war, Gouverneur zu sein, als die von Tom Brady angeführten Buccaneers 2021 im Raymond-James-Stadium in Tampa den Super Bowl gewannen, wäre es damals, als ich aufwuchs, etwas weniger unwahrscheinlich gewesen, dass die Bucs die Meisterschaft gewinnen, als dass ich zum Gouverneur gewählt werden würde.

Für ein von Baseball besessenes Kind war Dunedin großartig: Es war das Frühjahrstrainingszentrum der Toronto Blue Jays. Ich konnte den großen Spielern direkt auf der Straße zusehen. Ich lebte in meinem eigenen kleinen Baseballhimmel.

Von dem Zeitpunkt an, als meine Familie Mitte der 1980er-Jahre nach Dunedin umzog, bis zu meinem Highschool-Abschluss verließ ich den Großraum Pinellas nur selten für etwas anderes als Baseball. Wir machten gelegentlich Ausflüge über die Bucht nach Tampa und fuhren bei einigen Gelegenheiten neunzig Meilen zu Freizeitparks in Zentralflorida. Aber mein tägliches Leben – Schule, Baseball, Freunde, Kirche – spielte sich im Umkreis von etwa fünf Meilen um mein Zuhause ab.

Baseball war der Motor für die Erweiterung meines Horizonts. Damals gab es in Little Leagues wie Dunedin National eine reguläre Saison, in der die einzelnen Teams, die jeweils von einem lokalen Unternehmen gesponsert wurden, gegeneinander antraten. Dann wurden die besten Spieler aus den Teams der Liga ausgewählt, und es entstand das All-Star-Team, das darum kämpfte, es bis zu den Little League World Series in Williamsport, Pennsylvania, zu schaffen.

Als ich elf Jahre alt war, wurde ich in die All-Star-Mannschaft von Dunedin National berufen. Wir hatten gute Spieler (von denen einige später von Profiteams verpflichtet wurden), trainierten täglich und nahmen am Bezirksturnier teil, schieden aber nach drei Spielen aus.

Das war enttäuschend, aber ich habe mir zunächst nicht viel dabei gedacht, da ich noch ein weiteres Jahr in der Little League spielen durfte. Außerdem war das Turnier von Williamsport etwas, das man im Fernsehen sah. Für eine Gruppe von Kindern aus Dunedin, Florida, schien das keine realistische Möglichkeit zu sein.

Wie es der Zufall wollte, gewann unsere Schwesterliga, Dunedin American, die auf der anderen Seite der Stadt spielte, die Staatsmeisterschaft in Florida und stand kurz davor, die Southern Regional zu gewinnen (die dreizehn Bundesstaaten umfasste, darunter auch Texas und Georgia) und sich die begehrte Reise nach Williamsport zu verdienen. Ich erinnere mich daran, dass ich das regionale Endspiel im nahe gelegenen Gulfport, Florida, besuchte und Zeuge einer harten Niederlage für Dunedin American wurde, die von einer umstrittenen Entscheidung abhing. Wir alle hatten das Gefühl, dass unser Stadtrivale der Chance beraubt wurde, die Little League World Series zu erreichen.

Die Niederlage von Dunedin American hat uns ein Licht aufgehen lassen. Plötzlich schien es nicht nur möglich zu sein, das Ticket nach Williamsport als Meister der US Southern Region zu lösen, sondern auch erreichbar. Als im folgenden Jahr die All-Stars von Dunedin National ausgewählt wurden, brachten die meisten unserer Teammitglieder Aufkleber mit der Aufschrift »WWT« unter der Hutkrempe. Es stand für »We Want Taiwan«, denn die Teams von Chinesisch Taipeh hatten die Little League World Series eine Generation lang dominiert. Wir hatten ein Ziel: die Reise nach Williamsport zu gewinnen und Taiwan zu besiegen.

Im Jahr 1991 war unser ganzer Sommer der Verwirklichung dieses Traums gewidmet, indem wir praktisch jeden Tag Baseball spielten. Als die Distriktturniere begannen, war es offensichtlich, dass unser Dunedin National All-Star-Team ein Moloch war – wir behaupteten uns bei den Distrikt- und Sectional-Turnieren und gewannen die Florida-State-Meisterschaft.

Wir stürmten in das regionale Turnier und machten Hackfleisch aus Teams aus dem ganzen Süden, um es bis zum Meisterschaftsspiel zu schaffen. In einem beherzten Spiel gegen ein Team aus Louisiana gewannen wir dann den Titel in der Region Süd und lösten damit unser Ticket für Williamsport.

Ich war überrascht, was für eine große Sache das für unsere Gemeinde war. Plötzlich waren wir in den Lokalnachrichten und auf der Titelseite der lokalen Zeitungen zu sehen – nicht mehr nur ein Haufen Kinder, die sich ein weit hergeholtes Motto unter die Hutkrempe geschrieben hatten.

Williamsport ist das Shangri-La für Little Leaguers. Die Spiele finden in einem echten Stadion statt, das dank der terrassenförmig angelegten Hügel jenseits des Zauns mehr als vierzigtausend Zuschauer fassen kann. Das Spielfeld war perfekt gepflegt, und als wir das Stadion zum ersten Mal sahen, war es, als würden wir zum ersten Mal den Fenway Park oder das Wrigley Field betreten. Die Mannschaften wohnten alle in Hütten auf dem Gelände, und für die Mahlzeiten gab es einen Speisesaal. Die Zeit zwischen den Trainingseinheiten und den Spielen vertrieben sich die Spieler mit Tischtennis. Ich erinnere mich, dass einige meiner Mannschaftskameraden und ich einige der taiwanesischen Kinder besiegt haben. War das ein Vorbote dafür, dass wir die taiwanesische Maschinerie um die Meisterschaft schlagen würden, fragte ich mich.

Leider bekamen wir nicht die Gelegenheit, gegen das Team von Chinesisch Taipeh zu spielen. Damals fand das Turnier in Einzelausscheidung statt, und wir verloren mit 5 zu 4 gegen ein Team aus Kalifornien, das einen rechtshändigen Pitcher hatte, dessen Fastball aus einer Entfernung von nur 46 Fuß eine Geschwindigkeit von 81 Meilen pro Stunde erreichte. Das gab uns die gleiche Zeit von der Hand bis zum Schläger, die ein Major-League-Spieler benötigen würde für einen Wurf aus 60 Fuß und 6 Zoll Entfernung bei 108 Meilen pro Stunde.

In all den Jahren, in denen ich Baseball gespielt habe, konnte ich gegen eine Menge Pitcher antreten, die einen Fastball geworfen haben, von denen einige in der ersten Runde gedraftet wurden und/oder in den großen Ligen gespielt haben, und ich kann sagen, dass ich nie mit einem schnelleren, schwereren Ball konfrontiert wurde als bei diesem Spiel in Williamsport. Es war, als würde man versuchen, gegen Nolan Ryan, Bob Feller und Bob Gibson zu schlagen, alles in einem.

Die Niederlage war enttäuschend, aber der Wettbewerb auf dieser Bühne war eine einmalige Erfahrung, die den Spielern und unseren Familien viel bedeutet hat.

Diese Erfahrung hatte weniger mit Baseball als mit dem Leben zu tun. Sie war der Beweis dafür, dass sich harte Arbeit lohnen kann und dass es möglich ist, große Ziele zu erreichen. Ich glaube auch, dass dies einige meiner späteren politischen Einschätzungen beeinflusst hat. Während zum Beispiel meine Abneigung gegenüber der Kommunistischen Partei Chinas und meine Unterstützung für Taiwan meine allgemeine politische Einstellung widerspiegelten, beeinflusste die Bewunderung, die ich dem taiwanesischen Baseball zollte, zweifellos meine Pro-Taipeh-Haltung. Schließlich erinnerte ich mich, wie ich gegen diese Jungs Tischtennis gespielt hatte, und sie waren normale Kinder, die einfach nur Spaß hatten, und keine Maoisten, die eine Kulturrevolution anstrebten.

Als ich älter wurde und selbst Kinder hatte, lernte ich die harte Arbeit und das Engagement meiner Eltern und der Eltern meiner Mannschaftskameraden noch mehr zu schätzen. Es ist sehr anstrengend, Tag für Tag für die Kinder da zu sein, und die Realität sieht so aus, dass es in vielen Gemeinden in unserem Bundesstaat und im ganzen Land Spieler gibt, denen diese Art der elterlichen Unterstützung fehlt, die wir alle für selbstverständlich halten.

Baseball hat mich in meinen Jahren nach der Little League durch den ganzen Bundesstaat Florida geführt. Von Key West bis Jacksonville und praktisch überall dazwischen waren meine Florida-Erfahrungen außerhalb von Dunedin weitgehend mit Jugend-Baseballturnieren verbunden.

Damals war ich mir wirklich nicht sicher, welche Möglichkeiten ich nach der Highschool haben würde. Ich wusste, dass ich so lange wie möglich Baseball spielen wollte, aber mir war auch klar, dass ich realistisch einschätzen musste, wie weit ich damit kommen würde. Ich beschloss schon früh in der Highschool, in allen Fächern hart zu arbeiten, nicht nur in der Leichtathletik, um sicherzustellen, dass ich als Sportstudent die bestmögliche Leistung erbringe.

Vielleicht war das der Grund dafür, dass ich, als die College-Baseball-Profis die Highschool-Absolventen kontaktierten, von Schulen wie Yale angeworben wurde. Das lag zum Teil an meinen guten schulischen Leistungen, auf die meine Eltern stolz waren, denn ich war noch nie in meinem Leben in Neuengland gewesen und träumte auch nicht davon, eine berühmte Ivy-League-Schule zu besuchen. Und doch bot sich mir die Gelegenheit, die Sonne Floridas gegen kalte Winter im Norden einzutauschen und in ein, wie ich annahm, spießiges soziales Umfeld voller Absolventen nobler Vorschulen zu wechseln – weit entfernt von dem, was ich von einer öffentlichen Highschool an der Westküste Floridas gewohnt war.

Aber ich mochte den Baseballtrainer von Yale, den ehemaligen Pitcher der St. Louis Cardinals John Stuper, und ich dachte mir, dass ein Abschluss an einer Schule wie Yale mir später mehr Möglichkeiten bieten würde. Ich war ein guter Baseballspieler, aber mir wurde klar, dass ich mich nicht für den Rest meines Lebens auf den Baseball verlassen konnte.

Nach meinem Highschool-Abschluss nahm ich einen Vollzeitjob in einem Elektrizitätswerk in der Stadt an, um das College zu finanzieren. Das Unternehmen hatte Jahre zuvor eine meiner Jugend-Baseballmannschaften gesponsert, und der Inhaber sagte mir, wenn ich jemals einen Job bräuchte, würde er mich einstellen. Während es für angehende Studienanfänger üblich war, den Sommer am Strand zu verbringen und bis mittags auszuschlafen, stand ich in aller Herrgottsfrühe auf, um an fünf Tagen in der Woche kurz nach sechs Uhr mit der Arbeit zu beginnen – als Gehilfe eines Elektrikers. Ich verdiente gerade mal sechs Dollar in der Stunde, aber es war ein tolles Gefühl, einen Lohn für gute Arbeit zu bekommen. Das war der Anfang einer langen Reihe von Jobs, mit denen ich mich durchschlug, während ich versuchte, meinen Abschluss zu absolvieren und etwas aus mir zu machen.

Dieser Job war auch meine erste Begegnung mit dem regulatorischen Leviathan der amerikanischen Bundesregierung. Als ich am ersten Tag zur Arbeit erschien, trug ich die typische

Kleidung eines Elektrikers: Jeans, ein langärmeliges Hemd und ein altes Paar Arbeitsschuhe.

Und dann wurde ich prompt nach Hause geschickt.

Warum? Weil nicht klar war, ob die alten, abgenutzten Stiefel tatsächlich von der »OSHA zugelassen« waren. Ich wusste nicht, was OSHA war, aber ich erfuhr bald, dass die »Occupational Safety and Health Administration« eine Bundesbehörde ist, die für die Bekanntgabe von Sicherheitsvorschriften am Arbeitsplatz zuständig ist. Das Ergebnis für mich war, dass ich den Löwenanteil meines ersten Wochengehalts für ein Paar Stiefel ausgeben musste, die unmissverständlich von der OSHA zugelassen waren. Ich bezweifle, dadurch größere Sicherheit erlangt zu haben, aber der Kauf hat mich jedenfalls ein wenig ärmer gemacht.

★ ★ ★

Der Tag, an dem ich endlich den Campus von Yale betrat, war ein gewaltiger Kulturschock für mich. Ich trug ein T-Shirt, Jeansshorts und Flip-Flops. Meine übliche Kleidung aus Florida kam in diesem neuen Milieu von Studenten, die größtenteils aus wohlhabenden Gemeinden an der Ost- und Westküste stammten, nicht gut an. Hier war ich, ein Arbeiterkind aus Tampa Bay, das den Sommer damit verbracht hatte, für einen Mindestlohn bei einem Elektrounternehmen zu arbeiten, an einer Universität, an der ein großer Prozentsatz der Studenten aus Millionärsfamilien stammte.

Als angehender Studienanfänger hatte ich wirklich keine Ahnung, worauf ich mich in Bezug auf die Campus-Ideologie oder die politische Kultur einlassen würde. Natürlich haben sich Universitäten im Allgemeinen und Eliteuniversitäten im Besonderen immer mehr zu hyperlinken Institutionen entwickelt, die sich weniger um die Ausbildung von Studenten im klassischen Sinne kümmern, als vielmehr darum, ihnen ihre ideologische Weltanschauung einzutrichtern, mit der ich in Yale bald konfrontiert sein würde. Ich war dort, um gute Leistungen in der Schule und in der Leichtathletik zu erbringen und mir keine Gedanken über die philosophische Ausrichtung von Yale zu machen.

Yale war für mich auch deshalb ein so großer Kulturschock, weil ich nicht nur aus Florida kam, sondern auch in den Arbeitervierteln im Westen Pennsylvanias und im Nordwesten Ohios, wo meine Eltern aufgewachsen waren. In diesen Regionen lebten viele Bürger mit irischen, süd- und osteuropäischen Wurzeln, die streng katholisch waren und vornehmlich in der Stahlproduktion tätig waren, die in den 1970er- und 1980er-Jahren in einer Weise gedrosselt wurde, dass diese einst blühenden Industriezentren jahrzehntelang ins Wanken gerieten, da die Produktion nach China und in andere Niedriglohnländer verlagert wurde.

Mein Vater wuchs in einem Eisenhüttenland auf, in einer Stadt namens Aliquippa, zwanzig Meilen nordöstlich von Pittsburgh. Anfang des zwanzigsten Jahrhunderts kaufte die Jones & Laughlin Steel Corporation Land entlang des Flusses Ohio, um dort das größte Stahlwerk der Welt zu errichten. In der Blütezeit beschäftigte die Firma etwa ein Drittel der rund 28 000 Einwohner der Stadt. Sein Vater (mein Großvater väterlicherseits) arbeitete für J&L und ernährte eine Frau (meine Großmutter, die bis in ihren Neunzigern lebte) und drei Söhne. Wie nicht anders zu erwarten, war dies eine raue, gottesfürchtige Arbeiterstadt – die Menschen dort waren das Salz der Erde.

Während ich in einer Baseball-zentrierten Gemeinde in Florida aufwuchs, war der Westen des US-Bundesstaates Pennsylvanias ein Footballland. Ich wurde 1978 geboren, also am Ende der Steelers-Dynastie, die in den 1970er-Jahren den Rekord von vier Super-Bowl-Siegen aufstellte, und ich habe Babyfotos von mir, die mein Vater in einer Steelers-Uniform zeigen. Im Westen Pennsylvanias hatte der Highschool-Football den Status einer Religion, und die Region hat legendäre Spieler wie Joe Montana, Tony Dorsett (aus Aliquippa), Joe Namath, Dan Marino, Mike Ditka, Johnny Unitas und Jim Kelly hervorgebracht.

Mein Großvater starb, bevor der größte Teil der Aliquippa Works 1984 geschlossen wurde, aber die Tausenden von entlassenen Arbeitern höhlten die Gemeinde aus, sodass bis zum Jahr 2000 Aliquippa nur noch 12 000 Einwohner zählte. Als ich als Kind Aliquippa besuchte, pflegte ich zum Gelände der alten Mühle zu gehen, einem riesigen, weitgehend ruhigen Grundstück. Ich erinnerte mich auch, dass die Infrastruktur der Stadt in einem desolaten Zustand war – zweifellos verursacht durch die Aushöhlung der J&L-zentrierten Steuerbasis. Im Laufe der Jahre erlebte der Großraum Pittsburgh Erfolge in Branchen wie Gesundheitswesen, Energie, Technologie und Finanzen, aber Aliquippa erholte sich nie vom Untergang der Stahlindustrie. In meiner Jugend schien dies einfach so zu sein, aber als ich älter wurde, erkannte ich die Rolle, die die Politiker bei der Aushöhlung dessen spielten, was als »Rust Belt« (Rostgürtel) bekannt wurde.

Meine Mutter stammte aus dem Gebiet von Youngstown, Ohio, und wuchs in einer Stadt namens Poland auf. Ihr Vater (mein Großvater mütterlicherseits) diente während des Zweiten Weltkriegs in der 44. Infanteriedivision. Nach der Landung in Cherbourg, Frankreich, im September 1944 durchquerten diese jungen Soldaten Europa und gehörten zu den ersten Amerikanern, die den Rhein erreichten und auf Deutschland schossen.

Nach seiner Rückkehr aus dem Krieg arbeitete mein Großvater in einer Gießerei in Lowellville, Ohio, und bekam schließlich eine Stelle im Wahlamt von Mahoning County.

Wenn die örtlichen Stahlarbeitergewerkschaften Wahlen abhielten, baten sie meinen Großvater oft, mitzuarbeiten, und manchmal reiste er, meist in den »Tiefen Süden«, in Staaten wie Louisiana, um bei der Wahlverwaltung zu helfen, als diese Staaten die damals als »modern« geltenden Wahlmaschinen einzusetzen begannen.

Meine Mutter war das älteste von fünf Kindern. Sie wuchs in einer Familie auf, die derart katholisch war, dass es unter ihren Geschwistern sowohl eine Nonne als auch einen Priester gab. Damals hatte jede ethnische Gemeinschaft ihre eigene katholische Pfarrei – die irische, italienische, ungarische usw. –, die das Herzstück der Gemeinschaft darstellte. Als Kind und Heranwachsender musste ich darum jeden Sonntagmorgen in die Kirche gehen.

Meine Eltern lernten sich kennen, als mein Vater die Youngstown State University besuchte, an der meine Mutter ihre Ausbildung zur Krankenschwester absolvierte. Sie zogen für eine gewisse Zeit nach Michigan und landeten dann wegen des Jobs meines Vaters in Florida, noch bevor ich geboren wurde.

In Florida aufzuwachsen ist etwas Besonderes, denn je nach Region macht man eine andere kulturelle Erfahrung. Der Norden Floridas ist traditionell vom Süden, während der Südwesten stark vom Mittleren Westen geprägt ist; Miami ist die hispanoamerikanische Hauptstadt der USA; in Broward und Palm Beach gibt es viele Einwanderer aus dem Nordosten, und Zentralflorida ist eine Mischung aus allem.

Geografisch bin ich in Tampa Bay aufgewachsen, aber kulturell spiegelte meine Erziehung die Arbeiterklasse in West-Pennsylvania und Nordost-Ohio wider – vom wöchentlichen Kirchgang bis hin zur Erwartung, dass man sich seinen Lebensunterhalt selbst verdient. Das machte mich gottesfürchtig, fleißig und Amerika-begeistert.

Da die kulturellen und familiären Werte traditionell und die Berufe arbeitsintensiv waren, würde vielleicht der typische Yale-Absolvent die Menschen dieser Gemeinschaften nicht für genügend »kultiviert« halten. Was ich jedoch zu verstehen lernte, war, dass sie ungeheuer viel gesunden Menschenverstand und Weisheit besaßen – weit mehr als das, was mir in Yale und Harvard begegnete, wo Lehrbeauftragte und Professoren auf Lebenszeit wie Potentaten herrschten, sicher in der Selbstgefälligkeit ihrer Positionen, aber völlig unwissend hinsichtlich des Lebens der meisten Amerikaner, einschließlich derer, um die sie sich angeblich sorgten.

Im Laufe der Jahre habe ich mit vielen Menschen zusammengearbeitet, sodass ich definitiv sagen kann, dass diejenigen, denen es an gesundem Menschenverstand mangelt, der sich aus der Lebenserfahrung ergibt, die größte Belastung für jede Organisation darstellen. Im Idealfall will man Menschen, die intellektuell sehr fähig sind, deren Intellekt aber auch auf einer nüchternen, besonnenen Einstellung beruht. Aber wenn ich die Wahl hätte zwischen jemandem, der klug, aber realitätsfern ist, und jemandem, der durchschnittlich begabt, aber klug und umsichtig ist, würde ich mich immer für Letzteren entscheiden.

Kapitel 2

»Für Gott, für das Land und für Yale«

Als ich in Yale ankam, gehörte ich zur Minderheit der Studenten hinsichtlich des sozioökonomischen Hintergrunds und der Erziehung. Heute halten wir es für selbstverständlich, dass linke Ideologie praktisch jede höhere Bildungseinrichtung in den Vereinigten Staaten durchdringt, aber das war etwas, das ich nicht sehr gut verstand, als ich auf dem Campus ankam. Ich ging davon aus, dass gute Leistungen an einem Ort wie Yale es mir ermöglichen würden, in dem voranzukommen, was Lincoln »Wettlauf des Lebens« nannte, um in der amerikanischen Leistungsgesellschaft aufzusteigen.

Ursprünglich stellte ich mir Yale als eine Institution vor, die in der Tradition verwurzelt ist und sich zeitlosen Grundsätzen verschrieben hat – und die in allen wichtigen Bereichen die besten Führungskräfte unseres Landes hervorbringt. Sobald ich jedoch anfing, Vorlesungen zu besuchen, war ich von dem, was ich hörte, überrascht.

Während das populäre Motto von Yale Gott und dem Land huldigte, beinhaltete das Ethos der Akademiker der Universität nur Feindseligkeit gegenüber dem Allmächtigen und eine Verunglimpfung Amerikas.

Bevor ich nach Yale kam, glaubte ich, dass fast alle Amerikaner stolz darauf waren, dass unsere Nation die Sowjetunion besiegt und den Kalten Krieg gewonnen hatte. Aber in Yale wurde mir gesagt, dass die Vereinigten Staaten die Schuld an dem Konflikt tragen und nicht die Sowjets der Stalin-Ära.

Während die späten 1990er-Jahre eine der wirtschaftlich blühendsten Zeiten in der Geschichte der Menschheit waren, versuchte man uns in Yale zu überzeugen, dass der Kommunismus eine überlegene Regierungsform sei, obwohl es unmöglich war, auch nur ein Beispiel für diese Überlegenheit zu nennen, da der »echte« Kommunismus nie ausprobiert worden war. Ich fragte mich, ob einige meiner Professoren und Kommilitonen Ivan Drago anfeuerten, um Rocky Balboa in Rocky IV zu besiegen.

Auf dem Campus war es nicht falsch, sowjetische Flaggen zu schwenken, Che-Guevara-Hemden zu tragen und Mao Zedong zu huldigen. Dieser »revolutionäre Schick« war in manchen Kreisen sogar gang und gäbe.

Yale war von religiösen Führern gegründet worden, die die Studierenden dazu erziehen wollten, Gott besser zu dienen. Doch als ich dort war, hatte die Religion so gut wie keinen Einfluss auf die Orthodoxien auf dem Campus, und insbesondere das Christentum wurde missbilligt.

Yale hatte ein langjähriges Verbot des Reserve Officer Training Corps (ROTC) – eines Ausbildungsprogramms der US-Streitkräfte an Colleges und Universitäten zur Rekrutierung und Ausbildung von Offizieren – auf dem Campus, ein Verbot, das ursprünglich als Reaktion auf den Vietnamkrieg gerechtfertigt war, aber in den späten 1990er-Jahren mit der »Don't Ask, Don't Tell«-Politik des Militärs in Bezug auf homosexuelle Soldaten begründet wurde, obwohl eine solche Politik durch ein Gesetz des Kongresses vorgeschrieben war und nicht etwas, was das Militär von sich aus tat. Ich fragte mich, wie eine Universität, die behauptet, sich zum Teil »für das Land« zu engagieren, Studenten die Möglichkeit verwehren konnte, sich auf ihrem Campus für einen militärischen Auftrag ausbilden zu lassen. Das ergab für mich keinen Sinn.

Bevor ich nach Yale kam, hatte ich noch nie eine Limousine gesehen, geschweige denn eine liberale Limousine. Die Studierenden, die besonders links waren – antiamerikanisch, marktwirtschaftsfeindlich, gottfeindlich –, kamen aus einigen der privilegiertesten Schichten, deren Mitglieder seit Generationen ebenfalls in Yale studiert hatten. Es war mir unbegreiflich, warum so viele Kommilitonen trotz der immensen Privilegien, die sie aufgrund ihres finanziellen Backgrounds »geerbt« hatten, so negativ über unser Land dachten. In Yale begegnete ich zum ersten Mal der politischen Linken.

Damals in Florida hatte ich keine Ahnung, wer Republikaner oder Demokrat war, denn es schien kein großer Unterschied in den grundlegenden Ansichten der Menschen zu bestehen, wenn es um Dinge wie Gott und Land ging. Meine Großmutter aus Aliquippa hat bis in ihren Neunzigern gelebt und in ihrem Leben nie für einen Republikaner gestimmt, weil sie der Meinung war, dass die Demokraten gottesfürchtige Menschen aus der Arbeiterklasse wie sie selbst vertreten.

Was mich an der Linken störte, die ich auf dem Campus miterlebte, war, dass es nicht nur darum ging, bestimmte Positionen in Fragen der Steuerpolitik, der Wohlfahrtsprogramme und der Strafjustiz zu vertreten. Es ging auch nicht nur um Republikaner gegen Demokraten oder Liberale gegen Konservative. Stattdessen lehnte die lautstarke Linke alle Grundprinzipien ab, die das Fundament der amerikanischen Beispielhaftigkeit bildeten: die jüdisch-christliche Tradition, die Existenz der vom Schöpfer verliehenen Rechte, die Vorstellung der amerikanischen Beispielhaftigkeit. Diese Linke stellte auch ein moralisches Spiel dar – diejenigen, die von der linken Ideologie abwichen, lagen nicht nur falsch, sondern galten auch als unmoralisch.

Die Erfahrung mit dem ungezügelten Linkssein auf dem Campus hat mich nach rechts getrieben. Ich wusste nichts mit denjenigen anzufangen, die unser Land verunglimpften oder sich über religiöse Menschen lustig machten, ich hatte kein Vertrauen in diejenigen, die behaupteten, der Kommunismus sei der amerikanischen Verfassung überlegen. Ich hatte kein Interesse daran, Identitätspolitik über Verdienste und Leistungen zu stellen.

Ich war der Meinung, dass das linke Campusleben, das ich in Yale erlebt hatte, in der realen Welt nicht funktionieren würde. Studierende und Dozenten mögen in dem alternativen Universum des Campuslebens schwelgen, dachte ich mir, aber sie würden ein böses Erwachen erleben, sobald sie ihren geschützten Elfenbeinturm verlassen.

Jahrzehnte später scheint es, dass ich mich nicht mehr hätte irren können. Ja, in den frühen 2000er-Jahren hatten viele der linken Orthodoxien noch nicht in Institutionen wie Unternehmen, religiöse Organisationen und den Technologiesektor Fuß gefasst. Aber zwanzig Jahre später ist die Ideologie, die so viele wichtige Institutionen des amerikanischen Lebens, einschließlich unserer größten Unternehmen, beherrscht, ein klares Spiegelbild des Campus-Dogmas, das eine Generation von Studierenden an amerikanischen Eliteuniversitäten infiziert hat.

Ich dachte, ein Studium in Yale, einer 1701 gegründeten Bildungseinrichtung, die älter ist als die Unabhängigkeitserklärung der Vereinigten Staaten (1776), würde mir Traditionen vermitteln und eine Verbindung zu einer langen Geschichte schaffen. Im Nachhinein betrachtet hat mir Yale einen Blick in die Zukunft ermöglicht – ich habe allerdings zwanzig Jahre gebraucht, um das zu erkennen.

★ ★ ★

Häufig wird über die Notwendigkeit gesprochen, dass ein Sportstudent die Anforderungen des Unterrichts mit den Anforderungen des Sports »in Einklang bringen« muss. Ich habe jedoch die Idee, ein Gleichgewicht zwischen akademischen

Leistungen und sportlichem Erfolg zu finden, abgelehnt, weil ich nicht bereit war, weniger als 100 Prozent zu geben, weder für Baseball noch für meine akademischen Leistungen. Anstatt einen Ausgleich zu schaffen, habe ich einfach alles gegeben und den Dingen ihren Lauf gelassen.

Mein Balanceakt wurde noch schwieriger, weil ich keine andere Wahl hatte, als zu arbeiten, um mir die Ausbildung zu finanzieren. Die Studiengebühren und die Kosten für Unterkunft und Verpflegung in Yale überstiegen das Jahreseinkommen meiner Eltern, und Yale bot weder Sportlern noch anderen Personen ein Vollstipendium an. Ich hatte im Sommer vor meinem ersten Studienjahr vierzig Stunden in der Woche gearbeitet und jeden Scheck zu 100 Prozent in meine Studienkosten investiert, aber ich wusste, dass ich als Sportstudent nicht vierzig Stunden arbeiten konnte. Also nahm ich verschiedene Jobs auf dem Campus an, um über die Runden zu kommen. Dazu gehörte das Recyceln von Müll, das Parken von Autos bei Veranstaltungen, der Umzug von Möbeln und die Betreuung von Baseball-Kursen. Ich arbeitete sogar als einer der Balljungen bei Fußballspielen in Yale – wenn der Ball ins Aus ging, rannte ich los, um ihn zu holen und zurückzugeben.

Als ich in der Oberstufe war, nannte mich mein Baseballtrainer den »beschäftigungsfähigsten Jungen für Yale«. Ich übernahm so ziemlich jede Aufgabe, egal wie unbedeutend sie war, wenn ich sie in meinen Zeitplan einbauen konnte. Wenn jemand auf dem Campus eine Arbeit brauchte, wusste er, dass er mich nur zu rufen brauchte.

Ich nahm die Anrufe Arbeitsanfragen entgegen, weil ich keine andere Wahl hatte, ich lebte von Lohnscheck zu Lohnscheck. Am Ende eines jeden Schuljahres hatte ich nur etwa hundert Dollar auf meinem Girokonto. Ich machte keinen Frühjahrsurlaub auf den Bahamas, verbrachte den Sommer nicht in Südfrankreich und fuhr über Weihnachten nicht zum Skifahren nach Aspen. Ich habe das ganze Jahr über gearbeitet, um über die Runden zu kommen.

★ ★ ★

An einem Tag in meinem letzten Schuljahr ging ich in Richtung der Leichtathletikhalle.

»Hey, DeSantis«, rief mir der sportliche Leiter zu, »gehst du zum Training?«

»Ja, natürlich«, sagte ich ihm.

»Gut, und jetzt beeil dich und geh raus!«

Das Gespräch war etwas seltsam: Warum sollte sich jemand dafür interessieren, dass ich zum Training gehe? Es war nicht so, als wäre das etwas Ungewöhnliches – wir haben sechs Tage in der Woche in unserer Frühjahrssaison trainiert.

Als ich mit dem Bus zum Yale Field im nahe gelegenen West Haven fuhr, bemerkte ich, dass der Verkehr wegen der Feierlichkeiten zum dreihundertjährigen Bestehen von Yale etwas dichter war als sonst. Eine der Hauptattraktionen der Feierlichkeiten war der einundvierzigste Präsident der Vereinigten Staaten, George H. W. Bush, der 1948 seinen Abschluss gemacht hatte, nachdem er im Zweiten Weltkrieg tapfer als Marineflieger gedient hatte.

Präsident Bush war in seinem Abschlussjahr auch Kapitän der Yale-Baseballmannschaft. Yale hatte in der ersten Hälfte des 20. Jahrhunderts eine bewegte Sportgeschichte, und ich erinnere mich, in der Yale-Leichtathletikabteilung einige Heisman-Trophäen (Auszeichnungen der National Collegiate Athletic Association für den besten Spieler im College Football) ausgestellt gesehen zu haben. Der wohl berühmteste Moment in der Geschichte der Yale-Leichtathletik war, als 1948 der große Yankees-Schlagmann Babe Ruth dem damaligen

Yale-Baseballkapitän George Bush ein Originalmanuskript seiner Autobiografie als Geschenk an die Universität überreichte. Der krebskranke Babe verstarb noch im selben Jahr.

Als ich am Spielfeld ankam, nahm mich unser Trainer John Stuper beiseite: »Siehst du die Jungs da draußen?«, fragte er mich und deutete nach links. Auf dem Spielfeld war eine Handvoll Männer in Anzügen und mit Ohrstöpseln zu sehen.

»Das sind Agenten des US-Geheimdienstes, George Bush ist hier, er will mit der Mannschaft sprechen.«

Jetzt verstand ich, was die Aufregung darüber sollte, dass ich zum Training ging.

Daraufhin stellte Stuper ein Ultimatum.

»Sag jedem in diesem Team: Zeigt Respekt und sagt nicht das F-Wort vor dem ehemaligen Präsidenten!«

Dass ein ehemaliger Präsident zu unserem Baseballtraining kam, war eine große Sache. In meinem Leben hatte ich bisher nur Baseballspieler beim Frühjahrstraining gesehen oder ein Autogramm bei einer Baseballkartenausstellung bekommen. Als Kapitän war es meine Aufgabe, meine Mannschaftskameraden anzuweisen, sich ordentlich zu benehmen, und Präsident Bush dem Team vorzustellen.

»Tut einfach nichts, was das Team in Verlegenheit bringt«, sagte ich den Jungs.

Wenige Minuten später betrat der Kapitän des Yale-Baseballteams von 1948 das Spielfeld und kam uns entgegen.

»Herr Präsident, danke, dass Sie gekommen sind«, sagte ich ihm. »Ich möchte, dass Sie wissen, dass ich jedes Jahr, wenn wir unsere Team-Spendenaktion durchführen, in Ihrem Büro anrufe und um Unterstützung bitte, aber aus irgendeinem Grund will man mich einfach nicht mit Ihnen verbinden.«

»Nun«, antwortete Bush, »man kann nicht immer alle Leute täuschen, aber man kann immer einige Leute täuschen.«

Touché.

Er stellte uns Fragen über die Saison und zeigte aufrichtiges Interesse an uns Sportstudenten. Wir waren im Großen und Ganzen zu schüchtern, ihm Fragen zu stellen. In meinem letzten Studienjahr in Yale war ich zu einem Konservativen geworden, sympathisierte aber mehr mit Ronald Reagan, der immer noch der Goldstandard für populistischen, bürgernahen Konservatismus ist, als mit Bush, der für viele das alte Geld, die Unternehmen und das östliche Establishment repräsentierte.

Ich fand, dass Präsident Bush ein wirklich anständiger und bescheidener Mann war, und ich bewunderte seinen herausragenden Dienst für unser Land. Ich dachte daran, dass Präsident Bush, als er in meinem Alter war, ein junger Mann aus einer prominenten, wohlhabenden Familie war, der Sohn eines amtierenden US-Senators, und dass er sich dennoch freiwillig für den Dienst an der Speerspitze des Zweiten Weltkriegs gemeldet hatte, obwohl er seine Beziehungen hätte nutzen können, um sich diesem gefährlichen Dienst zu entziehen.

Die Begegnung mit Präsident Bush hat mich dazu gebracht, die Strapazen des College-Baseballs zu relativieren. Uns allen fehlte die Perspektive, die die Athleten, die Veteranen des Zweiten Weltkriegs waren, mehr als ein halbes Jahrhundert vor unserer Zeit in ihren Sport einbrachten. Tatsächlich hätten wir nicht den Luxus gehabt, überhaupt Sport zu treiben, wenn Menschen wie Präsident Bush und seine Mitstreiter aus der größten Generation nicht dem Ruf gefolgt wären, als die Freiheit vom Aussterben bedroht gewesen wäre.

Etwa siebzehn Jahre später holte ich Coach Stuper zu meiner ersten großen Veranstaltung im Gouverneurswahlkampf. Wir hatten ein großes Publikum, und meine Kampagne hatte eine Handvoll Redner, die darüber sprachen, dass sie mich aus verschiedenen Lebensabschnitten, wie zum Beispiel vom Militär und vom Kongress, her kannten.

Trainer Stuper hatte die Aufgabe, über mich als Ballsportler zu sprechen. Vor dem Publikum hat er es sich nicht nehmen lassen, ein paar Zahlen zu nennen.

»Ich habe mir die Statistiken des Kongressabgeordneten DeSantis angesehen«, erklärte Stuper der Menge, »und er hat 336 Punkte erreicht – über 100 Punkte mehr als George Bush.«

Die Menge jubelte.

★ ★ ★

In den nächsten sechs Wochen ging meine Baseballkarriere zu Ende, und ich machte meinen Abschluss mit »magna cum laude« vor dem Sohn von George H. W. Bush, dem dreiundvierzigsten US-Präsidenten, der die Eröffnungsrede für die Yale-Klasse von 2001 hielt.

Ich hatte vier Jahre in einer Umgebung verbracht, die derjenigen, in der ich aufgewachsen war, völlig fremd war. Die Jahre in Yale haben mich dazu gebracht, meine Erziehung und die Werte zu schätzen, die ich als Kind einfach für selbstverständlich gehalten hatte. In diesen vier Jahren habe ich viele verschiedene Jobs ausgeübt, viel Zeit mit dem Studium zugebracht und mich voll und ganz dem Baseball gewidmet. Ich war zwar nicht auf dem Weg in die erste Liga, aber ich wusste, dass ich eine Menge großartiger Möglichkeiten vor mir hatte.

Dennoch war es nicht leicht, dorthin zu gelangen, und ich war ein wenig müde von all den Anstrengungen, die ich in Arbeit, Schule und Sport gesteckt hatte. Mein Kontostand nach dem Abschluss betrug 101,24 Dollar.

★ ★ ★

Als ich an die Harvard Law School kam, hatte sich die Welt, wie wir sie kannten, nach den Terroranschlägen auf das World

47

Trade Center und das Pentagon am 11. September 2001 unwiderruflich verändert.

Meine College-Erfahrung hatte ich in der Zeit des Friedens und des Wohlstands nach dem Kalten Krieg gemacht; als Land schienen wir uns um nichts in der Welt kümmern zu müssen. Jetzt stand uns nicht nur die Fortsetzung der Militäroperationen in Afghanistan bevor, sondern es drohten auch weitere Konflikte, zum Beispiel mit Saddam Husseins Irak.

Als Junge hatte ich vom stolzen Dienst meines Großvaters im Zweiten Weltkrieg gehört. Da in Yale das ROTC verboten war und wir uns in Friedenszeiten befanden, kam der Militärdienst für mich als Student nicht infrage. Als ich mich dann an der juristischen Fakultät einschrieb und die Zwillingstürme fielen, fühlte ich mich verpflichtet in einer Zeit zu dienen, die zu einer Herausforderung für unser Land geworden war.

Aber bevor ich das tat, musste ich das Studium an einer der anspruchsvollsten juristischen Fakultäten absolvieren. Für mich sollte es das erste Mal sein, dass ich ausschließlich studierte und nicht Sport trieb oder einen Teilzeitjob ausübte, und ich hatte noch nie in meinem Leben so viel Zeit. Ich besuchte die Vorlesungen, und wir bekamen in der Regel ein Lesepensum für jede Vorlesung, aber es gab keine Hausaufgaben – die Note basierte voll und ganz auf der Abschlussprüfung. Ich hatte kein Problem damit, das tägliche Lesepensum abzuleisten, aber ich hatte immer noch große Zeitlücken in meinem Tagesablauf.

Also suchte ich mir, wie schon im College, einen Job. Ich hatte Zehntausende von Dollars an Krediten aufgenommen, um Jura zu studieren, und je mehr ich verdienen konnte, desto weniger musste ich mir leihen. So kam ich dazu, Vorbereitungskurse für den Law School Admission Test (LSAT) zu geben, den standardisierten Test für potenzielle Kandidaten für die juristische Fakultät.

Das funktionierte für mich auch deshalb gut, weil die Kultur der Harvard Law School anders war als die des Colleges in Yale. Als ich studierte, bezeichnete die Zeitschrift *Economist* die Harvard Law School als »Kommandozentrale des amerikanischen Liberalismus«. Die Fakultät wurde zunehmend von Anhängern der sogenannten kritischen Rechtswissenschaft beherrscht, die zwar an einer juristischen Fakultät lehrten, aber nicht an die Rechtsstaatlichkeit zu glauben schienen. Stattdessen versuchten sie, das Recht zu manipulieren, um ihre bevorzugten politischen Ziele zu erreichen.

Mir kam die juristische Fakultät eher wie eine Fließbandausbildung vor, bei der die meisten Studierenden nur dazu da waren, ihre Berechtigungsscheine zu erhalten, um eine lukrative Karriere in der Wirtschaft oder im Recht zu machen. Am Ende schloss ich mein Studium mit Auszeichnung ab, aber das, was mir im Unterricht beigebracht wurde, lag mir nicht, abgesehen von einer Handvoll Kurse in den drei Jahren.

Damals war die Politik der Harvard Law School, die die Anwerbung von Soldaten auf dem Campus verbot, im Fluss, und die Universität beugte sich schließlich der Bundespolitik, die die Diskriminierung von Militäranwerbern verbot.

Ich bin mir nicht sicher, wie viele Jurastudenten in Harvard überhaupt von dieser Politik betroffen gewesen wären, da das Interesse am Militärdienst dort praktisch nicht vorhanden war.

Als ich das erste Mal mit Militäranwerbern sprach, hatte ich keine sehr gute Vorstellung von den Möglichkeiten, zu dienen, also stellte ich viele Fragen. Sollte sich jemand wie ich einschreiben? Nein, das wurde nicht empfohlen. Wie wäre es mit einem traditionellen Offiziersprogramm? Das würde besser passen. Wie wäre es mit einem Spezialprogramm, bei dem ich einen juristischen Abschluss brauche, wie beispielsweise das Judge Advocate General's Corps oder der Geheimdienst? Das wäre eine großartige Möglichkeit.

Ein Anwerber erzählte mir, dass man davon ausging, dass der Irakfeldzug relativ schnell zu Ende gehen würde und dass es einen Bedarf an Militär-Judge Advocate General's Corps (JAGs) geben würde, die die Strafverfolgung von inhaftierten Terroristen vor Militärkommissionen auf dem Marinestützpunkt Guantanamo Bay leiten würden. Das war zwar nicht der Fall, aber es schien damals plausibel und auch eine gute Gelegenheit, etwas zu bewirken.

Während des Jurastudiums wurde ich in die Marine aufgenommen und sollte nach meinem Abschluss den aktiven Dienst antreten. Der einzige Nachteil war, dass ich eine Menge Studiendarlehen aufnehmen musste und mit dem Gehalt eines Fähnrichs anfangen würde. Da ich kein traditionelles ROTC-Programm absolviert hatte, konnte ich die Ausbildung nicht vom Militär bezahlen lassen. Bevor ich nach Yale ging, hatte ich in einer Elektrofirma den Mindestlohn verdient. Mit einem Harvard-Abschluss in Jura hätte ich Hunderttausende von Dollar in der Rechts- oder Finanzbranche verdienen können. Aber ich beschloss, auf dieses Geld zu verzichten, weil ich meinem Land dienen wollte.

Kapitel 3

Ehre, Mut und Engagement

Mein erster Einsatz im aktiven Dienst der Marine führte mich zur Naval Station Mayport im Nordosten Floridas, südlich von Amelia Island und nördlich von Atlantic Beach. Nachdem ich die erforderliche Ausbildung zum Marineoffizier absolviert und die Naval Justice School (NJS) abgeschlossen hatte, um als Judge Advocate zugelassen zu werden, diente ich zunächst als militärischer Staatsanwalt für die Südostregion der Marine, ein Zuständigkeitsbereich, der Stützpunkte von Key West bis Charleston, South Carolina, umfasste.

Ich bin an der Westküste Floridas aufgewachsen, wurde aber in Jacksonville geboren und habe dort auch die ersten Jahre meines Lebens verbracht. Da ich in Florida meinen Dienst ableisten wollte, war der Stützpunkt Mayport meine erste Wahl. Der Stützpunkt liegt am Atlantischen Ozean und verfügt über einen großen Hafen für Lenkwaffenkreuzer, Zerstörer und Fregatten sowie für den jetzt ausgemusterten Flugzeugträger USS *John F. Kennedy* (CV-67), den letzten nicht nuklear angetriebenen Flugzeugträger der Navy.

Meine Rolle hatte eine gewisse Ähnlichkeit mit der Figur des Schauspielers Kevin Bacon in dem Film *A Few Good Men*, obwohl ich nie jemanden wie Colonel Nathan R. Jessup (Jack Nicholsons Figur) in den Zeugenstand rufen konnte. Zu meinen Aufgaben gehörte die Verfolgung von Fällen vor Militärgerichten, einem einzigartigen Rechtssystem des Militärs. Die Straftatbestände entsprachen weitgehend denen der zivilen Justiz, umfassten aber auch militärspezifische Straftaten wie Desertion, Verletzung eines rechtmäßigen Befehls und unwürdiges Verhalten gegenüber einem Offizier und einem Soldaten.

Die Richter waren in der Regel Captains der Navy und Colonels des Marine Corps, die Geschworenen (im Militärjargon »Mitglieder« genannt) bestanden aus Offizieren und manchmal auch aus hochrangigen Soldaten der Kommandos in der Region.

Als JAG-Offizier ging es im Grunde darum, zu schwimmen oder unterzugehen. Vom ersten Tag an, als ich mich zum Dienst meldete, hatte ich eine Menge eigener Fälle, was mir gefiel. Schon wenige Monate nach meiner Ankunft bearbeitete ich Fälle von sexuellem Missbrauch, Rauschgift, Diebstahl, Betrug und Korruption. Es machte mir Spaß, diese Fälle vor Gericht zu verfolgen und meinen Teil dazu beizutragen, dass in den Seestreitkräften Ordnung und Disziplin herrschten.

Nur wenige Monate nach meiner ersten Dienstzeit hat sich mein Leben für immer verändert.

Ein Freund aus dem Yale-Baseballteam rief mich wegen einer bevorstehenden Golfrunde an, die wir auf einem der berühmtesten (und schwierigsten) städtischen Golfplätze in Amerika geplant hatten: auf dem Black Course im Bethpage State Park auf Long Island in New York. Am ersten Abschlag steht tatsächlich ein Schild mit der Warnung »Der Black Course ist ein extrem schwerer Platz, den wir nur sehr erfahrenen Golfspielern empfehlen.« – »Der Platz ist ein Biest«, sagte er. »Sie sollten besser Ihren Hintern hochkriegen und üben gehen, sonst werden Sie bei lebendigem Leibe aufgefressen.«

Obwohl ich eine gute Hand-Augen-Koordination aus meiner Zeit als Baseballspieler hatte, unterscheidet sich der Golfschwung vom Baseballschwung, und ich war immer noch dabei zu lernen, wie man den Golfball vom Schlägerblatt weg kontrolliert. Ich war kein hochqualifizierter Golfspieler. Es gab eine Driving-Range-Anlage an der University of North Florida, etwa zehn Minuten von meiner Wohnung entfernt. Als ich abzuschlagen anfing, bemerkte ich, dass in der Schlagbucht neben mir jemand einen halb vollen Eimer mit Abschlagbällen zurückgelassen hatte. Ich brauchte so viel Übung, wie nur möglich, also dachte ich mir, dass ich auch diese Bälle abschlagen würde. Ich warf einen Blick in die nächste Bucht, um sicherzugehen, dass niemand sonst vorhatte, die übrig gebliebenen Bälle abzuschlagen. Ich sah eine schöne junge Frau, die den Golfschwung trainierte.

Sagen wir einfach, dass es mich nicht mehr interessierte, die Golfbälle abzuschlagen.

Sie trug stilvolle Golfkleidung und erzielte eine beeindruckende Schläger-Kopf-Geschwindigkeit. Zunächst dachte ich, sie könnte eine College-Golferin sein – sie sah entsprechend aus und hatte einen tollen Schwung.

Nicht jeder Mann hätte den Mut, ein Gespräch mit einer so auffälligen Frau zu beginnen. Aber meine Philosophie bei allem, was ich je getan habe, ist, keine Angst vor dem Scheitern zu haben; man wird definitiv nicht gewinnen, wenn man es nicht einmal versucht. Ich wollte auf keinen Fall die Driving Range verlassen, ohne die Frau um ein Date zu bitten.

Ich schnappte mir den verlassenen Eimer mit den Bällen und ging zu ihr hinüber. »Hallo, jemand hat diese Bälle zurückgelassen«, sagte ich zu ihr. »Möchtest du sie haben?«

»Sicher, aber du solltest auch einige nehmen«, antwortete sie.

Also teilten wir den Inhalt des Eimers unter uns auf. Als ich einige der Bälle in ihre Schlagbucht kippte, stellte ich mich vor, und wir kamen ins Gespräch.

Wie sich herausstellte, war sie keine College-Golferin, sondern Fernsehreporterin, die für den meistgesehenen Sender im Nordosten Floridas und Südosten Georgias über Verbrechen und öffentliche Sicherheit berichtete. Da ich damals keine Lokalnachrichten verfolgte, kannte ich weder sie noch ihren Namen: Casey Black.

Aber ich war beeindruckt.

Wir hatten etwas gemeinsam ab dem Zeitpunkt, da ich als Staatsanwalt bei der Marine tätig war. Nachdem wir uns kennengelernt hatten, war ich ihr Ansprechpartner für strafrechtliche Angelegenheiten, über die sie aus der gesamten Region berichtete. Wir hatten beide Wurzeln in Ohio. Während ich ein gebürtiger Floridianer bin, stammte die Familie meiner Mutter aus der Gegend von Youngstown. Casey wuchs in Troy auf, einer kleinen Stadt nördlich von Dayton, direkt an der I-75, und ihre Eltern waren beide Absolventen der Ohio State University. Casey war sehr militaristisch eingestellt, da ihre Schwester als C-17-Pilotin aktiven Dienst bei der US Air Force leistete.

Als wir die Driving Range verließen, hatte ich keine Ahnung, wohin wir fahren sollten, da ich erst seit ein paar Monaten in der Gegend war. Das war die Vor-Smartphone-Ära.

Ich fuhr in meinem Pick-up voraus, und Casey folgte mir in ihrem Auto. Ich befürchtete, sie zu verlieren, bevor ich einen Platz zum Anhalten gefunden hatte, da ich ihre Telefonnummer noch nicht hatte. Zum Glück entdeckte ich ein paar Kilometer weiter ein Beef'O'Brady's, in das wir einkehrten und uns ein paar Stunden lang unterhielten. Sie war nicht nur sehr hübsch, sondern auch herzlich, witzig und bodenständig. Ich vereinbarte ein weiteres Date so bald wie möglich.

Es gibt bestimmte Was-wäre-wenn-Momente im Leben, und für mich ist dieser Frühlingstag im Jahr 2006 der glücklichste Moment in meinem Leben. Wir hatten so viele Gemeinsamkeiten, aber das war unsere einzige Chance, uns wiederzusehen, und wir taten es.

Casey und ich heirateten drei Jahre später. Unser Trauzeuge war mein Freund, der mir gesagt hatte, ich solle an diesem Tag auf die Driving Range gehen, wofür ich ihm ewig dankbar sein werde.

★ ★ ★

Abgesehen von der Bekanntschaft mit Casey verlief mein erstes Jahr im aktiven Dienst gut. Ich verfolgte Kriegsgerichtsverfahren für Schiffe, Geschwader und die südöstliche Region der Marine und wurde sogar zu vorübergehenden Dienstreisen in das Terroristengefangenenlager Guantanamo auf Kuba entsandt.

Im Jahr 2006 lief der Krieg im Irak für die Vereinigten Staaten furchtbar schlecht. Orte wie Falludscha und Ramadi waren Brutstätten von Terroranschlägen, und das islamistische Terrornetzwerk al-Qaida im Irak (AQI) war die vorherrschende Anti-US-Organisation in der Region. Da es keine Wehrpflicht gab, bestand eine große Nachfrage nach Offizieren, die Positionen im gesamten Einsatzgebiet im Irak einnehmen konnten. Das Einsatztempo wurde größtenteils von der Armee und den Marines bestimmt, folglich wäre jemand in meiner Position als Marineoffizier wahrscheinlich nicht freiwillig entsandt worden. Da ich aber dienen wollte, meldete ich mich freiwillig, um in den Irak zu gehen.

Ich erhielt den Befehl, mich beim Naval Special Warfare SEAL Team 1 (einer Spezialeinheit der US Navy, wobei SEAL ein Akronym aus den Wörtern *Sea, Air, Land* ist, das die Einsatzorte der Spezialeinheit zum Ausdruck bringt) in der Naval Amphibious Basis (NAB) in Coronado, Kalifornien, zu melden. Die NAB Coronado beherbergt das Naval Special Warfare Command, das alle Navy SEALs beaufsichtigt, sowie das Basic Underwater Demolition/SEAL (BUD/S) Training, das alle SEALs absolvieren müssen, um den SEAL-Dreizack zu erhalten; Ich sollte mit der Einheit in Coronado trainieren, an den Zertifizierungsübungen vor dem Einsatz in Fort Irwin, Kalifornien, teilnehmen, vor dem Einsatz ein zusätzliches Training absolvieren, einschließlich eines Kurses für Spezialwaffen und Landnavigation, und dann in den Irak gehen.

Die Navy SEAL-Gemeinschaft genoss damals in der amerikanischen Öffentlichkeit hohes Ansehen, war aber nicht ganz so berühmt, wie sie es einige Jahre später werden sollte, als ein Navy-SEAL-Team den Stützpunkt in Abbottabad, Pakistan, stürmte, um Osama bin Laden zu töten. Die SEALs waren, was die Ausbildung und die Fähigkeiten der Navy anbelangt, das Nonplusultra. In der Zeit nach dem 11. September 2001 waren die SEALs wohl die effektivste Waffe der USA gegen Terroristen, was bemerkenswert ist, wenn man bedenkt, dass ihre Kernkompetenz – Wasseroperationen – nicht in nennenswertem Umfang eingesetzt wurde.

Ich genoss meine Zeit in Coronado auf dem amphibischen Stützpunkt sowie die Zertifizierungsübungen vor dem Einsatz, die in Fort Irwin in der Mojave-Wüste stattfanden und bei denen irakische Dörfer nachgebaut wurden. Kaum waren die Vorbereitungen für den Einsatz abgeschlossen, betrat ich den irakischen »Sandkasten«.

Als ich aus der C-5 der US-Luftwaffe ausstieg und zum ersten Mal auf dem Luftwaffenstützpunkt al-Taqaddum im Zentralirak landete, war das Gefühl surreal. In zehn Jahren hatte ich es von der Dunedin High School über die Baseball-Kapitänschaft von Yale und die Harvard Law School bis in die Provinz al-Anbar geschafft. Während das Militär Menschen aus den verschiedensten Lebensbereichen anzieht, gehörte mein Weg in den Irak sicherlich zu den selteneren.

Das Hauptquartier meiner Einheit befand sich in Falludscha, die Züge waren über verschiedene Städte in der Region wie Ramadi, Haditha und sogar al-Qa'im an der irakisch-syrischen Grenze verteilt. Zu dieser Zeit lag das Kampfgebiet im westlichen Teil des Iraks unter der Zuständigkeit des Marine Corps, während in der Region Ramadi auch eine Armeebrigade operierte.

Der Einsatz fiel in eine Zeit, in der die US-Kampftruppen in der Region aufgestockt wurden, um al-Qaida im Irak zu bekämpfen und aus der aufkeimenden Allianz zwischen Stammesführern und den USA, die als »Anbar Awakening« bekannt wurde, Kapital zu schlagen. Die Provinz al-Anbar war jahrelang ein wichtiges Zentrum für Anschläge auf Amerikaner gewesen. Dort lebten Anhänger von Saddam Hussein, die sich der US-Invasion widersetzten, und es war eine sunnitisch dominierte Region, die für al-Qaida einen fruchtbareren Boden darstellte als Regionen des Landes, die von schiitischen Muslimen beherrscht wurden, die mit dem Iran verbündet waren.

Die Aufgabe bestand in erster Linie darin, AQI zu zerschlagen, aber auch, was noch schwieriger war, eine stabile, demokratische und prowestliche Regierung im Irak zu etablieren. Das erste Ziel musste daher unter Berücksichtigung des letztgenannten Ziels verfolgt werden. Das bedeutete, dass die Verfolgung der AQI-Terroristen auf eine Weise erfolgen musste, die die lokale Bevölkerung nicht verunsicherte.

Die gute Nachricht war, dass die US-Streitkräfte während der Wandlung von al-Anbar weg vom Terroristenhort zu einer friedfertigen Provinz Fortschritte beim Aufbau von Beziehungen zu sunnitischen Stämmen gemacht hatten. Die Mehrheit der lokalen Bevölkerung wollte nicht unter einem von al-Qaida-Kämpfern geführten Terrorregime leben. Sie mochte nicht unbedingt die Vereinigten Staaten, aber sie zog uns den Terroristen und den vom Iran unterstützten Milizen in anderen Teilen des Iraks vor.

Die Aufrechterhaltung der Beziehungen zur lokalen Bevölkerung bedeutete, dass bei der Offensive gegen al-Qaida zivile Opfer so weit wie möglich vermieden werden mussten, wobei der Schwerpunkt eher auf Präzisionsoperationen als auf der »Schreck- und Ehrfurcht«-Offensive lag, die die erste Invasion kennzeichnete. Aus diesem Grund mussten die militärischen

Befehlshaber, einschließlich der Sondereinsatzkräfte, ihre Operationen gemäß den mitunter komplizierten Vorschriften und Einsatzregeln durchführen (Rules of engagement, ROE, den einsatzbezogenen Regeln für Streitkräfte zur Anwendung von militärischer Gewalt im Rahmen weltweiter nationaler und multinationaler Militäroperationen).

Eine meiner Aufgaben bestand darin, unseren Befehlshaber sowie untergeordnete Befehlshaber und sogar einzelne Operatoren über die Regeln auf dem Schlachtfeld zu beraten. Ich lehnte die Haltung ab, die einige Richterberater im Militär einnehmen, indem sie einfach versuchen, alle vorgeschlagenen Operationen zurückzuweisen oder die Einsatzregeln so weit auszulegen, dass sie einzelne Operatoren lähmen.

»Meine Aufgabe ist es, Sie bei der Erfüllung Ihrer Mission zu unterstützen«, erklärte ich. »Ich werde nie sagen, dass Sie etwas nicht tun sollen, sondern lediglich beraten, ob eine vorgeschlagene Operation aus Sicht der ROE ein Risiko darstellt. Aber selbst dabei ist meine Rolle die eines Förderers und nicht die eines Bremsers.

Im Laufe der Jahre hat die verständliche Sensibilität in Bezug auf zivile Fälle manchmal dazu geführt, dass den Einsatzkräften im Feld unzureichende Einsatzregeln überlassen wurden. Für mich ist es inakzeptabel, jemanden, der die Uniform unserer Nation trägt, mit einer auf dem Rücken gebundenen Hand in ein Kampfgebiet zu schicken. Der Krieg ist die Hölle, und es gefährdet das Leben unserer Militärangehörigen, wenn die Operationen in Bürokratie und Verwaltungsaufwand versinken.

Dies gilt insbesondere im Zusammenhang mit Operationen zur Aufstandsbekämpfung (COIN). Da sich der Feind absichtlich unter die Zivilbevölkerung mischt, müssen die Einsatzkräfte häufig in Sekundenbruchteilen entscheiden, ob sie tödliche Gewalt anwenden sollen. Es handelt sich um besonders schwierige Einsätze, und eine angemessene Unterstützung derjenigen, die ihr Leben aufs Spiel setzen, ist das Mindeste, was wir tun können.

Für meinen Einsatz im Irak wusste ich, dass die Wahrscheinlichkeit, dass Navy SEALs – die vielleicht am besten ausgebildeten Kämpfer der Welt – absichtlich gegen die Gesetze des Krieges verstoßen würden, sehr gering war. Sie waren reife, erfahrene Soldaten, die ein anderes Niveau hatten als typische junge Soldaten.

Wenn eine SEAL-Einheit über Informationen verfügt, dass sich eine hochrangige Zielperson in einem bestimmten Gebäude aufhält, ist es selbstverständlich, dass ein direkter Einsatz zur Ergreifung oder Tötung der Zielperson in Auftrag gegeben wird. Das Problem besteht darin, dass die nachrichtendienstlichen Informationen manchmal fehlerhaft sind und die Einsatzkräfte in einem falschen Gebäude landen können. Ein solches Szenario würde es nicht rechtfertigen, einer Einsatzkraft irgendeine Art von Disziplin aufzuerlegen. Einige der anderen Fragen, die auftauchten, betrafen Themen wie das Zielen auf Terroristen in sensiblen Gebieten. Da es sich um die Bekämpfung von bewaffneten Aufständen (Counterinsurgency-Operationen, COIN) handelte, mussten die Befehlshaber den Nutzen des militärischen Ziels gegen die negativen Auswirkungen abwägen, die ein Einsatz der US-Streitkräfte in einer Moschee auf die umfassenderen Bemühungen zur Isolierung der al-Qaida-Terroristen von der sunnitischen arabischen Bevölkerung haben könnte.

Eines der heikelsten Themen war der Umgang mit Häftlingen. Der Skandal um die Misshandlung von Gefangenen in Abu Ghraib schwebte noch immer über allem, was mit Gefangenen zu tun hatte. Da die Medien mit der Schilderung der Vorkommnisse in Abu Ghraib so viel Aufsehen erregt hatten, vor allem um parteipolitische Angriffe gegen die Regierung von George W. Bush zu unterstützen, wussten die Gefangenen selbst, dass sie »Missbrauch« geltend machen konnten und dass solche Behauptungen die Operation infrage stellen würden, unabhängig davon, ob es überhaupt zu einem Missbrauch gekommen war. Es wurde zu einer Standardtaktik, -technik und -prozedur des Feindes (TTP).

Die USA haben im gesamten Irak einen ganzen Apparat für Gefangenenoperationen aufgebaut. Als ich im Einsatz war, gab es zwei große Gefangenenzentren im Land: eines in Bagdad und das andere in Basra, in der Nähe von Kuwait. Jede Einheit hatte Möglichkeiten, Gefangene für kurze Zeit festzuhalten, und jede Region verfügte über eine Hafteinrichtung, in der eine Einheit einen Gefangenen etwas länger festsetzen konnte. Die allgemeine Politik bestand darin, die Gefangenen so schnell wie möglich in die großen Zentren zu bringen, auch um das Risiko weiterer Komplikationen bei den Gefangenen zu verringern.

Wenn Special Forces-Operatore eine al-Qaida-Zielperson bei einer Razzia gefangen nahmen, führten sie eine sogenannte Sensitive Site Exploitation (SSE) durch, um vor Ort zusätzliche Informationen zu erhalten, und brachten den gefangenen Terroristen dann für ein ausführlicheres Verhör zum nächstgelegenen Stützpunkt. Sobald ein Gefangener in die Einrichtungen in Bagdad oder Basra gebracht worden war, war die Möglichkeit, den Gefangenen nach zusätzlichen Informationen zu durchsuchen, im Wesentlichen verwirkt.

Wenn man damals den Medienvertretern zuhörte, hätte man meinen können, dass das US-Gefangenensystem, ob im Irak oder im Lager in Guantanamo Bay, einem sowjetischen Gulag ähnelte. In Wirklichkeit waren die Gefangenen viel lieber in US-Gewahrsam als in der Obhut der irakischen Behörden an Orten wie Falludscha. Sie beriefen sich zwar häufig auf »Misshandlungen«, wenn sie sich in amerikanischem Gewahrsam befanden, aber in irakischen Gefängnissen wurden sie tatsächlich misshandelt und unmenschlich behandelt.

Nachdem ein Gefangener verhört wurde, um umfassende Informationen zu erhalten, gab es drei verschiedene Möglichkeiten. Erstens konnten die USA den Gefangenen wieder in die Gesellschaft entlassen, da er in der Regel kein Sicherheitsrisiko darstellte. Die nächste, häufigere Option bestand darin, den Gefangenen in eine der Internierungseinrichtungen in Bagdad oder Basra zu verlegen. Die dritte und letzte Option war die Übergabe des Häftlings an die irakischen Behörden zur Strafverfolgung.

Unser amerikanisches System ist widersprüchlich, weil die Anklage einen Fall ohne begründeten Zweifel beweisen muss, während die Verteidigung eine Vielzahl von Mitteln einsetzt, vom Kreuzverhör bis hin zu rechtlichen Einwänden, um die Anklage abzuwehren. Der Richter soll eine passive Rolle spielen, indem er den Prozess verwaltet, über Einwände entscheidet und Rechtsfragen klärt.

Im Irak herrschte hingegen ein »inquisitorisches« System, in dessen Mittelpunkt ein Untersuchungsrichter stand, der in einem nicht kontradiktorischen Rahmen Zeugen befragte und Beweise sammelte. Der Untersuchungsrichter erstellte einen Bericht und gab eine Empfehlung an ein Richtergremium ab, das dann den Fall »verhandelte«, was in der Regel nur wenige Minuten und nicht Tage dauerte.

Während meines Einsatzes half ich bei der Strafverfolgung von Gefangenen vor irakischen Gerichten. Wir hatten aber das Problem, dass das irakische Justizsystem keine Zeugenaussagen von Nicht-Muslimen akzeptierte, sodass wir nicht einfach US-Militärangehörige schicken konnten, um über die Vergehen des Angeklagten auszusagen. Ein weiteres Problem war, dass die Ergebnisse der Prozesse sehr unvorhersehbar waren, da das System viel unbeständiger war als das US-Justizsystem. Letzten Endes erweckten die irakischen Gerichte nicht gerade das Vertrauen, dass sich das Land zu einer stabilen, der Rechtsstaatlichkeit verpflichteten Demokratie entwickeln würde.

★ ★ ★

Welche Lehren habe ich aus meiner Zeit im Irak gezogen?

Im Gedächtnis ist mir vor allem die Tatsache geblieben, dass die Last der Operationen nach dem 11. September 2001 einem so kleinen Teil unserer Bevölkerung aufgebürdet wurde, und dass es nicht ungewöhnlich war, dass Soldaten und Marines sich freiwillig zu ihrem dritten oder vierten Einsatz gemeldet hatten. Dies führte häufig zu Familientrennungen, posttraumatischem Stress und vielen anderen negativen Begleiterscheinungen.

Während des Zweiten Weltkriegs wurde unsere gesamte Gesellschaft für die Kriegsbemühungen mobilisiert. Bei den militärischen Operationen nach dem 11. September 2001 gab es in den Vereinigten Staaten große Gemeinschaften, die von der Mobilisierung der Streitkräfte kaum oder gar nicht betroffen waren, was zu einer Kluft zwischen den Belastungen für diejenigen führte, die an den kriegerischen Konflikten teilnahmen, und denen, die nicht daran teilnahmen. Eine der Folgen davon war, dass der All-Freiwilligenansatz langwierige Einsätze und jahrelange Truppenverpflichtungen für die Öffentlichkeit greifbarer machte. Hätte es eine Wehrpflicht gegeben, wäre der Widerstand der Öffentlichkeit gegen den langfristigen Versuch, eine Nation aufzubauen, bei dem zahlreiche Amerikaner ihr Leben opferten, groß gewesen.

Noch wichtiger ist, dass ich aus nächster Nähe die Grenzen dessen kennenlernte, was von unserem Militär erwartet wurde. Im Verlauf von zwei Wochen war mir klar geworden, dass unser Militär al-Qaida letztlich zerschlagen würde, weil diese

Organisation mit ihren Terrorakten zentrale Teile der sunnitischen Bevölkerung entfremdet hatte und überdies den militärischen Operationen der USA nicht gewachsen war.

Es war ebenso offensichtlich, dass es uns nicht gelingen würde, im Irak eine proamerikanische, westlich geprägte Demokratie zu etablieren. Die kulturellen Unterschiede waren zu groß, als dass sich der Irak den Konstitutionalismus eines James Madison zu eigen machen könnte. Für die Iraker bedeutete »Freiheit« die Unterwerfung unter die Scharia, nicht die Einführung einer liberalen Demokratie.

Als ich aus erster Hand sah, wie töricht es ist, das Militär zu benutzen, um eine fremde Gesellschaft zu sozialisieren, dachte ich an die Reaktion zurück, die ich hatte, als George W. Bush seine zweite Antrittsrede hielt. Ich war noch nicht aktiv bei der Marine, aber ich hatte einen Auftrag und wusste, dass ich sehr bald meinen Dienst antreten würde. Daher lauschte ich besonders aufmerksam dem, was Präsident Bush über unsere militärische Haltung sagte.

Bush skizzierte ein Konzept für die amerikanische Außenpolitik, das dem Wilsonianismus, der von Woodrow Wilson begründeten außenpolitischen Doktrin, entsprach. »Das Überleben der Freiheit in unserem Land hängt zunehmend vom Erfolg der Freiheit in anderen Ländern ab«, erklärte Bush. »Es ist die Politik der Vereinigten Staaten, das Wachstum demokratischer Bewegungen und Institutionen in jeder Nation und Kultur anzustreben und zu unterstützen, mit dem letztendlichen Ziel, der Tyrannei in unserer Welt ein Ende zu setzen.«

Ich erinnere mich, dass ich fassungslos war: Hängt das Überleben der amerikanischen Freiheit davon ab, ob die Freiheit in Dschibuti Erfolg hat? Werden wir versuchen, Demokratie in Gesellschaften durchzusetzen, in denen die meisten Menschen den US-Interessen feindlich gegenüberstehen? Was würde es uns wohl an amerikanischem Blut und Schätzen kosten, wenn

63

wir der Tyrannei in unserer Welt ein Ende setzen? Ist es möglich, mit der Tyrannei in unserer Welt Schluss zu machen?

Dieser messianische Impuls – dass die USA sowohl das Recht als auch die Pflicht haben, die Demokratie zu fördern, wenn nötig mit Gewalt, und zwar in der ganzen Welt – beruhte auf dem Moralismus der Wilsonianer und nicht auf einer klaren Sicht der amerikanischen Interessen. Die Politik, die sich auf einem solchen Impuls ausruht, war weder wünschenswert noch nachhaltig.

Dieser Impuls beinhaltete auch eine Missachtung der Grundsätze unserer Gründerväter. Sie hätten es nicht als »Freiheit« angesehen, einen Diktator gewaltsam zu beseitigen und dann eine Gesellschaft von den bloßen Launen der Mehrheit regieren zu lassen. Sie wussten, dass die Freiheit von einer unkontrollierten Mehrheit ebenso leicht unterdrückt werden konnte wie von einem einzelnen Tyrannen. Die Gründerväter lehnten sich gegen Georg III. auf, sodass sie große Glaubwürdigkeit hatten, wenn es darum ging, sich gegen Autokraten zu behaupten. Sie verstanden auch, dass eine freie Gesellschaft eine verfassungsmäßige Struktur benötigt, die sich auf die Zustimmung des Volkes stützt, aber nicht zur zur Tyrannei der Mehrheit wird.

Die bloße Möglichkeit, das Wahlrecht auszuüben, war notwendig, aber bei Weitem nicht ausreichend, um eine Gesellschaft zu erhalten, die die Freiheit schützt. Die Markenzeichen des Konstitutionalismus eines James Madison – Gewaltenteilung, gegenseitige Kontrolle, Föderalismus und eine Charta der Rechte – stellten strukturelle Sicherheitsvorkehrungen gegen Machtkonzentration dar, sei es in einer einzigen Führungskraft oder einer legislativen Mehrheit. Diese Wissenschaft der Politik wurde nicht von oben verordnet, sondern war die logische Folge der intellektuellen, religiösen und kulturellen Trends der damaligen Zeit. Die große Leistung der Gründerväter bestand darin, einen Rahmen zu schaffen, in dem eine freie Gesellschaft bestehen und gedeihen konnte.

Es ist falsch zu glauben, dass die USA fremden Gesellschaften einfach einen solchen Rahmen aufzwingen können, vor allem solchen, denen unsere kulturelle Affinität zur Freiheit fehlt. Im Irak erzielten die USA einen Erfolg nach dem anderen auf dem Schlachtfeld. Bei der Schaffung einer funktionierenden, proamerikanischen, demokratischen Gesellschaft waren solche Erfolge jedoch wesentlich schwerer zu erreichen.

Ich werde das Gefühl nie vergessen, als wir nach dem Irakeinsatz wieder in Coronado landeten. Nachdem ich so viel Zeit in einem heißen, elenden Teil der Welt verbracht hatte, war es ein unglaubliches Gefühl, die frische Brise des Pazifischen Ozeans zu spüren, als ich auf der Naval Air Station North Island aus dem Flugzeug stieg. Ich habe dafür gesorgt, dass ich am nächsten Tag in Coronado einen langen Lauf am Meer entlang machen konnte; was für ein Unterschied zum Herumlaufen auf dem Stützpunkt in Falludscha bei 100 Grad!

Als ich meinen Auftrag in Coronado erledigt hatte und mich auf den Weg zurück nach Florida machte, bestand meine nächste Aufgabe darin, um Caseys Hand anzuhalten. Wir waren vor meinem Einsatz etwa ein Jahr lang zusammen gewesen, und sie war bereit, den nächsten Schritt zu machen, aber ich wollte zuerst meine Mission im Irak abwarten, bevor ich ihr meinen Antrag machte. Nun war es an der Zeit, zu handeln. Es war die beste Entscheidung, die ich je getroffen habe, aber auch eine leichte Entscheidung. Zum Glück sagte sie »Ja«.

Etwa fünf Tage vor unserer Hochzeit bat Casey mich, auf den Smoking zu verzichten und stattdessen die weiße Dienstuniform der Navy zu tragen. Eigentlich wollte ich einen Smoking tragen, weil ich dachte, dass die meisten Bräutigame das tun. Die weiße Navy-Uniform war jedoch stilvoll, und ich war froh, dass ich meiner Braut die Entscheidung überlassen hatte.

Für die Hochzeit brauchte ich all meine Medaillen, aber als ich mich bei meinen Kollegen umhörte, wurde mir klar, dass die Medaillen professionell nebeneinander an einer Ordensspange befestigt werden mussten – das konnte ich nicht einfach selbst machen.

Drei Tage vor der Hochzeit ging ich mit all meinen Auszeichnungen in die Marinewerkstatt. Die Mitarbeiterin war sehr entgegenkommend und gab mir die Rechnung und fügte hinzu: »Das wird bis Ende des Monats dauern.«

»Gibt es eine Möglichkeit«, bat ich, »das Ganze ein wenig früher zu bekommen? Ich werde in drei Tagen heiraten.«

Sie sagte, ich solle ihr meine Telefonnummer geben, und sie würde sehen, was sie tun könne. Später an diesem Tag erhielt ich einen Anruf, dass sie die Ordensspange bis Freitagmittag, dem Tag vor der Hochzeit, anfertigen würde. Obwohl ich bis dahin die Stadt verlassen haben sollte, um zur Hochzeit zu fahren, wartete ich bis Freitag, schnappte mir die Medaillen und kam schließlich gerade noch rechtzeitig zum Probeessen.

Casey war mit den Hochzeitsfotos sehr zufrieden, also war es das alles wert.

Unsere Hochzeit schaffte es aufgrund von Caseys Bekanntheit als TV-Nachrichtensprecherin sogar in die Lokalnachrichten. Außerdem organisierte Casey einen Hochzeitskleid-Wettbewerb in ihrer Sendung, wobei die Zuschauer für das Kleid stimmen konnten, das sie auf der Hochzeit tragen sollte.

Bei der Marine wird erwartet, dass man alle zwei bis drei Jahre die Station wechselt (Permanent Change of Station, PCS), aber das war für uns als Ehepaar nicht sinnvoll. Casey war ein Fernsehstar, was es uns schwer machte, alle paar Jahre umzuziehen. Außerdem hatte ich das Glück, als junger Offizier in der

Navy schon viel erlebt zu haben, und ich war mir nicht sicher, ob ich noch viel mehr im aktiven Dienst machen wollte. Also beschloss ich, aus dem aktiven Dienst auszuscheiden. Es war eine großartige Erfahrung, und ich bewunderte die Navy als Institution sehr, aber es war der richtige Zeitpunkt. Nach Harvard hätte ich viel mehr Geld verdienen können, aber die Gelegenheit, dem Staat zu dienen, war es mehr als wert. Ich wusste nicht, was ich als Nächstes tun würde, aber ich war bereit für die nächste Herausforderung.

Kapitel 4

Außenseiter

Mein erster Ausflug in die Politik als Kandidat für das US-Abgeordnetenhaus war etwas, in das ich hineingeraten bin und nicht etwas, das ich im Voraus geplant hatte.

Nachdem ich aus dem aktiven Dienst ausgeschieden war, begann ich über die Richtung nachzudenken, in die unser Land immer mehr driftete, vor allem unter der linksgerichteten Agenda der Obama-Administration. Ich konnte zwar nicht meine ganze Zeit dem bürgerlichen Engagement widmen, aber da ich gerne schreibe, dachte ich, ich könnte einen Beitrag für die Sache leisten, indem ich etwas schreibe und kommentiere.

Zu diesem Zeitpunkt verfügte ich über solide Grundlagen in der amerikanischen Geschichte und in Fragen der US-Verfassung. Ich war mit den *Federalist Papers* vertraut (den 85 Artikeln, die 1787/88 pseudonym in mehreren New Yorker Zeitungen erschienen und die Bevölkerung dazu bewegen sollten, der 1787 entworfenen aber noch nicht ratifizierten föderalen Verfassung der Vereinigten Staaten von Amerika zuzustimmen) und bewunderte die richterlichen Stellungnahmen der Richter des Obersten Gerichtshofs der USA, Antonin Scalia und Clarence Thomas, die ein klares Bekenntnis zu unserem Verfassungssystem abgelegt hatten.

Während der Obama-Jahre hatte die konservative Basis mehr Interesse gezeigt, etwas über die Gründungsprinzipien unseres Landes zu erfahren, aber es gab keine brauchbare Informationsquelle, die das, was die Gründerväter in unserer Verfassung verankert hatten, mit dem verglich, was in Präsident Obamas Washington, D.C. vor sich ging.

Um diese Lücke zu füllen, beschloss ich, ein Buch zu schreiben, in dem ich die Absichten der Gründerväter in unserer Verfassung dem links gerichteten Denken gegenüberstellte, das die Politik seit der Wahl Obamas im Jahr 2008 beflügelt hat. Einer der Gründe für meine Entscheidung, Autor zu werden, war, dass meine Frau vom Nachrichtensprechen zu Übertragungen für den Sportverband PGA Tour wechselte und an den Wochenenden über Turniere berichten musste, was mir mehr Freizeit bescherte, als ich gewohnt war. Also begann ich zu schreiben, fand einen kleinen Verlag, trug die Herstellkosten selbst und stellte mein Buch 2011 fertig.

Ich hätte das Buch nicht fertiggestellt, wenn ich nicht so naiv gewesen wäre. Ich dachte einfach, wenn man ein gutes Buch schreibt, kann man es auch verkaufen. Mir war nicht klar, wie sehr sich die Branche um Autoren dreht, die schon einen großen Namen haben. Wenn es um Sachbücher geht, ist es für einen großen Namen viel einfacher, ein Stück Müll zu schreiben, als für einen neuen Autor, ein gutes Buch zu verkaufen. Ich war realistisch. Ich habe nicht erwartet, dass mein erstes Buch ein Bestseller werden würde. Ich hoffte lediglich, einen kleinen Beitrag zu einem besseren Verständnis der Gründungsprinzipien unseres Landes und der zum damaligen Zeitpunkt stattfindenden Abkehr zu leisten.

Mein Buch *Dreams from Our Founding Fathers. First Principles in the Age of Obama*, hat nicht viel Aufmerksamkeit erregt und war nie auf der Bestsellerliste. Da ich zum ersten Mal als Autor auftrat und wir die Herstellkosten übernommen hatten, beschlossen Casey und ich zu versuchen, mein Buch durch Grassroots-Marketing bekannt zu machen, also anstatt die Botschaft an die breite Masse zu senden, uns nur an eine ausgewählte Anzahl von Menschen zu richten, eine Basiskampagne zu führen. Casey würde mir einen Redebeitrag bei einem Treffen einer konservativen politischen Gruppe verschaffen. Wir würden zu der Veranstaltung fahren, ich würde über das Buch sprechen, Casey würde sich im hinteren Teil des Raumes mit einer Reihe von Büchern zum Verkauf aufstellen, ich würde in der Regel vor zwei Dutzend bis zu ein paar Hundert Menschen sprechen, und nach der Rede würden viele das Buch kaufen. Im Laufe des Jahres 2011 trat ich vor Dutzenden von Gruppen in ganz Florida auf, und ich stellte fest, dass meine Botschaft ankam.

Meine Auftritte machten mein Buch zwar nicht zu einem Verkaufsschlager, aber sie ebneten mir indirekt den Weg für meine Kandidatur für den Kongress im folgenden Jahr. Eine der typischen Reaktionen, die ich nach meinen Vorträgen erhielt, war, dass ich selbst für ein Amt kandidieren solle. Meine Botschaft über die Bedeutung der Gründungsprinzipien unserer Nation fand Anklang, zum einen weil meine Zuhörer überzeugt waren, dass das, was damals in Washington geschah, mit diesen Prinzipien nichts zu tun hatte, und zum andern weil ich vor einem überwiegend älteren Publikum sprach, und Casey und ich Anfang dreißig waren. Ich glaube, die Zuhörer schätzten es, dass ein Paar aus der jüngeren Generation an die Werte glaubte, die ihnen wichtig waren.

Als die Wahlen 2012 näher rückten, veränderte sich die politische Landschaft in Florida durch die Hinzufügung von zwei Kongressbezirken zu den damals bestehenden fünfundzwanzig Sitzen im US-Repräsentantenhaus. Einer der Bezirke erstreckte sich von Saint Johns County (zu dem Saint Augustine und Ponte Vedra Beach gehören, wo Casey und ich wohnten) entlang der Ostküste Floridas bis zur Grenze zwischen den Bezirken Volusia (zu dem Daytona Beach gehört) und Brevard. Bei meinen Veranstaltungen für mein Buch hatte ich einen Großteil dieses Teils unseres Bundesstaates besucht und einige der konservativen Aktivisten kennengelernt – viele von ihnen sind bis heute meine großen Unterstützer. Ich wurde also ermutigt, für den neuen Sitz im Kongress zu kandidieren, hatte eine Botschaft, die den treuen republikanischen Wählern zu gefallen schien, und eine Biografie, von der ich hoffte, dass sie Anklang finden würde.

Dennoch gab es viele Probleme mit dieser Idee. Eines davon war einfach, dass ich keine Ahnung hatte, wie man für ein Amt kandidiert. Mein Buch war schließlich kein Wahlkampfbuch für mich, und als ich es schrieb, hatte ich nicht vor, für den Kongress in einem Bezirk zu kandidieren, den es damals noch gar nicht gab. Später erfuhr ich, dass Kongresskandidaten oft jahrelang Vorarbeit leisten. Ich war ein politischer Neuling, der nichts getan hatte, um sich auf einen Wahlkampf vorzubereiten.

Außerdem war ich in dem Bezirk praktisch nicht bekannt, ich war kein gewählter Amtsträger mit einer vorhandenen Unterstützerbasis und hatte auch keinen eingeführten Namen. Darum würde ich einen Weg finden müssen, um den Wählern in den Vorwahlen der GOP (der Republikanischen Partei, auch Grand Old Party genannt) bekannt zu werden, was ein weiteres Problem aufwarf: Ich würde Wahlkampfgelder ausgeben müssen, um auf meine Kandidatur aufmerksam zu machen, und ich hatte weder Geld noch reiche Freunde, die mich unterstützen konnten. Erschwerend kam hinzu, dass mehrere gewählte Amtsträger planten, für den Sitz zu kandidieren, und sie hätten einen Vorsprung gegenüber einem Neuling wie mir. Und da die Karten für den Kongress erst Anfang 2012 festgelegt wurden, blieben mir nur etwa sechs Monate vom Start des Wahlkampfs bis zu den Vorwahlen der Republikaner im August.

Trotz dieser Hürden hatte Casey Vertrauen zu mir. Sie hatte mich bei den Buchveranstaltungen begleitet und den Enthusiasmus der Menschen miterlebt. »Diese Leute wollen einen Mann wie dich unterstützen«, sagte sie mir. »Sie vertrauen Politikern nicht und wollen jemanden wählen, an den sie glauben können. Außerdem möchte ich, dass *mein* Kongressabgeordneter jemand ist, dem ich vertrauen und an den ich glauben kann.«

Um eine Vorwahl für einen Sitz im US-Repräsentantenhaus unter den gegebenen Umständen zu gewinnen, mussten wir von Anfang an Vollgas geben und durften nicht zurückblicken. Bei den Vorwahlen der Parteien liegt die Wahlbeteiligung in der Regel bei etwa 25 Prozent der registrierten Wähler, sodass wir bei den GOP-Vorwahlen im August mit etwa sechzigtausend Stimmen rechnen konnten. Mithilfe des Wahl-O-Mats konnte man mit ziemlicher Sicherheit vorhersagen, wer auf der Grundlage des bisherigen Wahlverhaltens der einzelnen Bürger zur Wahl gehen würde.

Also machten meine Frau und ich uns auf und klopften an die Türen von Leuten, von denen wir annahmen, dass sie bei den Vorwahlen im August wählen würden, und mussten manchmal in der weitläufigen Nachbarschaft herumfahren. Ich kaufte Casey einen kleinen Elektroroller, damit sie von einem GOP-Vorwahlhaushalt zum nächsten schnell fahren konnte, während ich das Gleiche mit meinem Pick-up tat. Wir entwickelten eine Routine: Ich lud ihren Roller in meinen Pick-up, wir suchten uns ein Viertel aus, das wir abklappern wollten, und ich setzte sie und den Roller auf der einen Seite des Viertels ab, während ich auf der anderen begann.

Im Laufe des Wahlkampfs klopften wir beide an Tausende von Türen. Das war die effektivste Form der Wahlwerbung – mit weitaus größerer Wirkung als Fernsehwerbung. Die meisten Menschen hatten noch nie einen Kandidaten für den Kongress an ihrer Tür klopfen sehen und schätzten es, dass ein junges Paar bereit war, sich ihre Sorgen anzuhören und um ihre Stimme zu bitten. Da die Kandidaten bei den Vorwahlen einer Partei in der Regel ähnliche Positionen einnehmen, machte allein die Tatsache, dass ich (oder Casey) zu ihnen nach Hause kam, es wahrscheinlicher, dass sie für mich stimmen würden.

Es ist eine Sache, Umfrageergebnisse zu untersuchen, aber diese Ergebnisse hängen davon ab, wie die Frage gestellt wird, und oft werden nicht einmal die wichtigsten Fragen gestellt. Außerdem lässt sich aus einer Umfrage nicht ableiten, wie die Wähler auf ein Thema reagieren werden, wenn es erst einmal richtig formuliert ist. Natürlich würden die Medien in einer idealen Welt über Themen berichten, die für die Menschen von entscheidender Bedeutung sind, aber der Filter der Medienunternehmen trägt weit mehr dazu bei, berechtigte Themen abzublenden, als sie aufzuklären. Ein Kandidat, der solche Narrative blind akzeptiert, geschweige denn eine Agenda als Antwort auf diese Narrative entwirft, wird es nicht schaffen, begeisterte Unterstützung zu erhalten.

Ein Thema, das ich immer wieder hörte, war die Besorgnis, dass Kandidaten oft die richtigen Dinge sagen und sogar die besten Absichten haben, aber sobald sie in den Sumpf von Washington geraten, verändern sie sich zum Schlechten. Damals wusste ich es noch nicht, aber dieses anhaltende Thema – dass die Republikaner in Washington die Werte der Menschen, die sie wählen, nicht wirksam vertreten – hat die Nominierung von Donald Trump im Jahr 2016 überschattet. Die Kluft zwischen den Hoffnungen der GOP-Wählerschaft und dem Verhalten der Parteiführer in Washington würde in den folgenden Jahren immer größer werden, und die Frustration unter den GOP-Wählern würde weiterwachsen, sodass sie zunehmend Politiker ablehnten, die sich weigerten, sich für ihre Werte einzusetzen.

Meine Aufgabe war es, den Wählern zu zeigen, dass ich nicht nur ein Lippenbekenntnis zu ihren Werten ablege, sondern nach meiner Wahl auch Taten folgen lassen werde. Also habe ich die Verärgerung über die Führung der Republikanischen Partei deutlich gemacht und versprochen, dass ich nicht Teil des Sumpfes des politischen Establishments in Washington werden würde.

Aber welche Zusicherungen konnte ich ihnen geben? Schließlich hatte ich keinerlei politische Erfahrung und keine Erfolgsbilanz vorzuweisen, die die Wähler hätten bewerten können. Zwar gab es Aspekte in meinem Lebenslauf, wie der Dienst in der Marine und im Irak, die die Leute wahrscheinlich davon überzeugten, mir einen Vertrauensvorschuss zu geben, aber es gab auch andere Aspekte, wie die Tatsache, dass ich Absolvent einer »Eliteuniversität« war, die ihr Misstrauen wecken konnten.

Die Wähler schätzten Bildung und gingen wahrscheinlich davon aus, dass ich ein kluger Kopf war, aber sowohl Yale als auch die Harvard Law School waren so sehr zum Synonym für linke Ideologie und die Mentalität der herrschenden Klasse geworden, dass die meisten Konservativen an der Basis verständlicherweise skeptisch gegenüber diesen Institutionen waren. Ich für meinen Teil führte meine Erfahrungen an diesen Lehrstätten als Beweis dafür an, dass ich meinen Überzeugungen auch in Washington treu bleiben würde: »Ich bin einer der ganz wenigen Menschen«, sagte ich, »die sowohl in Yale als auch in Harvard Jura studiert haben und konservativer daraus herausgekommen, als ich hineingegangen bin. Wenn ich sieben Jahre Indoktrination in der Ivy League überstehen konnte, dann werde ich auch in Washington überleben können, ohne mich dort anzupassen!«

Im Laufe dieser vielen Monate unserer Roadshow besuchten Casey und ich eine Vielzahl großartiger Gemeinden – an der Küste, auf dem Land und in den Vorstädten – im gesamten sechsten Kongressbezirk, darunter Orte wie New Smyrna Beach (eine großartige Küstenstadt), Hastings (ein Zentrum des Kartoffelanbaus), Saint Augustine (die älteste Stadt Amerikas), Daytona Beach (der berühmteste Strand der Welt) und

Palm Coast (eine große Rentnergemeinde). Es war anstrengend, hat aber viel Spaß gemacht und war auch effektiv: Als die Ergebnisse der Vorwahlen eintrafen, erhielten wir etwa 40 Prozent der Stimmen in dem siebenköpfigen Rennen und gewannen mit mehr als 15 Prozent. Wir würden in den nächsten Jahren die Parlamentswahlen im November mit einem ähnlichen Vorsprung gewinnen.

Bis heute kommen Leute auf mich zu und sagen, dass sie sich daran erinnern, wie Casey oder ich an ihre Tür geklopft haben. Ich glaube nicht, dass ich die Vorwahlen so überzeugend hätte gewinnen können, wenn wir nicht an so vielen Türen geklopft hätten.

Casey war ein wichtiger Multiplikator für den Wahlkampf. Der Kongressbezirk war zwischen den TV-Märkten aufgeteilt: Etwa 35 Prozent der Wähler lebten im Wahlkreis Jacksonville, die restlichen 65 Prozent im Wahlkreis Orlando. Für die Wähler im Wahlkreis Jacksonville waren Caseys Haus-zu-Haus-Bemühungen besonders überzeugend, da sie sie aus ihrer Zeit als Nachrichtensprecherin kannten. Es kommt nicht jeden Tag vor, dass eine Nachrichtensprecherin an der Haustür auftaucht. Meiner Schätzung nach hat sie mehr als 90 Prozent der Wähler, mit denen sie in Kontakt kam, überzeugt.

In Anbetracht unserer Ausgangssituation – keine politische Erfahrung, kein Name, kein Geld – war der Sieg eine Bestätigung dafür, dass sich harte Arbeit auszahlt. Niemand hat mir etwas geschenkt; ich musste mir einfach alles verdienen. Meine Jahre als Baseballspieler, meine Gelegenheitsjobs und meine Erfahrungen beim Militär haben mir die nötige Disziplin vermittelt, um die tägliche harte Arbeit zu leisten, die für den Erfolg meines Wahlkampfs erforderlich war.

Neun Monate zuvor hatte uns niemand eine Chance gegeben. Jetzt waren wir aber auf dem Weg ins US-Repräsentantenhaus.

Kapitel 5

Abgeordneter

Jeder Republikaner, der in den US-Kongress gewählt wird, muss sich entscheiden: den Sumpf trockenlegen oder Teil des Sumpfes werden.

Und angesichts der Verachtung, die die GOP-Wähler landesweit für Washington hegen, dürfte dies für republikanische Kongressneulinge ein Leichtes sein.

Da aber der gesamte Kosmos von Washington derartig verdrahtet ist, sind ambitionierte Reformwillige zum Scheitern verurteilt. Ein neu gewählter Abgeordneter, der in Washington ohne ein festes philosophisches Ruder in der Hand ankommt, wird in der Regel von den mächtigen Strömungen des Beltway, des politischen Establishments, abgetrieben.

Ein wichtiger Grund dafür ist die Dominanz der alten Medien in Washington, die die Berichterstattung kontrollieren, seine Arbeitsweise schützen und die Administration verteidigen. Diese Medien treten Reformern, vor allem jenen auf der rechten Seite, mit offener Feindseligkeit gegenüber und greifen sie in der Regel mit Hetzartikeln an. Die meisten Politiker wollen gemocht werden, und daher werden sie ungern etwas tun, was nicht gefällt.

So hält die Gefahr, von den Medien beschmutzt zu werden, neue Kongressmitglieder traditionell davon ab, das Ruder herumzureißen.

Oft haben sich meine Wähler darüber beschwert, wie schlecht die Republikaner in Washington in Sachen Kommunikation sind und dass die Demokraten immer die richtige Botschaft zu haben scheinen. Daran ist etwas Wahres – auch wenn ich der Meinung bin, dass die Fehler der Republikaner bei der

Kommunikation weniger in den Kommunikationstechniken als vielmehr darin begründet sind, dass sie sich nicht für eine Politik einsetzen, die den Anliegen unserer Wähler gerecht wird.

Fakt jedoch ist, dass das Mediensystem Beltway als Verstärker für die Botschaften der Demokraten fungiert und als Diffamierungsmaschine der Republikaner und der republikanischen Politik. Die Demokraten scheinen geschickt zu sein, wenn es Fakten betrifft, auch weil die Medien ihre Schlagworte und Argumente unkritisch verstärken. Wenn die Demokraten etwas Verwerfliches tun, wird es von den Medien in der Regel als etwas dargestellt, auf das sich die Republikaner stürzen, und nicht als etwas, das an sich schlecht und verwerflich ist.

Demokratische Abgeordnete besitzen keinen Anreiz, sich gegen ihre Partei zu stellen, um mit republikanischen Abgeordneten zusammenzuarbeiten – alle Organe der fortschrittlichen Linken werden zum Angriff übergehen, und die Medien werden diese Angriffe gegen jeden Demokraten richten, der von der Parteilinie abweicht. Auf der anderen Seite wird ein Republikaner, der sich mit der Linken gegen seine Partei verbündet, Gegenstand glühender Profile in den alten Zeitungen und Zeitschriften und scheinbar endloser Fernsehauftritte bei CNN, NBC und den politischen Sonntagssendungen sein.

Die etablierte politische Klasse in Washington hat eine verzerrte Sicht der Realität, aber es ist diese Sicht, von der der Beltway durchdrungen ist, und die dazu neigt, neue Abgeordnete anzustecken. Tief verwurzelt im Beltway-Denken ist eine Verachtung für Durchschnittswähler, insbesondere Wähler und Wählerinnen, die die linke Ideologie ablehnen. Dies trägt dazu bei, eine konventionelle Überzeugung zu nähren, die fast immer falsch ist – und die nichts mit dem zu tun hat, was wirklich im ganzen Land passiert.

Es ist das Kool-Aid, das viele Kongressmitglieder trinken und das ihnen ermöglicht, die Nichterfüllung ihrer Wahlversprechen, nämlich Washington zu reformieren, zu rechtfertigen.

Wenn Abgeordnete von dem abweichen, was sie ihren Wählern versprochen haben, öffnen sie sich für mögliche Herausforderer. Die Bundesgesetze zur Wahlkampffinanzierung begrenzen nun die Einzelspenden auf 5800 Dollar pro Wahlzyklus (2900 Dollar für die Vorwahlen und die allgemeinen Wahlen), was es ernsthaften Herausforderern in den Vorwahlen sehr schwer macht, sich durchzusetzen, es sei denn, der Herausforderer verfügt über das nötige Vermögen, um seine Kampagne selbst zu finanzieren. Dies ist selten der Fall.

Diejenigen, die sich als Mitglieder des DC-Sumpfes können sich in der Regel auf Spenden von verschiedenen politischen Aktionskomitees verlassen, die mit einzelnen Unternehmen oder Verbänden verbunden sind. Dieses Beltway-Fundraising erfordert, dass Abgeordnete viel Zeit in Washington auf Cocktailpartys in der K-Street verbringen, was den allgemeinen Zeitgeist in Washington nur verstärkt und die Kongressabgeordneten anregt, mitzumachen, um mitzukommen.

Diejenigen, die diesen Druck ablehnen und Washington verändern wollen, stehen vor einem Dilemma. Um die gegenwärtige Ordnung der Dinge verändern zu können, muss man zunächst eine Position mit ausreichender Autorität erlangen. Das Problem ist jedoch, dass der Aufstieg in eine solche Position – sei es ein Ausschussvorsitz oder die Parteiführung – in der Regel erst dann möglich ist, wenn das Kongressmitglied Teil des Sumpfes geworden ist. Ein Mitglied, das den Sumpf von Anfang an ablehnt, hat kaum eine Chance, in eine Führungsposition im Kongress aufzusteigen; gleichzeitig wird selbst das wohlmeinende Parlamentsmitglied, das versucht, »das Spiel zu spielen«, um die Leiter hinaufzuklettern, tendenziell kastriert auf dem Weg zu einer Position mit hohem Dienstalter.

Natürlich haben einige Abgeordnete nie die Absicht, etwas zu tun, was den inneren Zirkel der Macht aufmischt, sobald sie in Washington angekommen sind. Für sie sind die Positionen, die sie während ihrer Kampagnen einnehmen, bloße Plattitüden, die vorgebracht werden, um gewählt und wiedergewählt zu werden. Wenn sie sich erst einmal sicher im Sumpf als Mitglied des Kongresses eingerichtet haben, werden sie zu Stempeln für den Status quo.

Als ich im Januar 2013 nach Washington kam, wusste ich, dass der Kongress einer umfassenden Reform bedurfte. Ich wusste, dass ich nichts bewirken würde, indem ich mitmache, um mitzukommen, dass ich nicht das Spiel des Beltway, dieser Blase, mitspielen und mich einreihen würde, vor allem, wenn die GOP-Führer ihre Wahlversprechen nicht einhielten. Ich mag zwar *in* Washington gedient haben, aber ich würde niemals einer *aus* Washington werden. Das bedeutete auch, dass ich von der Führung nicht für bestimmte Vergünstigungen angezapft werden würde, dass die von mir unterstützten Gesetze nicht im Schnellverfahren behandelt werden würden und dass ich nicht in die mächtigen A-Ausschüsse berufen werden würde.

Auf beiden Seiten des Ganges stimmen die meisten Abgeordneten gewöhnlich so ab, wie ihre Führung es ihnen vorschreibt. Ich habe Stunden damit verbracht, den Text der Rechtsvorschriften zu lesen, über die wir abstimmen würden. Nur wenige Abgeordnete haben das getan. Als Anhänger des verstorbenen großen Richters Antonin Scalia war ich der Meinung, dass der Kongress seine Absichten im Gesetzestext klar zum Ausdruck bringen müsste, es nicht den nicht gewählten Richtern überlassen dürfte, von der Richterbank aus Gesetze zu erlassen, oder der Administration per Dekret zu regieren.

Ich habe mich im Großen wie im Kleinen aus dem Washingtoner Sumpf herausgehalten, habe mich entschieden, in meinem Büro zu nächtigen, wenn das Repräsentantenhaus tagte, statt eine Wohnung auf dem Capitol Hill für die Dauer der Sitzungswoche zu mieten. So konnte ich mehr Arbeit erledigen und mich auf meine Aufgabe, die Menschen in meinem Wahlbezirk zu vertreten, konzentrieren.

Ich war auch nicht in Washington, um Kontakte zu knüpfen, geschweige denn, um ein fester Bestandteil des gesellschaftlichen Lebens in D.C. zu sein. Sobald die Abstimmungen beendet waren, flog ich zurück nach Florida, um Casey zu sehen und in meinem Wahlbezirk zu arbeiten.

Was den Lebensstil betrifft, so könnte niemand das Nächtigen auf meiner Bürocouch mit einem Nächtigen im Holiday Inn verwechseln, geschweige denn mit dem im Four Seasons. An vielen Abenden holte ich mir mein Abendessen aus einem Automaten in einem der Bürogebäude des Kongresses. In der Regel schlief ich um Mitternacht auf meiner Couch ein und war am nächsten Morgen um 6 Uhr wach.

Als Mann des Militärs schätzte ich die Effizienz, die mir dieses Arrangement ermöglichte: Ich brauchte nicht zu pendeln und konnte meinen Arbeitstag mit einem Training vor Ort beginnen, indem ich einfach in den Fitnessraum des Kongresses im Untergeschoss des Rayburn House Office Building ging. Von den 435 Mitgliedern des Repräsentantenhauses war ich einer von vielleicht 80 Abgeordneten, die in ihren Büros übernachteten.

Da ich der Ansicht war, dass sich der Kongress von einer bürgerlichen gesetzgebenden Klasse zu einer gehobenen herrschenden Klasse entwickelt hatte, wollte ich mit meinem Verhalten demonstrieren, dass die Mitglieder des Kongresses nicht von den Menschen, die sie vertreten, getrennt und verschieden sein sollten. Letzteres war mir besonders wichtig, weil der sogenannte Affordable Care Act (auch bekannt als Obamacare) den Kongress von seinen Verpflichtungen ausnahm.

Entsprechend hatte ich auch meinen Aktienhandel vor meinem Amtsantritt eingestellt. Es gab viele Berichte über Kongressmitglieder, die sich mit Insider-Informationen auf dem Markt bereicherten. Ich wollte nicht in einer Position sein, in der eine Abstimmung oder eine andere Maßnahme, die ich ergriff, aufgrund der Aktien, die ich besaß, infrage gestellt werden konnte.

Schließlich gelang es mir, einen Platz in den folgenden Ausschüssen zu bekommen: Judiciary, Oversight und Foreign Affairs. Diese Ausschüsse befassten sich auch mit Themen, die bei den Wählern und Wählerinnen zu Hause und im ganzen Land sehr beliebt waren, aber sie galten nicht als »A«-Ausschüsse, weil das Prestige des Ausschusses auf seinem Fundraising-Potenzial bei den K-Street-Leuten beruht. Ausschüsse, die große Industriezweige beaufsichtigen – wie Energie und Handel und Finanzdienstleistungen – erlauben es den Abgeordneten, große Summen an Spenden des Political Action Commitee (PAC, einer Lobbygruppe, die sich darauf konzentriert, Abgeordnete oder Wahlbeamte der Regierung zu unterstützen oder zu bekämpfen) zu sammeln, um primäre Anfechtungen abzuschrecken. Aber ich habe für den Kongress kandidiert, um zu versuchen, Washington zu verändern, nicht um ein ständiges Mitglied des Sumpfes zu werden.

Im heutigen US-Repräsentantenhaus liegt die gesamte Macht in den Händen der Führung und vor allem des Sprechers. Theoretisch kann ein einzelnes Mitglied zwar den politischen Entscheidungsprozess in einem Ausschuss durch das Einbringen von Änderungsanträgen im Plenum beeinflussen, in der Praxis aber wird der gesamte Prozess – Anhörungen im Ausschuss, Aufarbeitung der Gesetzgebung, Abstimmungen im Plenum – von der Führung bestimmt. Es gibt nur sehr wenige *Mr. Smith geht nach Washington*-Momente. Ob es sich um die Abstimmung über ein Gesetz oder sogar um die Durchführung einer Anhörung handelt, nur sehr wenig geschieht außerhalb der vorgegebenen Konturen dessen, was die Führung vorschreibt.

Eine der groteskesten Folgen davon sind die massiven Omnibus-Ausgabenvorlagen, die routinemäßig durch den heutigen Kongress gepeitscht werden. Diese gigantischen Sammelausgabenvorlagen sind größtenteils Produkte geheimer Hinterzimmerverhandlungen zwischen einer Handvoll Mitarbeitern der Führung und/oder der Ausschüsse. Immer wenn die Führung eine massive Ausgabenvorlage mit Tausenden von Seiten enthüllt, hat ein normales Parlamentsmitglied nur vierundzwanzig Stunden Zeit, sie zu lesen. Wie Nancy Pelosi einmal sagte: »Wir müssen das Gesetz verabschieden, um herauszufinden, was darin steht.«

Wenn ein Abgeordneter eine Idee zu einem Gesetzesentwurf hat, über den im Plenum debattiert wird, kann er wohl einen Änderungsantrag einbringen, abgestimmt werden kann über ihn aber nur, wenn die Führung zustimmt.

In der Praxis führt dies dazu, dass sich die Kluft zwischen den Führern des Kongresses und den Wählern der GOP noch vergrößert, da es in der Regel die weniger etablierten und jüngeren Abgeordneten sind, die den größten Kontakt zu ihren Wählern haben. Wäre der Entscheidungsprozess offener, könnten sie den Gesetzgebungs- und Kontrollprozess tatsächlich so beeinflussen, dass sie der Führung ein Feedback geben und greifbare Ergebnisse für die Öffentlichkeit erzielen könnten.

★ ★ ★

In meinem ersten Jahr im Kongress wurde die Kluft zwischen der GOP in Washington und unserer republikanischen Wählerschaft zu Hause beim Thema Einwanderung deutlich sichtbar. Die republikanische Intelligenz innerhalb des Beltway war der festen Überzeugung, dass die Republikaner eine Amnestie für illegale Einwanderer befürworten müssten, um nationale Wahlen zu gewinnen. GOP-Insider glaubten – irrtümlich –, dass Mitt Romneys schlechtes Abschneiden bei hispanoamerikanischen Wählern gegenüber Barack Obama bei den Wahlen 2012 darauf zurückzuführen war, dass er in Sachen Einwanderung zu hart gewesen wäre. Doch Romney schnitt bei der Arbeiterschaft jeglicher Herkunft schlechter ab, nicht nur bei der hispanoamerikanischen, denn die Hispanoamerikaner stufen andere Themen – wie Bildung, Wirtschaft und Kriminalität – durchweg als für sie weitaus wichtiger ein als Einwanderung. Tatsächlich habe ich festgestellt, dass die meisten Hispanoamerikaner robuste Grenz- und Maßnahmen zur Durchsetzung der Einwanderungsbestimmungen befürworten und nicht sonderlich mit den illegal in die Vereinigten Staaten Einreisenden sympathisieren.

Die D.C.-Republikaner befürworteten auch eine erhebliche Ausweitung der Einwanderung, um den Interessen der Unternehmen zu dienen, sprich: ihnen billige Arbeitskräfte zu ermöglichen. Die Auswirkungen einer solchen Politik auf die Löhne amerikanischer Arbeitnehmer schienen keine große Rolle zu spielen – ein klassisches Beispiel dafür, dass die Republikaner in Washington die Amerikaner draußen im Land an die letzte Stelle setzen.

Der wahrgenommene politische Anreiz für eine Amnestie in Verbindung mit dem korporativen Wunsch nach billigen Arbeitskräften führte zu dem »Gang of Eight«-Einwanderungsgesetz, das die größte Amnestie in der amerikanischen Geschichte darstellte und grünes Licht für eine massive Ausweitung der künftigen Einwanderung gab.

Der Gesetzentwurf der »Gang of Eight« – umgangssprachliche Bezeichnung für die acht Mitglieder des Kongresses, die vom US-Präsidenten über CIA-Aktivitäten und verdeckte Operationen unterrichtet werden können – passierte im Juni 2013 den US-Senat, wobei sich vierzehn Republikaner allen Demokraten anschlossen, und landete dann im Repräsentantenhaus.

Dieses Gesetz, der »Border Security, Economic Opportunity, and Immigration Modernization Act«, ähnelte strukturell dem 1986 von Präsident Reagan unterzeichneten »Immigration Reform and Control Act«. Dieses Gesetz enthielt eine weitreichende Amnestie für illegale Einwanderer, verbunden mit dem für Reagan wichtigen Versprechen einer verstärkten Grenzsicherung und Durchsetzung der Einwanderungsbestimmungen. Die Amnestie wurde zwar umgesetzt, aber die Sicherheit an den Grenzen und die Durchsetzung im Innern wurden nie verwirklicht, was die illegale Einwanderung weiter anheizte.

Der Gesetzentwurf der »Gang of Eight« stellt eine Neuauflage dieser gescheiterten Amnestie dar, und es gab auch allen Grund zu der Annahme, dass die Ergebnisse dieselben sein würden. Für die Befürworter dieser massiven Amnestie war die Ähnlichkeit mit der Amnestie von 1986 ein Vorteil und kein Nachteil: Sie wollten in der Tat keine sichere Grenze oder eine robuste Durchsetzung im Inneren.

Die Medien haben viele Umfragen mit überfrachteten Fragen durchgeführt, damit sie behaupten konnten, das Amnestiegesetz der »Gang of Eight« sei äußerst populär. Doch als weniger parteiische Organisationen einzelne Aspekte des Gesetzes untersuchten, wurde deutlich, dass die wichtigsten Bestimmungen des Gesetzes unpopulär waren. Die republikanische Stammwählerschaft lehnte das Gesetz mit überwältigender Mehrheit ab, als es im Repräsentantenhaus landete.

Diejenigen von uns, die gegen die Amnestie der »Gang of Eight« waren, wussten, dass das Gesetz, wenn es im Repräsentantenhaus zur Abstimmung käme, von einer republikanischen Minderheit zusammen mit einer demokratischen Mehrheit verabschiedet würde, um die erforderliche Stimmenmehrheit zu erreichen. Es war eine ungeschriebene Regel des Repräsentantenhauses, dass die Verabschiedung wichtiger Gesetze ohne die Unterstützung der Mehrheit der Mehrheitspartei ein

politisches Fehlverhalten darstellt. Da die Republikaner in der
Mehrheit waren, übten GOP-Insider sowie die Medien und die
amerikanischen Unternehmen starken Druck auf die einfachen
Parlamentsmitglieder aus. Wir wussten, dass wir einen Kampf
vor uns hatten.

Ich gehörte damals dem Justizausschuss des Repräsentan-
tenhauses an und war einer der Abgeordneten, die gegen das
Amnestiegesetz der »Gang of Eight« stimmten. Wir haben im
Ausschuss hart daran gearbeitet, die vielen Schwachstellen im
Gesetzentwurf der »Gang of Eight« aufzudecken. Da es eine
breite Koalition von Interessengruppen gab, die die »Gang of
Eight« unterstützten, verabschiedete der Ausschuss eine Reihe
von Reformen zur legalen Einwanderung als Einzelmaßnah-
men – aber keine Amnestie –, um die Unterstützung für den
Gesetzentwurf der »Gang of Eight« zu brechen. Ich habe dies
aus strategischen Gründen unterstützt, auch wenn einige der
im Gesetzentwurf enthaltenen Maßnahmen noch viel zu wünschen übrig ließen. Diese Strategie war einigermaßen wirksam,
denn sie verlangsamte die die Dynamik des Gesetzesentwurfs
der »Gang of Eight«.

Die GOP-Führung des Repräsentantenhauses wollte die
»Gang of Eight«-Gesetzesvorlage verabschieden, war sich aber
der politischen Gefahr bewusst, die von der konservativen Basis
ausgehen würde. Der Sprecher des Repräsentantenhauses, John
Boehner, hätte wahrscheinlich sein Amt als Sprecher verloren,
wenn er die »Gang of Eight«-Vorlage im Parlament eingebracht
hätte. Der Mehrheitsführer Eric Cantor musste in seinem Wahlkreis und im Radio Prügel einstecken, weil er offensichtlich eine
Amnestie für illegale Einwanderer unterstützte.

Im Frühjahr 2014 stand die »Gang of Eight«-Gesetzgebung
auf der Kippe. Der endgültige Sargnagel kam im Juni, als ein
aufstrebender College-Professor namens Dave Brat mithilfe
der konservativen Fernsehmoderatorin Laura Ingraham den

Mehrheitsführer Cantor in der republikanischen Vorwahl besiegte. Dass das zweitmächtigste Mitglied des Repräsentantenhauses eine Vorwahl verlor, war ein politisches Erdbeben im Beltway. Brat hatte vierzig zu eins mehr Geld ausgegeben als Cantor, aber er gewann mit 56 zu 44 Prozent, weil er Cantor in Sachen Amnestie unter Druck gesetzt hatte. Dies war das erste Mal, dass ein amtierender Mehrheitsführer des Repräsentantenhauses in einer Vorwahl besiegt wurde. Der republikanischen Basis gefiel nicht, was im DC-Sumpf geschah, und sie stimmte für Brat, um eine Botschaft zu senden. Es hat funktioniert.

Das »Gang of Eight«-Gesetz wurde am 10. Juni 2014 gekippt und zu Cantors Niederlage.

Die Niederlage von Eric Cantor war ein Vorspiel für die Nominierung von Donald Trump zwei Jahre später. Von allen Themen, die die GOP-Führer an ihren Wählern vorbei verfolgt hatten, war keines in so konsequenter und eklatanter Weise ignoriert worden wie das Thema der Einwanderung. Vom Footsie-Spiel mit der Massenamnestie bis hin zum Eintreten für eine starke Ausweitung der Einwanderungszahlen hatte das republikanische Establishment in Washington, D.C., ohne die Menschen, die sie ins Amt gewählt hatten, operiert.

Der erste große Skandal, den ich als Kongressabgeordneter miterlebte, war die gezielte Verfolgung konservativer gemeinnütziger Gruppen durch den Internal Revenue Service (IRS). Der Bericht des IRS-Generalinspektors im Mai 2013, dass die Bundessteuerbehörde unzulässigerweise Tea-Party-Gruppen ins Visier genommen hatte, löste ein Erdbeben bei den republikanischen Mitgliedern des Repräsentantenhauses und den republikanischen Wählern außerhalb des D.C.-Beltway aus.

Ich erinnerte mich sofort an einen Vorfall, der sich während meines Wahlkampfes für den Kongress im Jahr zuvor ereignet hatte. Eine kleine, rechtsgerichtete Non-Profit-Organisation lud mich ein, in der Endphase des nationalen Wahlkampfs einen Vortrag zu halten, bestand aber darauf, dass ich nicht Partiewahlpolitik machte. Auf den ersten Blick war diese Bitte nicht völlig ungewöhnlich, denn Non-Profit-Organisationen, die sich für ein bestimmtes Thema einsetzen, dürfen die Grenze zur ausdrücklichen Unterstützung eines Kandidaten nicht überschreiten. Ich machte mir keine Illusionen über die IRS, aber die Sorge um die Wahlwerbung grenzte an Paranoia. Nimmt die Bundessteuerbehörde wirklich eine lokale gemeinnützige Gruppe unter die Lupe, weil sie sich für verfassungsmäßige Grundsätze einsetzt? dachte ich bei mir.

Nun, es stellte sich heraus, dass die Steuerbehörde genau das getan hatte.

Der IRS-Skandal war ein beunruhigendes Beispiel für die Bewaffnung einer der aufdringlichsten und mächtigsten Bundesbehörden gegen normale, alltägliche Bürger, die anders denken als die im Sumpf von Washington, D.C. Als immer mehr Amerikaner begannen, sich gegen die Obama-Regierung zu organisieren, nutzte die IRS absichtlich – und verfassungswidrig – ihre Macht, um die Rechte ihrer politischen Gegner, die der erste Verfassungszusatz illustriert, zu beschneiden.

Die Lehre, die ich aus der IRS-Saga gezogen habe, ist, dass der Sumpf seine eigenen Leute schützt. Ja, der Überwachungsausschuss des Repräsentantenhauses leitete eine umfassende Untersuchung ein. Einige von uns bemühten sich, die IRS zur Rechenschaft zu ziehen, indem sie versuchten, den Vertreter der Steuerbehörde zu verhaften, und das Trump-Justizministerium stimmte schließlich einem finanziellen Vergleich mit den betroffenen Gruppen zu. Aber letztendlich wurde niemand in nennenswerter Weise zur Rechenschaft gezogen. Ein Grund dafür ist, dass die Medienkonzerne in Washington der IRS und der Obama-Regierung Steine in den Weg gelegt haben, da der Skandal nicht in das von ihnen angestrebte Narrativ passte. In der *New York Times* wurden die anfänglichen Enthüllungen über die gezielte Aufsicht sogar mit dem Verweis auf die Republikaner begründet, die sich auf die Nachricht stürzten: »IRS Focus on Conservatives Gives GOP. an Issue to Seize On.« Das Endergebnis war, dass die anfängliche öffentliche Empörung bald abflaute und die Obama-Regierung in der Lage war, die Ermittlungen abzublocken.

Dieser Untersuchung fehlte, wie allen Untersuchungen der GOP des Repräsentantenhauses, die ich mitverfolgt habe, der nötige Biss, um erfolgreich zu sein. Das liegt daran, dass die Führer des Repräsentantenhauses nicht in der Lage waren, die Zuständigkeit für die Vorladung und Missachtung effektiv zu nutzen; auch waren sie nicht bereit, die Macht des Geldbeutels zu nutzen, um eine korrupte Behörde lahmzulegen, Auf dem Höhepunkt des IRS-Skandals reduzierte der Kongress zwar den IRS-Haushalt, aber dies stellte lediglich eine Unannehmlichkeit für die Behörde dar, nicht eine größere Bedrohung für ihre Tätigkeit.

Die mangelnde Bereitschaft der GOP-Führung, eine wirksame Aufsicht auszuüben, war ein Thema, das sich durch meine Zeit im Kongress und darüber hinaus zog. Die Tatsache, dass der Kongress seine Aufsichtsverantwortung abgegeben hat und die Macht des Geldbeutels nicht offensiv nutzt, um die Bürokratie zu disziplinieren, ist einer der Hauptgründe dafür, dass der administrative Leviathan der US-Regierung praktisch immun gegen seine Rechenschaftspflicht geworden und eher bereit ist, seine enorme Autorität zu missbrauchen.

Nach meiner ersten Amtszeit im Kongress war es klar, dass meine Wählerschaft zu Hause mit der Leistung der Republikaner im Repräsentantenhaus unzufrieden war. Die meisten meiner Wähler schätzten es zwar, dass ich für sie kämpfte, aber sie sahen nicht genug Republikaner, die bereit waren, sich gegen die Auswüchse der Obama-Regierung zu wehren. Es gab eine große Diskrepanz zwischen den Präferenzen der Wähler der Republikaner und dem Handeln der gewählten Republikaner im Sumpf von Washington, D.C.

Um die GOP des Repräsentantenhauses mit den Wünschen unserer Wähler im Land in Einklang zu bringen, schloss ich mich mit einer Handvoll Kollegen im Repräsentantenhaus zusammen und gründete den House Freedom Caucus. Die Idee hinter dem Caucus war, dass, wenn wir dreißig bis vierzig GOP-Mitglieder dazu bringen könnten, als ein Block abzustimmen, der Caucus genug Macht hätte, um schlechte Gesetze zu blockieren und dafür zu sorgen, dass die Vorlagen, die zur Abstimmung kommen, tatsächlich so verfasst sind, dass sie das erreichen, was wir unseren Wählern zu Hause versprochen haben.

Zu den wenigen Gründungsmitgliedern gehörten der spätere Trump-Direktor des Amts für Verwaltung und Haushalt Mick Mulvaney, der spätere Stabschef im Weißen Haus Mark Meadows, der spätere Generalstaatsanwalt von Idaho Raul Labrador und der Kongressabgeordnete Jim Jordan aus Ohio.

Die Botschaft des Freedom Caucus war einfach: Wir müssen unsere Wahlversprechen einhalten. Wir werben mit fiskalischer Verantwortung, also warum tun wir nicht etwas, um übermäßige Ausgaben einzudämmen? Wir werben damit, dass wir stark in der Einwanderungsfrage sind, also warum nutzen wir nicht die Macht des Geldbeutels, um Obamas verfassungswidrige Exekutivamnestie zu verhindern? Wir werben mit so vielen großen Themen, also warum machen wir nicht die Anstrengung, das zu tun, was wir gesagt haben, dass wir es tun würden?

Fast sofort erntete der Freedom Caucus den Spott der Eliten im Sumpf von Washington, D.C. Die Medienkonzerne taten den Caucus als einen Haufen von Drückebergern ab – und das, obwohl der Gruppe einige der bestqualifizierten Republikaner des Repräsentantenhauses angehörten. Lobbyisten innerhalb des Beltway verbreiteten im Namen der Repräsentantenhaus-Führung schnell die Nachricht, dass die Mitglieder des Freedom Caucus auf dem K-Street-Fundraising-Kreislauf *personae non gratae* seien. Die etablierte politische Klasse der GOP nahm uns den Caucus übel, weil wir eine Herausforderung für die konventionelle Überzeugung darstellten, dass Republikaner sich damit begnügen sollten, mitzumachen, um mitzukommen. Der Freedom Caucus war nicht in der Lage, den Sumpf von Washington nach seinem Willen trockenzulegen, aber wir haben eine große Menge Sand in das Getriebe der Beltway-Maschine gestreut, indem wir unseren Wählern gegenüber zugegeben haben, wie die Grand Old Party in Washington, D.C., in ihren Augen versagt hat.

★ ★ ★

Obwohl ich das Gefühl hatte, dass ich im Parlament auf der Stelle trete, betrachtete ich es als ein Privileg, der Volksvertretung anzugehören, und arbeitete hart, um etwas zu bewirken. Aber ich wusste, dass ich als junger Abgeordneter, der von der Führung nicht unbedingt wohlwollend betrachtet wurde, keine großen Gesetzesentwürfe durch das Parlament bringen konnte.

Als ich 2012 ins Repräsentantenhaus in Washington gewählt wurde, war ich einer von wenigen Irak-Veteranen, die dort saßen. Die meisten von diesen ehemaligen Irak-Kriegsteilnehmern waren Republikaner. Ich hörte immer wieder – sowohl von meinen Wählern als auch von den Soldatenfamilien –, dass die Veterans Administration (VA) die Behandlung von posttraumatischem Stress unangemessen handhabe. Leider dachten die VA-Bürokraten, dass die beste Behandlung der Betroffenen darin bestünde, sie einfach mit Medikamenten vollzupumpen und dann zu hoffen, dass sie ihr Leiden beheben. Diese Therapieform erwies sich oft nicht nur als unwirksam, sondern sogar als kontraproduktiv. Selbstmord war eine allzu häufige Folge. Es musste andere Möglichkeiten geben.

In meinem Bezirk zu Hause hatte eine großartige Wohltätigkeitsorganisation namens K-9s for Warriors Service-Hunde im »Angebot«, die mit Veteranen arbeiteten, die an Krankheiten wie der posttraumatischem Belastungsstörung litten. K-9s for Warriors bildete und bildet noch heute Hunde darauf aus zu erkennen, wann der posttraumatische Stress des Veteranen am akutesten ist, und so zu reagieren, dass dieser Stress reduziert wird. Dieser einfache Ansatz, der nicht von Big Pharma finanziert wurde, hatte vielen Veteranen damals wie heute geholfen, ins Leben zurückzufinden. Es überrascht nicht, dass die Selbstmordrate unter den Veteranen, die einen Service-Hund hatten, verschwindend gering war.

Es überrascht auch nicht, dass die Bürokraten in der VA wenig oder gar kein Interesse daran hatten, diese alternative Therapie zu nutzen, obwohl sie funktionierte! Um die Versorgungsverwaltung unter Druck zu setzen, verfasste ich einen Gesetzesentwurf mit dem Namen Puppies Assisting Wounded Servicemembers for Veterans Therapy Act (PAWS) zur Finanzierung eines Programms von Heilbehandlungen von posttraumatischem Stress – unter anderem mit Service-Hunden – durch die VA. Als Vorsitzender des Unterausschusses für nationale Sicherheit im House Oversight Committee habe ich eine Anhörung zu diesem Thema durchgeführt, bei der Veteranen wie der Marinesoldat Cole Lyle aussagten, dass die

Behandlung mit einem Therapie-Hund weitaus wirksamer sei als die Behandlung mit dem von der VA bevorzugten Medikamentencocktail.

Unsere Bemühungen lösten eine jahrelange Bewegung unter den Veteranen sowie in der Öffentlichkeit aus, die den Kongress dazu zwang, das Spektrum der alternativen Behandlungsmethoden für Veteranen, die an diesem Krankheitsbild leiden, zu erweitern. Am 25. August 2021, als ich Gouverneur von Florida war, wurde das PAWS-Gesetz schließlich von beiden Kammern des Kongresses verabschiedet.

Eine weitere Nische, in der ich mich engagierte, war die institutionelle Reform. Ich beantragte die Abschaffung der Pensionen für Kongressabgeordnete, die Unterstellung der Kongressabgeordneten unter Obamacare und die Abschaffung eines Fonds aus Steuergeldern, den Kongressabgeordnete zur Beilegung von Anschuldigungen wegen sexueller Belästigung nutzten.

Ich habe zwei Verfassungsänderungen vorgeschlagen, um den Sumpf von Washington, D.C., trockenzulegen. Die erste Änderung war ein Vorschlag zum achtundzwanzigsten Zusatzartikel, der besagte, dass der Kongress kein Gesetz erlassen darf, das die Bürger der Vereinigten Staaten betrifft und nicht auch für die Mitglieder des Kongresses selbst gilt. Der zweite Vorschlag war ein Verfassungszusatz, der die Amtszeiten der Kongressmitglieder auf drei Amtszeiten im Repräsentantenhaus und zwei Amtszeiten im Senat beschränkte.

Obwohl diese Maßnahmen in der Öffentlichkeit sehr beliebt waren, hatte keine dieser Reformen eine Chance, den Kongress zu passieren, geschweige denn von den einzelnen Bundesstaaten ratifiziert zu werden. Ich wusste, dass diese Änderungsanträge abgeschmettert werden würden (zumindest damals, als der D.C.-Sumpf die volle Kontrolle hatte), aber ich glaubte daran. Es ist wichtig, ein Zeichen zu setzen, dass es im Kongress um die Bürger als Gesetzgeber und nicht um besondere Vergünstigungen Einzelner gehen sollte.

Als Kongressabgeordneter war ich auch mit Themen der nationalen Sicherheit befasst, da ich den Vorsitz im Unterausschuss für nationale Sicherheit des House Oversight Committee innehatte und im Irak gedient hatte. Mein Unterausschuss hatte die Aufsicht über die wichtigsten Behörden, die man sich vorstellen kann – einschließlich Verteidigung, Staat und Heimatschutz.

Ich habe nicht nur das Thema Service-Hunde auf die Tagesordnung setzen lassen, sondern auch Themen angesprochen, an denen viele republikanische Kollegen kein Interesse hatten: die illegale Einwanderung und die Notwendigkeit einer Mauer entlang der Grenze zwischen den USA und Mexiko, die Bedrohung durch die Muslimbruderschaft, die Zunahme des radikalen Islam in den USA, die fehlende Entschädigung amerikanischer Opfer von Terroranschlägen, die von palästinensischen Arabern in Israel verübt wurden, und das Gespenst eines elektromagnetischen Impulses.

Wir, meine Mitstreiter und ich, haben uns auch kritisch mit den Ausgaben des Verteidigungsministeriums, den Milliarden von Dollar, die in Afghanistan verschwendet wurden, und den zahlreichen Versäumnissen des Kriegsveteranenministeriums auseinandergesetzt.

Ein wichtiges außenpolitisches Thema, das mir sehr am Herzen lag, war die Verlegung der amerikanischen Botschaft in Israel von Tel Aviv nach Jerusalem. Während des Wahlkampfs 2016 versprach Donald Trump, dass er im Falle seiner Wahl unsere Botschaft in Israel nach Jerusalem verlegen würde. Nach amerikanischem Recht ist Jerusalem seit den 1990er-Jahren die Hauptstadt Israels und damit der richtige Standort unserer Botschaft, aber das Gesetz enthielt eine Ausnahmeregelung (im klassischen D.C.-Stil), die es den Präsidenten über zwei Jahrzehnte hinweg erlaubte, die Verlegung unserer Botschaft alle sechs Monate zu verschieben – obwohl die Präsidenten Clinton und Bush versprochen hatten, sie zu verlegen.

Nach seiner Wahl glaubte ich, dass Präsident Trump, anders als Bush und Clinton, sein Versprechen einhalten würde. Als jedoch im Mai 2017 die erste Frist für den Verzicht auf die Verlegung ablief, unterzeichnete Präsident Trump die Verzichtserklärung, um die Angelegenheit um weitere sechs Monate zu verschieben, wobei Länder in aller Welt, insbesondere europäische und arabische Staaten, ihn dazu drängten. Ein solcher Umzug, so warnten sie, würde eine massive Konfliktwelle im Nahen Osten auslösen. Aufgrund dieser Bedenken war die Verlegung unserer Botschaft, obwohl sie in der amerikanischen Öffentlichkeit sehr beliebt war, viel leichter gesagt als getan.

Mithilfe meines Sitzes im Repräsentantenhaus wollte ich ein Gefühl der Unvermeidlichkeit in Bezug auf die Verlegung unserer Botschaft draußen im Land schaffen. Im Jahr 2017 reiste unter meiner Leitung eine kleine Gruppe nach Israel, um mögliche Standorte in Jerusalem für unsere neue Botschaft zu erkunden. Wir sahen uns eine Handvoll möglicher Standorte an, und der Standort, den ich für den besten hielt, wurde schließlich von der Trump-Administration ausgewählt. Vor meinem Rückflug hielt ich eine Pressekonferenz im King David Hotel in Jerusalem ab, um über unsere Erkundung zu berichten und zum Ausdruck zu bringen, dass Präsident Donald Trump versprochen hat, unsere Botschaft nach Jerusalem zu verlegen und er sein Versprechen auch einhalten wird.

Meine Worte haben in Israel für Aufregung gesorgt. Stand die Entscheidung unmittelbar bevor?, fragten sich die Leute. Ich war frei in meiner Tätigkeit, und meine Reise war nicht mit dem Weißen Haus abgestimmt, also lautete die Antwort: nicht unbedingt.

Im November 2017, einen Monat vor Ablauf der Frist für den Verzicht auf die Verlegung im Dezember, habe ich zu einer

Anhörung im Unterausschuss geladen, um auf die Verlegung unserer Botschaft nach Jerusalem zu drängen. Der Ausschusssaal war voll besetzt, und unsere Zeugen haben für die Verlegung plädiert.

Für mich war die Verlegung unserer Botschaft nach Jerusalem eindeutig die richtige Entscheidung, denn Jerusalem ist die ewige Hauptstadt des jüdischen Volkes. Dieser Schritt diente auch den amerikanischen Interessen: Indem er sein Versprechen einhielt, könnte Trump die arabischen Staaten zwar verärgern, aber er würde die Stärke demonstrieren, die seine Vorgänger nicht hatten, was diese Nationen wiederum respektieren würden. Es ist besser, dass die arabischen Länder die Vereinigten Staaten respektieren und die Stärke unseres Oberbefehlshabers anerkennen, als dass dieser sich pflichtbewusst ihren Wünschen beugt.

Im darauffolgenden Monat kündigte Präsident Trump an, dass die Vereinigten Staaten ihre Botschaft in Israel nach Jerusalem verlegen werden. Die offizielle Zeremonie im Mai 2018 war ein großes Ereignis, an dem ich persönlich teilgenommen habe. Es war ein großartiger Tag, und er hätte schon Jahre früher stattfinden sollen.

Hat die Verlegung unserer Botschaft nach Jerusalem zu einem massiven Konflikt geführt, wie die Experten des Beltway vorhergesagt haben? Ganz und gar nicht. Stattdessen hat die Verlegung unserer Botschaft in Kombination mit der Entscheidung von Präsident Trump, die Vereinigten Staaten aus dem zutiefst fehlerhaften Atomabkommen Obamas mit den Mullahs im Iran herauszuholen, den Weg für die Abraham-Abkommen geebnet – die historischen Vereinbarungen zwischen Israel und den gemäßigten arabischen Staaten wie den Vereinigten Arabischen Emiraten. Weil Amerika Rückgrat bewies, stand es außer Frage, dass diese arabischen Staaten mit uns verbündet sein wollten und sogar bereit waren, mit Israel zusammenzuarbeiten – etwas, was noch wenige Jahre zuvor undenkbar gewesen wäre. Dies war ein Beispiel dafür, warum es fast immer ein Fehler ist, dem Rat der konventionellen DC-Expertenklasse zu folgen. Vor allem, wenn sie den baldigen Untergang vorhersagen.

Bei meiner ersten Reise zur Erkundung möglicher Botschaftsstandorte traf ich mich mit Mitarbeitern aus unserem Außenministerium und aus den Geheimdiensten unserer Botschaft in Tel Aviv, um deren Verlegung nach Jerusalem zu besprechen.

»Was würde passieren, wenn wir unsere Botschaft verlegen würden?«, fragte ich.

Die durchgängige Antwort dieser sogenannten Experten war, dass eine Verlegung unserer Botschaft nach Jerusalem eine geopolitische Katastrophe wäre. Keiner kam auf die Idee, dass eine Verlegung unserer Botschaft unseren nationalen Interessen dienen würde.

Im Nachhinein betrachtet lagen unsere Topexperten in Sachen Diplomatie und Nachrichtendienste völlig falsch, was die Auswirkungen des Umzugs betraf. Diese Erfahrung bestätigt die Bankrotterklärung unserer bürokratischen »Expertenklasse«. Immer wieder, angefangen von den Massenvernichtungswaffen im Irak über die Finanzkrise von 2008 bis hin zur Reaktion auf COVID-19, haben Amerikas bürokratische Eliten versagt, wenn es darauf ankam.

Was könnte getan werden, um den Kongress zu reformieren? Wenn ich einen Zauberstab schwingen und eine einzige Reform durchführen könnte, würde ich Amtszeitbeschränkungen für Abgeordnete einführen.

Ein großes Problem in Washington ist, dass die oberste Priorität der meisten Kongressabgeordneten nicht darin besteht, notwendige Reformen zu erzielen, sondern darin, sich selbst sicher im Amt zu halten. Bei allem, was im Kongress geschieht, geht es um den Erhalt der politischen Macht. Die Abgeordneten sind nicht darauf bedacht, etwas Sinnvolles zu erreichen, sondern nur darauf, die nächste Wahl zu gewinnen.

Zum Glück ist Florida nicht Washington, D.C. Wir haben Amtszeitbeschränkungen für die Vorsitzenden unserer gesetzgebenden Körperschaft, unseres Kongresses. Alle zwei Jahre wird in jeder Kammer unseres Zweikammerparlaments ein neuer »Speaker« beziehungsweise Präsident des Repräsentantenhauses und des Senats von Florida gewählt. Diese Führungspersönlichkeiten wissen, dass es keine Option ist, die politische Macht zu behalten, und lenken ihre Energie darauf, große Reformen durchzusetzen und ein Vermächtnis zu hinterlassen.

Die Argumente gegen Amtszeitbeschränkungen gehen in der Regel in zwei Richtungen: Erstens wird eingewandt, dass die Begrenzung der Amtszeiten das Recht der Wähler verletzt zu wählen, wen sie wollen. Jede Wahl, so das Argument, sei eine Chance für Amtszeitbeschränkungen, weil die Wähler jemanden abwählen können, der schlechte Arbeit leistet. Die Verfasser der Verfassung zogen immerhin in Erwägung, eine sogenannte Rotation im Amt vorzuschreiben, entschieden sich aber letztlich aus diesem Grund dagegen.

Das Problem bei dieser Argumentation ist, dass es in der heutigen Politik sehr schwierig ist, einen Amtsinhaber zu besiegen, da die etablierten Parteien allein von allen institutionellen Vorteilen profitieren, von großen Stäben über Bezirksbüros bis hin zu kostenlosem Porto und computergesteuerten Wahlkreisen.

Auch wird argumentiert, dass eh die Mitarbeiter des Kongresses und die Lobbyisten das Sagen haben würden. Ich kann aus Erfahrung sagen, dass Mitarbeiter in Washington und Lobbyisten in der Tat eine wichtige Rolle im Gesetzgebungsprozess spielen. Ich bin mir nicht sicher, ob sie noch einflussreicher sein könnten. Es sind die Mitarbeiter und Lobbyisten, die heutzutage Vorlagen entwerfen und verhandeln, das Kleingedruckte kontrollieren, auf das es bei Gerichten und Behörden ankommt. Zweitens: Warum sollte jemand hart arbeiten und dann wegen einer Amtszeitbeschränkung einfach alles an seine Mitarbeiter und Lobbyisten weitergeben?

Letzten Endes lautet die Frage bei Amtszeitbeschränkungen: Ist es gut für unser Land, eine permanente politische Klasse zu haben? Ich glaube nicht. Die Einführung von Amtszeitbeschränkungen wird meiner Meinung nach zu besseren Gesetzen führen und die Abgeordneten dazu anregen, sich mit den Problemen des Landes zu befassen, anstatt sich auf ihre eigenen Wiederwahlen zu konzentrieren. Amtszeitbeschränkungen werden auch einen ständigen Strom von »neuem Blut« im Kongress garantieren. Bedauerlicherweise gibt es im ganzen Land viele talentierte Menschen, die nie die Gelegenheit haben werden, ein Amt zu bekleiden, weil die etablierten Politiker jahrzehntelang im Amt bleiben.

Nach den Siegen bei den Zwischenwahlen 2014 sind alle Augen auf die Präsidentschaftskandidaten gerichtet, wobei die republikanischen Wähler nach der zweimaligen Niederlage gegen Barack Obama nach Veränderungen hungern. Aufgrund historischer Ergebnisse bot sich 2016 eine günstige Gelegenheit für die Republikaner, da in der Regel scheidende Präsidenten durch jemanden von der gegnerischen Partei ersetzt werden. Zu den potenziellen Kandidaten, die viel Aufsehen erregten, gehörten der ehemalige Gouverneur von Florida, Jeb Bush, der US-Senator von Florida, Marco Rubio, der Gouverneur von Wisconsin, Scott Walker, der US-Senator von Texas, Ted Cruy, der ehemalige Gouverneur von Arkansas, Mike Huckabee, der US-Senator von Kentucky, Rand Paul, und der bekannte Arzt Ben Carson. Die gängige Meinung war, dass Jeb Bush aufgrund seines Bekanntheitsgrades und seines enormen Fundraisings der Favorit für die Nominierung sei.

Anfang 2015, noch bevor ein Kandidat bekannt gegeben wurde, sprach ich vor einer lokalen republikanischen Gruppe in meinem Wahlbezirk und beschloss, die rund fünfzig Aktivisten nach ihren Präferenzen für die Vorwahlen 2016 zu befragen.

Wie wäre es mit Jeb Bush? Nur zwei Hände gingen hoch.

Marco Rubio? Zwei weitere Hände.

Scott Walker? Etwa fünf Hände gingen hoch.

Das war ein ziemliches Ergebnis. Bush war die herausragende politische Figur in der modernen GOP Floridas, er war der erste republikanische Gouverneur, der in der Geschichte des Bundesstaates die Wiederwahl gewann, und er hatte als Gouverneur bedeutende und dauerhafte konservative Reformen durchgeführt, und doch befanden wir uns hier in seinem Heimatstaat, und diese eingefleischten Republikaner zeigten wenig Begeisterung für einen weiteren Präsidenten Bush. Die Tatsache, dass der Gouverneur von Wisconsin, der durch seinen Kampf gegen die Gewerkschaften des öffentlichen Dienstes bekannt geworden war, auf größeres Interesse stieß, war ein klarer Beweis dafür, dass die Parteitreuen etwas anderes suchten als eine Kopie der letzten GOP-Präsidentschaftskandidaten.

Die Führung der Republikanischen Partei war grundlegend von der Parteibasis abgewichen. Diese enorme Kluft zwischen den Wünschen der republikanischen Wähler und dem Handeln der republikanischen Führer bedeutete einen Präsidentschaftskandidaten, der diese Lücke füllen könnte. Als Donald Trump im Juni 2015 die Rolltreppe im Trump Tower herunterkam, gaben ihm nur wenige eine Chance. Die Presse tat Trumps Kandidatur als Publicity-Gag ab. Als die konservative Autorin Ann Coulter im Sommer 2015 in einer Fernsehrunde behauptete, dass Trump die GOP-Nominierung gewinnen würde, wurde sie verspottet. Doch Donald Trump füllte die Lücke, die die GOP-Führer geschaffen hatten, indem sie ihre Wähler nicht gehört, ihre Präferenzen ignoriert hatten. Trump versprach, das Problem der illegalen Einwanderung ernsthaft anzugehen, eine Mauer entlang der Grenze zwischen den USA und Mexiko zu bauen. Zu Recht prangerte er die amerikanischen Versäumnisse im Inland an, insbesondere die Auslagerung der Produktion von unserem Kernland auf das chinesische Festland, und Richtung Ausland die endlosen Kriege im Irak und in Afghanistan.

Trump brachte auch eine einzigartige Starpower mit ins Rennen. Hätte mich jemand als Kind, das in den Achtziger- und Neunzigerjahren aufwuchs, gebeten, jemanden zu nennen, der reich war, hätte ich – und wahrscheinlich fast alle meine Freunde – mit Donald Trump geantwortet. Er war die berühmteste Person, die sich um die republikanische Nominierung bewarb, seit Dwight D. Eisenhower im Jahr 1952, weitaus bekannter als das Sammelsurium an GOP-Kandidaten im Jahr 2016. Innerhalb von ein oder zwei Monaten, nachdem Trump seine Kandidatur angemeldet hatte, wogte in ganz Florida bei politischen Veranstaltungen ein Meer von roten Hüten, auf denen der Trump-Kampagnenslogan »Make America Great Again« stand. Er war nun der Mann, den es bei den Vorwahlen zu schlagen galt.

Einige Kommentatoren aus Washington, D.C., vertraten die Meinung, dass die Nominierung von Donald Trump eine feindliche Übernahme der Republikanischen Partei darstellte, aber diese Analyse geht genau in die falsche Richtung. Seit Ronald Reagan am 20. Januar 1989 nach Kalifornien zurückflog, sehnte sich die GOP-Basis nach jemandem, der die alte Garde und ihren Politikstil ablöste und ihre Sorgen und Hoffnungen hörte. Trump stand für eine Politik, die die Basis mitnahm, wozu die GOP-Führer im Sumpf von Washington entweder nicht in der Lage oder nicht willens waren. Das GOP-Establishment glaubte nicht nur, seine Agenda den Parteitreuen einfach aufzwingen zu können; es betrachtete die Wähler auch als Hindernis für seine Ziele als Elite. 2016 stellte sich heraus, dass die republikanischen Stammwähler nicht mehr bereit waren, solches zu tolerieren.

Es überrascht nicht, dass die republikanische Parteihierarchie während der Vorwahlen fast einhellig gegen Trump war. Ein Teil dieser Ablehnung war in Trumps liberaler Vergangenheit begründet, einschließlich seiner einstigen großen Spenden an liberale Kandidaten wie Hillary Clinton, Chuck Schumer und Harry Reid, sowie seines Eintretens für liberale Abtreibungsgesetze und Einschränkungen des Rechts, eine Waffe zu tragen. Ein anderer Teil war in Trumps einzigartiger, aber polarisierender Persönlichkeit und seinen Bemühungen, seine Waffenpflicht nicht erfüllen zu müssen, begründet, was die Parteispitze als unpassend für einen Präsidentschaftskandidaten empfand.

Ein weiterer Teil spiegelte die berechtigte Befürchtung wider, dass Trump laut Umfragen ein sicherer Verlierer gegen Hillary Clinton, die wahrscheinliche Kandidatin der Demokraten, sein würde. Aber ich denke, der größte Teil der Intensität der Opposition gegen Trump war darauf zurückzuführen, dass Trump der etablierten politischen Klasse der Republikaner völlig fremd war. Bedenken über Trumps Glaubwürdigkeit oder seine Wählbarkeit können erklären, warum man sich in den Vorwahlen für einen anderen republikanischen Kandidaten entscheiden würde, aber sie können nicht erklären, warum ein Republikaner sich weigern würde, Trump gegen Hillary Clinton zu unterstützen, die den republikanischen Wählern seit mehr als zwei Jahrzehnten verhasst war. Ihre Wahl, nach

acht Jahren Obama, hätte die Fortsetzung von Amerikas Links-
spirale garantiert.

Dies war ein weiteres Beispiel dafür, dass die Parteispitze der
Grand Old Party nicht mit unserer Wählerbasis übereinstimmt.
Ich erinnere mich, dass ich an Türen geklopft habe, nachdem der
damalige Speaker des Repräsentantenhauses, Paul Ryan, Trump
im Oktober 2016 die Unterstützung entzogen hatte, nachdem
Trumps *Access Hollywood*-Video mit Billy Bush ans Licht gekommen war, und dass viele der GOP und unabhängigen Wähler sehr verärgert über den Speaker waren. Sie hatten das Gefühl, dass Trump Washington, D.C., umgestalten wollte und das
GOP-Establishment die Arme verschränkte, um ihn daran zu
hindern. »Jeder weiß, dass Trump kein Heiliger ist«, sagte mir
eine Frau, »aber das sind die anderen Politiker auch nicht, und
sehen Sie sich nur Hillary an – sie ist verdammt korrupt!«

Als Trump Clinton zur Überraschung aller Experten im
DC-Sumpf besiegte, zögerten viele im republikanischen Establishment noch, ihn zu unterstützen. In den Gängen des Kongresses waren die meisten republikanischen Mitglieder Trump
gegenüber skeptisch, und viele spielten das Spiel der Medien
mit, die verschiedene Tweets von Trump »verurteilten«.

Dieses Verhalten der eigenen Leute ist einer der Gründe,
warum das Verschwörungsnarrativ über die Trump-Russ-
land-Verabredung nach der Wahl 2016 ins Rollen kam. Die
Demokraten und ihre Medienarmeen waren wütend darüber,
dass Trump Hillary besiegt hatte. Ihr gemeinsames Ziel war es,
Trumps Präsidentschaft auf jede erdenkliche Weise zu brechen
und ihn aus dem Amt zu jagen.

Ich gehörte zu den ersten Gegnern der Russland-Kollusions-
untersuchung im Kongress. Die gesamte Theorie erschien mir
fantasievoll, und als ehemaliger Staatsanwalt fiel mir auf, dass
es keine stichhaltigen Beweise für eine Kollusion gab. Fast die
gesamte Berichterstattung der Medienkonzerne über eine Russ-

land-Kollusion stützte sich auf sogenannte anonyme Quellen – eine bequeme Möglichkeit für Medienaktivisten, vorgekochte, parteiische Geschichten zu verbreiten – und nahm in der Regel auf die Existenz von Ermittlungen des nationalen Sicherheitsapparats Bezug, verschwieg dabei aber, dass diese Ermittlungen ins Leere liefen.

Zu dieser Zeit gab es nur eine Handvoll von uns – Kevin Nunes, Jim Jordan, Mark Meadows und einige andere –, die bereit waren, für Präsident Trump einzutreten. Das Zögern einiger etablierter Republikaner, das Narrativ von der geheimen Verabredung infrage zu stellen, beruhte auf ihrer Überzeugung, dass es wahr sein musste, weil sie so sicher waren, dass Trump ohne irgendeine Art von Wahlbeeinflussung nicht hätte gewinnen können. Sie wollten nicht anerkennen, dass Trump politische Anziehungskraft hatte, weil er die Themen ansprach, die sie vernachlässigt hatten. Wenn Trump nur aufgrund einer russischen Einmischung gewonnen hätte, dann gäbe es für diese GOP-Eliten keinen Grund, irgendetwas an ihrem politischen Stil zu ändern.

Was mich am Russland-Verschwörungsnarrativ so gestört hat, war, dass es so offensichtlich als Mittel für die etablierte Bürokratie und die politische Klasse erzählt wurde, um zu versuchen, die Ergebnisse der Wahl 2016 zu kippen.

Das Fehlverhalten der wichtigsten Behörden in unserem nationalen Sicherheitsapparat war für mich als Kriegsveteran und ehemaliger Staatsanwalt schockierend. Sie wollten Präsident Trump loswerden – und waren bereit, dafür die Hebel der Macht zu missbrauchen.

★ ★ ★

Als ich nach den Wahlen im November 2012 als »gewähltes Mitglied« in Washington, D.C. ankam, wurde ich von meinen Kollegen sehr herzlich begrüßt. Zunächst konnte ich nicht verstehen, warum sie sich freuten, dass ich erschienen war, aber dann erfuhr ich, dass sie wussten, dass ich in der Vergangenheit Baseball gespielt hatte, und wollten, dass ich in der Kongressmannschaft mitspielte.

Es ist eine jährliche Tradition in Washington, dass Republikaner und Demokraten in einem Wohltätigkeits-Baseballspiel im Stadion des Nationalparks gegeneinander antreten. Dies ist ein echtes Baseballspiel, und wie haben die das ernst genommen! Um sich vorzubereiten, würden die Republikaner jeden Morgen um sechs Uhr aufstehen und trainieren, und zwar vor Sitzungsbeginn, und das mindestens sechs Wochen vor dem Spiel.

Ich war einer der Jüngsten, als ich zum ersten Mal in den Kongress gewählt wurde, aber ich hatte seit meinem letzten Spiel in der Schule vor mehr als zehn Jahren kein richtiges Baseball mehr gespielt. Mein Problem war, dass ich versuchte, mit der gleichen Geschwindigkeit wie früher zu spielen, und mein Körper war dafür nicht bereit. Wenn ich zur ersten Base sprintete, zog ich mir eine Zerrung der Kniesehne oder eine Quadratzerrung zu. Ich wollte wie in der Little League pitchen, aber nach einem Bullpen fühlte sich mein Arm an, als würde er abfallen, und im folgenden Jahr wurde ich an der Schulter operiert – ein Überbleibsel aus meiner Zeit als Spieler, und ich habe es noch verschlimmert, indem ich versucht habe, von Anfang an hart zu werfen.

Ich fand auch, dass die Zeit, die für das Training für das Spiel aufgewendet wurde, übertrieben war. Die Menschen im sechsten Bezirk von Florida haben mich gewählt, um sie im Repräsentantenhaus in Washington zu vertreten, nicht um Baseball zu spielen. Aufgrund meiner Verletzungen und meines Wunsches, mich auf meine Arbeit zu konzentrieren, war ich also nicht so stark in das Baseballteam eingebunden, wie meine Mannschaftskameraden gehofft hatten.

2017 beschloss ich, am Training und am Spiel teilzunehmen, da ich davon ausging, dass es meine letzte Amtszeit im Kongress war. Ich nahm zwar nicht an jedem Training teil, versuchte aber, möglichst oft teilzunehmen.

Am 14. Juni 2017, dem Tag vor dem Spiel, besuchte ich das letzte Training des Jahres. Das Team trainierte auf einem städtischen Gelände in der Nähe von Alexandria, Virginia. Wir absolvierten ein Standardtraining, das mit Übungen auf dem Feld begann und mit dem Schlagtraining endete.

Ich war einer der ersten, die an diesem Tag schlugen, und nachdem ich meine Wiederholungen absolviert hatte, ging ich auf das Feld, während die anderen Spieler schlugen. Ich spielte auf der dritten Base, der Abgeordnete Jeff Duncan aus South Carolina auf dem Shortstop und der Abgeordnete Steve Scalise aus Louisiana, der dortige Speaker der Republikaner, auf der zweiten Base. Wenn ich Bälle abfing, die zu mir geschlagen wurden, warf ich manchmal zu Scalise an der zweiten Base, damit er ein Double Play machen konnte.

Jeff Duncan hatte mich an diesem Morgen mitgenommen, und ich fing an zu überlegen, ob es nicht eine gute Idee wäre, schnellstmöglich nach D.C. zurückzufahren, da in Washington morgens viel Verkehr ist und es einen Unterschied machte, ob wir um sieben Uhr früh oder um sieben Uhr dreißig aufbrachen. Ich fragte Jeff, ob wir uns früh auf den Weg machen könnten, und er war damit einverstanden.

Um ein paar Minuten nach sieben Uhr verließen Jeff und ich das Spielfeld und machten uns auf den Weg zum Auto. Der Parkplatz befand sich hinter dem Unterstand auf der Seite der ersten Base des Spielfelds. Als wir uns dem Auto näherten, kam ein Mann auf uns zu und fragte, ob die Spieler Republikaner oder Demokraten seien.

»Das ist das Baseballteam der Republikaner«, antwortete Jeff.

Es war ein merkwürdiger Austausch, denn ich glaube nicht, dass ich jemals Zuschauer bei einem unserer Trainings gesehen habe. Aus welchem Grund auch immer, der Mann vermittelte mir ein seltsames Gefühl. Er schien ganz sicher kein Republikaner zu sein. Vielleicht, weil der linke Flügel der Nation seit der Wahl von Donald Trump vor Wut glühte, kam mir der Gedanke an den »Widerstand« in den Sinn. Aber das war nur ein flüchtiger Gedanke. Wir stiegen ins Auto und fuhren zurück zum Capitol Hill. Als ich an meinem Spind in der Turnhalle des Kongresses ankam, sah ich, dass auf einem der Fernsehgeräte ein Video vom Trainingsplatz in Alexandria, Virginia, lief. Ich schaute genauer hin und las, dass es einen Unfall gegeben hatte, eine Schießerei auf dem Platz.

Ich habe Casey sofort angerufen, weil ich nicht wollte, dass sie es in den Nachrichten sah, bevor sie mit mir sprach.

Als sie ans Telefon ging, sagte ich einfach: »Mir geht es gut, mach dir keine Sorgen.« Sie wusste nicht, wovon ich sprach. »Schalte Fox ein – heute Morgen gab es eine Schießerei bei unserem Baseballtraining«, sagte ich ihr. »Es passierte vor ein paar Minuten, nachdem ich das Training verlassen hatte.«

Sie war zwar erleichtert, dass es mir gut ging, machte sich aber Sorgen um die anderen, die möglicherweise verletzt oder getötet worden waren. Wahrscheinlich ging sie auch einfach davon aus, dass der Vorfall politisch motiviert war, da die Atmosphäre seit der Wahl Trumps so aufgeladen war.

»Wir kommen sofort nach Washington«, sagte sie, »wir«, das hieß, unsere sieben Monate alte Tochter Madison würde meine Frau begleiten, »das ist einfach unglaublich.«

Ich dachte zurück an den Mann, der uns auf dem Parkplatz angesprochen hatte. Als der Name des Schützen, James Hodgkinson, bekannt wurde, konnte ich ein Foto von ihm auf einer seiner Social-Media-Seiten finden, und es zeigte den Mann, der mich nach der Parteizugehörigkeit der Spieler gefragt hatte. Ich habe es dem Abgeordneten Duncan gezeigt, und er hat nicht gezögert: Das war der Mann.

Es stellte sich heraus, dass Hodgkinson, nachdem er uns auf dem Parkplatz befragt hatte, zu einem Lieferwagen, der hinter dem Spielfeld auf der Seite der dritten Base geparkt war, ging, aus diesem ein Gewehr und eine Pistole holte und sich auf der Seite der dritten Base postierte, wo er dreiunddreißig Schüsse abgab, von denen einer den Abgeordneten Scalise traf. Später bewegte er sich hinter die Ausgangsbase und gab neunundzwanzig weitere Schüsse ab. Hodgkinson schoss auch einem Lobbyisten in die Brust und einem Mitarbeiter des Kongresses ins Bein, bevor er von der Polizei erschossen wurde.

Der Angriff war in der Tat politisch motiviert. Hodgkinson hasste Präsident Donald Trump, war ein großer Unterstützer der Präsidentschaftskampagne des Senators von Vermont, Bernie Sanders, gewesen, und ein treuer Zuschauer von MSNBC-Sendungen wie *Rachel Maddow*. Er hinterließ eine lange Spur von Anti-Trump- und Anti-Republikaner-Hetzreden in den sozialen Medien. Sein Ziel war es, so viele Republikaner wie möglich zu massakrieren. Er war kurz davor, die größte Mordkampagne gegen Kongressmitglieder in der Geschichte der USA zu starten.

Der einzige Grund, warum der Attentäter nicht erfolgreich war, ist, dass Steve Scalise als Mitglied der Führungsriege eine Sicherheitseinheit der Capitol Police zugewiesen bekommen hatte. Die Beamten der Capitol Police griffen Hodgkinson sofort an und töteten ihn schließlich. Wären sie nicht da gewesen, hätte Hodgkinson ungestraft auf Republikaner schießen können.

Als ich herausfand, was passiert war, dachte ich als Erstes an das Wohlergehen von Steve Scalise und der anderen, die angeschossen worden waren. Die Prognose für Scalise war zunächst ungewiss, und wir beteten alle, dass er und die anderen wieder gesund werden würden. Mitzuerleben, wie sich Scalise schließlich erholte und ins Repräsentantenhaus zurückkehrte – ein inspirierendes Comeback –, war einer der Höhepunkte meiner Zeit im Kongress.

Ich habe auch darüber nachgedacht, wie die etablierten Medien mit dem Attentatsversuch umgegangen sind. Ich hatte den Eindruck, dass sie den politischen Aspekt herunterspielten. Sie machten weder Bernie Sanders noch die politische Linke verantwortlich, im Gegensatz zu ihrem Bemühen, als sie Sarah Palin für die Erschießung der Abgeordneten Gabby Giffords durch einen Verrückten, der in keiner Weise mit Palin verbunden war, verantwortlich machten. Es bestand kein Zweifel daran, dass die Vorgehensweise radikal anders gewesen wäre, wenn die politischen Zugehörigkeiten des Schützen und der Opfer umgekehrt gewesen wären.

Irgendwann begann ich über meine Begegnung mit dem Schützen nachzudenken und darüber, was passiert wäre, wenn ich mich entschieden hätte, nur ein paar Minuten länger beim Training zu bleiben.

War Hodgkinson mit seiner Pistole bewaffnet, als er Jeff Duncan und mich auf dem Parkplatz ansprach? Wenn ja, warum hat er dann nicht versucht, uns auf der Stelle zu erschießen?

Das Einzige, was ich wusste, war, dass ich in der Schusslinie gestanden hätte, wenn wir noch fünf Minuten länger auf dem Spielfeld geblieben wären, denn der Schütze hatte sich direkt neben dem Unterstand der dritten Base postiert, und da ich auf der dritten Base spielte, wäre ich einer der Spieler gewesen, die ihm am nächsten waren.

Bis heute danke ich Gott, dass ich an diesem Tag früher vom Feld ging.

Kapitel 6

Hut im Ring

Als ich zum ersten Mal in den Kongress in Washington gewählt wurde, hatten Casey und ich noch keine Kinder. In einser typischen Sitzungswoche des Repräsentantenhauses flog ich am Montagnachmittag nach Washington und war am späten Donnerstagnachmittag wieder in Florida. Das bedeutete, dass ich etwa neun Nächte pro Monat in Washington verbrachte, was aus unserer Sicht nicht ideal, aber machbar war.

Zwei Wochen nachdem ich im November 2016 für eine dritte Amtszeit wiedergewählt worden war, brachte Casey unser erstes Kind zur Welt, ein Mädchen, Madison. Wenn das Kennenlernen meiner Frau der wichtigste Wendepunkt in meinem Leben war, dann war die Vaterschaft ein sehr wichtiger Punkt.

Vor dem Beginn meiner dritten (und letzten) Amtszeit im Repräsentantenhaus fuhren Casey und ich mit unserer sechs Wochen alten Tochter nach Washington, um sie auf unserem feierlichen Vereidigungsfoto zu verewigen. Wir verbrachten dort ein paar Tage zusammen und fuhren dann alle zurück nach Florida.

Als ich zur nächsten Sitzung des Repräsentantenhauses zurück nach Washington fliegen musste, hatte ich ein Gefühl des Grauens. Ich war aufgeregt, frischgebackener Vater zu sein, und doch würde ich in Washington sein, während meine Frau und meine Tochter in Florida zurückblieben.

Im Herbst 2017 erwartete Casey unser zweites Kind, einen Jungen, den wir Mason nannten. Jetzt stand ich vor der Aussicht, zwei Kinder unter zwei Jahren zu Hause bei meiner Frau in Florida zu haben, während ich die Hälfte der Woche in Washington war. Das war für mich nicht akzeptabel, vor allem, wenn man bedenkt, wie viel Zeit man im Kongress damit verbringt, die Räder zu drehen, und nicht damit, substanzielle Politik zu machen.

Ich war besonders frustriert über all die verpassten Chancen des republikanisch dominierten Kongresses, nachdem Donald Trump Präsident wurde. Hier hatten wir zum ersten Mal seit mehr als einem Jahrzehnt eine einheitliche republikanische Regierung, und doch wurde so viel Zeit mit Themen wie dem Verschwörungsnarrativ vergeudet, nach dem Donald Trumps Wahlkampf mit russischer Einmischung gelaufen sei, was von der GOP geführte Ausschüsse zwei Jahre lang untersuchten. Warum der Kongress keine wichtigeren Dinge angepackt hat, wie zum Beispiel die Bereitstellung von Mitteln für den Bau der Mauer an der zu Mexiko, ist mir ein Rätsel.

Allein aufgrund der heutigen politischen Zyklen wusste ich, dass die Demokraten bei der Wahl 2018 wahrscheinlich die Mehrheit im Repräsentantenhaus gewinnen würden. Von Bill Clinton im Jahr 1994 über George W. Bush im Jahr 2006 bis hin zu Barack Obama im Jahr 2010 hat es in der Regel eine Reaktion gegen den amtierenden Präsidenten gegeben, sodass die Partei des Präsidenten die Kontrolle über das Repräsentantenhaus verlor. Wenn es schon frustrierend ist, in der Mehrheit zu sein, kann ich mir nur vorstellen, wie es wäre, in der Minderheit zu sein mit Nancy Pelosi als Sprecherin des Repräsentantenhauses.

Meine Frau und ich haben beschlossen, dass ich mich nicht um eine Wiederwahl in den Kongress bemühen werde, da ich der Meinung bin, dass ich in der Lage bin, gute Arbeit zu leisten, aber nur, wenn mir das Amt die Möglichkeit bietet, eine Führungsrolle zu übernehmen. Das wäre nicht möglich gewesen, wenn ich ein Hinterbänkler in einem von Nancy Pelosi geführten Parlament gewesen wäre.

Die einzige Gelegenheit dazu war das Gouverneursrennen in Florida, bei dem es um die Nachfolge des amtierenden Gouverneurs Rick Scott ging, dessen Amtszeit abgelaufen war. Florida zu regieren würde die Möglichkeit bieten, bedeutende Reformen zu verabschieden. Für die Republikaner wurden die meisten der größten Erfolge unserer Partei in den letzten Jahren von Gouverneuren erzielt, nicht von Kongressabgeordneten.

Der Reiz, Gouverneur zu werden, entsprach den hohen Gewinnchancen. Zum einen war Florida der entscheidende Swing State, und wichtige landesweite Wahlen wurden regelmäßig innerhalb von ein paar Prozentpunkten entschieden. Das Umfeld 2018 wäre für jeden Republikaner, der in dem sich abzeichnenden größten demokratischen Wahlzyklus des Jahrzehnts antritt, eine Herausforderung, ganz zu schweigen von einem amtierenden Kongressabgeordneten.

Vielleicht noch schwieriger wäre es, die Nominierung der Republikaner zu gewinnen. Die Tallahassee-Insider – Lobbyisten, Spender, Unternehmen – hatten sich fast ausnahmslos hinter den Landwirtschaftsminister des Bundesstaates, Adam Putnam, gestellt, der mit Anfang zwanzig zum ersten Mal in ein politisches Amt gewählt worden war und später eine Zeit lang im Kongress saß. Er wurde besonders leidenschaftlich von der Zuckerindustrie Floridas unterstützt – der vielleicht mächtigsten Industrie in der Geschichte des Staates. Die gängige Meinung war, dass Putnam in den GOP-Vorwahlen unschlagbar war.

Die größte Herausforderung bei der Kandidatur für ein landesweites Amt in Florida ist die schiere Schwierigkeit, bekannt zu werden. Die Kandidaten haben Millionen von Dollar in Werbung gesteckt, nur um zu sehen, dass sich ihr Name bei den Wählern kaum verändert. Ich war nur einer von siebenundzwanzig Abgeordneten in ganz Florida und außerhalb mei-

111

nes Wahldistrikts nicht sehr bekannt. Aufgrund meiner Rolle im Kongress in Washington trat ich oft in Kabelfernsehsendungen auf, in der Regel auf Fox News, aber meine Namensidentifikation war auf Wähler beschränkt, die viele Kabelnachrichten sehen.

Ich war zuversichtlich, dass ich die Nominierung gewinnen würde, wenn 100 Prozent der GOP-Vorwahlwähler unsere unterschiedlichen Philosophien kennen würden. Putnam war ein Berufspolitiker, ein »Konzern«-Republikaner und quasi ein »Never Trumper«. Im Gegensatz dazu war ich ein Kriegsveteran, ein Konservativer, der mit der Basis der Partei in Kontakt steht, und ein Befürworter von Präsident Trumps Agenda, als er im Kongress saß.

Da Putnam das monetäre Establishment Floridas fest hinter sich hatte, konnte ich auf keinen Fall mehr Wahlkampfmittel aufbringen als er. Ich würde mich auf das loyale Netzwerk von Unterstützern verlassen müssen, das mir seit meiner ersten Kandidatur für den Kongress in Washington im Jahr 2012 geholfen hatte in der Hoffnung, dass wir genug Geld aufbringen könnten, um meine Botschaft an die Vorwahlwähler zu bringen. Ich war der Ansicht, dass ich mich nicht ums Geld sorgen, sondern mich darauf konzentrieren sollte, die Unterstützung zu gewinnen, die notwendig ist, um genügend GOP-Vorwahlwähler über meinen Hintergrund und mein Programm zu informieren.

Eine Möglichkeit, meinen Bekanntheitsgrad zu steigern, war die Unterstützung durch Präsident Donald Trump. Ich glaube nicht, dass republikanische Wähler in den Vorwahlen Schafe sind, die einfach nur der Unterstützung eines Politikers, den sie mögen, folgen, ohne eine individuelle Analyse vorzunehmen. Aber ich glaube, dass ein namhafter Unterstützer einen Kandidaten auf dem Radar der GOP-Wähler in einer Weise erscheinen lassen kann, dass sich seine Aussichten erhöhen. Ich wusste, dass eine Unterstützung durch Trump mich bei den GOP-Wählern im ganzen Bundesstaat Florida bekannt machen würde, und ich war zuversichtlich, dass viele mich als einen qualifizierten Kandidaten ansehen würden, sobald sie von meinen Leistungen erfahren würden.

Ich hatte ein gutes Verhältnis zum Präsidenten entwickelt, das vor allem darauf beruhte, dass ich seine Initiativen im Kongress unterstützte und mich gegen das Narrativ über eine Russland-Kollusion stellte. Auch nach seiner Wahl zum Präsidenten blieb ein erheblicher Teil der gewählten Parteifunktionäre Trump gegenüber feindlich eingestellt, was die Ermittlungen gegen Russland bezeugen. Es war der Senat – und nicht die Demokraten –, der zu Beginn von Trumps Präsidentschaft aktiv geworden war.

Wie ich schon ausführte, war ich zu Beginn der Trump-Administration einer der wenigen Republikaner, die bereit waren, den Präsidenten öffentlich zu verteidigen, als es um die Vorwürfe der geheimen Absprachen zwischen Trump und Russland ging. Zum einen hielt ich das gesamte Narrativ für unglaubwürdig: Warum sollte ein Präsidentschaftskandidat mit einem fremden Land »konspirieren«, um an die E-Mail-Korrespondenz von politischen Hackern zu gelangen, die für das Demokratische Nationalkomitee arbeiten?

Außerdem beruhten die »Beweise« für geheime Absprachen auf Dingen wie dem Steele-Dossier, das im besten Fall wie eine schlampige Geheimdienstrecherche und im schlimmsten Fall wie eine politische Schmutzkampagne aussah. Und schließlich wurde ein Großteil der Hysterie um Kollusionen von den alten Medien betrieben, die mit anonymen Quellen hausieren gingen. Ich zweifelte an der Wahrhaftigkeit dieser Quellen und in einigen Fällen sogar an ihrer Existenz.

Natürlich wurde im Laufe der Jahre klar, dass die ganze Russland-Saga ein fabrizierter Skandal war, der einen dreisten Versuch des DC-Sumpfes darstellte, die Trump-Präsidentschaft noch vor seiner Amtseinführung zu brechen – von den Medien täglich sensationalisiert, um Klicks zu generieren. Wie gesagt, ich war einer der wenigen, die es von Anfang an richtig gesehen haben, und Präsident Trump hat diejenigen respektiert, die sich im Fernsehen gegen das Narrativ der Kollusion gewehrt haben.

Ende 2017 fragte ich den Präsidenten, ob er bereit wäre, einen Tweet abzusetzen, in dem er mich als qualifizierten Bewerber um das Amt des Gouverneurs von Florida anpries. Er schien bereit zu sein, aber gleichzeitig hielt ich nicht den Atem an. Der Präsident hatte viel um die Ohren, und das stand wahrscheinlich nicht ganz oben auf seiner To-do-Liste. Etwa eine Woche später erschien ein Tweet von Trump:

Der Kongressabgeordnete Ron DeSantis ist eine brillante junge Führungspersönlichkeit, die erst an der Yale University und dann an der Harvard Law School Jura studiert hat und ein großartiger Gouverneur von Florida sein würde. Er liebt unser Land und ist ein echter KÄMPFER!

Ich habe meine Kandidatur für das Amt des Gouverneurs Anfang 2018 live auf *Fox & Friends* angekündigt. Ich begann, unseren Bundesstaat Florida zu bereisen, um mehr Unterstützung zu gewinnen. Die Energie war positiv, und es gelang mir, meine Unterstützung zu erweitern.

In den ersten Monaten des Jahres widersetzte ich mich den Prognosen und lag in den Umfragen stets vor dem vom Establishment protegierten Kandidaten. Meine Spendensammlung nahm an Fahrt auf, ich war auf einem guten Weg.

Im April änderte sich das. Eine zwielichtige politische Gruppe begann, den Äther in ganz Florida mit falschen Angriffen gegen mich zu fluten. Die Gruppe wurde von etablierten Unternehmen in Florida finanziert, angeführt von der U.S. Sugar Corporation, Putnams größtem Unterstützer. Die Anzeigen waren falsch und völlig lächerlich. Aber wir konnten sie nicht beantworten, weil ich zu diesem frühen Zeitpunkt des Wahlkampfes nicht genug Geld hatte. Und die Spots von Big Sugar liefen ununterbrochen auf praktisch allen konservativen Kanälen, ob TV oder Radio. Etwa zur gleichen Zeit begann Putnam mit der Ausstrahlung von Werbespots, um sein Image aufzupolieren und sich als starken Konservativen darzustellen. Für republikanische Wähler, die nichts über Putnam wussten, waren es überzeugende Darstellungen.

Die nächsten Monate waren hart. Putnam schien das Rennen zu machen.

Mitte Juni, etwas mehr als zwei Monate vor der Wahl, ergab eine Umfrage von NBC News, dass ich gegen Putnam mit 17 Prozent unterlegen war. Die von Big Sugar und anderen Sonderinteressen finanzierten Angriffe hatten ihren Tribut gefordert, und ich hatte noch kein Geld für eigene Werbekampagnen ausgegeben, weil ich Mittel sparte, um in den sechzig Tagen vor den Vorwahlen auf Sendung zu sein.

Zu meinem Glück erklärte sich Fox News im Rahmen des »Sunshine Summit« der Republikanischen Partei Floridas bereit, am 28. Juni 2018 – genau zwei Monate vor der Vorwahl am 28. August – eine Live-Debatte zwischen Putnam und mir zu veranstalten. Die Debatte sollte eine Stunde lang live ab 18:30 Uhr ausgestrahlt und von Bret Baier und Martha MacCallum moderiert werden, zwei Journalisten, die die 18- bzw. 19-Uhr-Sendungen bei Fox moderieren.

Angesichts meiner Position in den republikanischen Vorwahlen bot sich mir eine fast einmalige Gelegenheit. Baiers und MacCallums Sendungen zogen wahrscheinlich jeden Abend Hunderttausende von GOP-Wählern in Florida an. Viele dieser Zuschauer wussten wahrscheinlich nicht viel über mich und hatten wahrscheinlich noch nicht einmal begonnen, sich mit den Vorwahlen zur Gouverneurswahl zu befassen. Die Debatte war eine Möglichkeit, meine Bekanntheit zu vergrößern, und bot mir auch eine Plattform, der GOP-Vorwahlwählerschaft zeigen zu können, wie weit Putnam von ihr entfernt war.

Die Debatte fand vor fast tausend GOP-Parteiaktivisten und anderen politischen Insidern statt. Als man meinen Auftritt ankündigte, gab es höflichen Applaus. Als man Putnam ankündigte, ging es drunter und drüber – es war, als hätte man gerade verkündet, dass Elvis im Haus war. Ich war eindeutig die Gastmannschaft, aber ich war vorbereitet und konnte meine Strategie umsetzen. Jeder Zuschauer wurde Zeuge der scharfen Rivalität zwischen uns Kandidaten, insbesondere bei der Migration, wo ich viel stärker war.

Putnams Strategie schien darin zu bestehen, mich als keinen »echten« Floridianer darzustellen, obwohl ich in Florida geboren und aufgewachsen bin, vermutlich weil ich in Washington als Kongressabgeordneter tätig war. Es stimmt, sagte ich an einer Stelle, dass ich in letzter Zeit nicht immer in Florida gearbeitet habe, so verpasste ich zum Beispiel zwei Weihnachtsfeste hintereinander, als ich im aktiven Dienst in Gitmo beziehungsweise im Irak war.

Wie ich später registrierte, gestaltete Fox unseren Fernsehauftritt auf eine Weise, die den Kontrast zwischen unseren politischen Standorten deutlich machte. An einer Stelle, als jeder von uns sprach, ließ Fox eine »Geschichte vom Band« neben unseren jeweiligen Profilen laufen, in der die wichtigsten biografischen Daten über uns genannt wurden. Bei Putnam stellte man heraus, dass er seit seinem zweiundzwanzigsten Lebensjahr in zahlreiche Ämter gewählt wurde und dass er 2016 die Präsidentschaftskampagne des ehemaligen Gouverneurs von Florida, Jeb Bush, unterstützt hat. Bei mir hob Fox meinen Militärdienst, meine Abschlüsse an der Yale- und Harvard-Universität, meine Rolle im Kongress und meine Unterstützung durch Präsident Trump hervor. Das ist genau der Kontrast, den wir erreichen wollten!

Am Ende der Debatte wusste ich, dass ich erreicht hatte, was ich mir vorgenommen hatte. Die erste Bestätigung dafür erhielt ich durch die Reaktion der anfangs sehr parteiischen Putnam-Anhänger: Wir hatten die Menge für uns gewonnen. Nachdem ich die Bühne verlassen hatte, wurde ich von meinen Anhängern und Freunden mit aufrichtiger Begeisterung empfangen. Aber dies war nur eine Debatte zwei Monate vor den Vorwahlen. Wir konnten nicht wissen, ob der Sieg in der Debatte den erhofften Unterschied ausmachen würde.

Ein paar Tage später erhielt ich einen Anruf von einem meiner Wahlkampfmitarbeiter. »Wir sind uns nicht sicher, ob wir zu diesem Zeitpunkt glaubwürdige Zahlen haben«, sagte er und verwies auf die neuesten Umfragen. »Wir haben gerade eine so dramatische Verschiebung erlebt, dass unser Meinungsforscher glaubt, dass etwas mit den Daten nicht stimmt.«

Am Morgen der Debatte hatte unser Tracking gezeigt, dass wir mit 31 Prozent zu 21 Prozent zurücklagen. Ein paar Tage nach der Debatte lagen wir vorne, zeigte es uns mit 42 Prozent zu 24 Prozent an. Ein solch abrupter, massiver Umschwung war unvorhersehbar, weshalb der Mitarbeiter zur Vorsicht mahnte. Jeder Tag bestätigte, dass sich das Rennen grundlegend verschoben hatte.

In den nächsten sechs Wochen würde ich mit vielen Millionen Dollar bekämpft werden.

Putnams Hagel von Angriffsanzeigen war der letzte verzweifelte Versuch, mich zu Fall zu bringen. Nichts davon spielte eine Rolle, die Zahlen würden sich nicht ändern. Ich war auf dem besten Weg zur Nominierung als Gouverneur. Das Endergebnis war eine 20-prozentige Niederlage, die kein politischer Prognostiker nur wenige Monate zuvor vorausgesagt hätte.

★ ★ ★

Im Rückblick war die Gouverneurswahl 2018 in Florida die folgenreichste Wahl in der Geschichte unseres Bundesstaates. Hätte ich diese Wahl nicht gewonnen, wäre die gesamte Entwicklung unseres Staates ganz anders verlaufen, vor allem als die COVID-19-Pandemie ausbrach und Gouverneure im ganzen Land sie als Freibrief nutzten, um unvorstellbare Befugnisse auszuüben und auf Anweisung von Dr. Anthony Fauci ihren Staaten drakonische Beschränkungen aufzuerlegen.

Während mein Sieg bei den Vorwahlen recht früh feststand, war die große Neuigkeit der Vorwahlnacht, dass Andrew Gillum, der sehr liberale Bürgermeister von Tallahassee und ein Liebling der extremen Linken, bei den Demokraten die Nominierung für das Amt des Gouverneurs gewonnen hatte.

Während des gesamten Vorwahlkampfes der Demokraten gaben nur wenige Gillum eine Chance, weil er relativ unbekannt war und nicht in der Lage, genügend Mittel aufzutreiben. Doch als die fünf demokratischen Kandidaten im Sommer debattierten, war Gillum bei Weitem ihr bestes politisches Talent: Er konnte unpopuläre, linke Positionen auf eine Weise vertreten, die diese Positionen viel vernünftiger und mainstreamiger erscheinen ließ.

Als Gillum die Vorwahlen gewann, war die gängige Meinung, dass er zu liberal wäre, um in Florida zu gewinnen.

Aber kluge politische Köpfe wussten es anders.

»Herr Abgeordneter, sehen Sie«, sagte mir ein kluger Beamter, »die Medien werden aus diesem Mann die nächste große Sache machen. Er wird porträtiert werden wie Martin Luther King und Obama in einer Person. Anschnallen.«

Das stimmte. Gillum traf alle erogenen Zonen der etablierten Medien: Er war Afroamerikaner, hatte tadellose linke Referenzen, war charismatisch und konnte eine überzeugende Rede halten. Die Medienberichterstattung über seine Nominierung war natürlich voller Lobeshymnen. Aus Kalifornien und New York flossen Spenden, und im Handumdrehen war der nächste Star der Demokraten geboren. Er war der nächste Obama.

Innerhalb einer Woche nach Gillums Nominierung zeigten unsere Umfragen, dass die Floridianer ein unglaublich positives Bild von ihm hatten: 52 Prozent befürworteten ihn, 16 Prozent lehnten ihn ab. Bei mir sah die Sache ganz anders aus: 38 Prozent der Floridianer befürworteten mich, aber 46 Prozent lehnten mich ab. Es schien, als ob jeder in Florida, der Trump hasste, mich hassen würde.

Ich hatte die besseren akademischen Zeugnisse, die bessere Militärkarriere und die bessere Regierungserfahrung, und ich war auch besser auf einen Staat eingestellt, der zwar wettbewerbsfähig war, dessen Bürger aber eher rechtslastig waren.

Heute betrachten die Menschen das Rennen vor dem Hintergrund von Gillums katastrophalen persönlichen Problemen, einschließlich der Tatsache, dass er nackt und ohnmächtig in einem Hotelzimmer in Miami Beach mit Drogen und einem männlichen Begleiter aufgefunden wurde, und seiner Anklage wegen Korruption, die in den Jahren nach der Gouverneurswahl aufkam. Und ja, er hatte eine Menge Probleme mit seiner Leistung als Bürgermeister von Tallahassee, von denen viele Insider schon 2018 wussten. Aber das war definitiv nicht das Bild, das die etablierten Medien während des Wahlkampfs 2018 zeichneten. Es war kein Geheimnis, warum er zu Beginn des Rennens so gut dastand: Die Medien hatten sein Image aufgepeppt, und die Menschen hatten zu diesem Zeitpunkt kaum einen Grund, Gillum nicht zu mögen.

Wir wussten, dass die Nominierung von Gillum die Linke dazu veranlassen würde, die Rassekarte gegen mich auszuspielen, was sie mit rücksichtsloser Hingabe tat. Man griff mich als Rassist an, weil ich das Wort »nachäffen« benutzte, weil ich in den sozialen Medien markiert wurde, worauf ich keinen Einfluss hatte, und wegen einer harmlosen Handlung oder eines harmlosen Wortes.

Ich habe mich geweigert, klein beizugeben. Ich habe mich nie entschuldigt, bin nie in die Defensive gegangen und war bereit zu kontern, ich wollte mich nicht von den alten Medien unterkriegen lassen.

Das erste Zwischenwahljahr der Präsidentschaft von Donald Trump war ein Jahr der »blauen Welle«, in dem die Anhänger der Demokraten die Wahllokale stürmten und die Unabhängigen gegen die Regierungspartei votierten. Dieser enorme Gegenwind war für mich während des gesamten Wahlkampfs zu spüren. Jeder Tag fühlte sich an wie ein Laufband – ich drehte meine Räder, schien aber nirgendwo hinzukommen. Im Laufe der Zeit gelang es uns langsam aber sicher, Gillum in Bezug auf seine Beliebtheitswerte auf den Boden der Tatsachen zurückzubringen. In unserer letzten Umfrage des Wahlkampfs lag Gillum bei den Zustimmungswerten unter Wasser – 44 Prozent Zustimmung, 46 Prozent Ablehnung. Meine Zahlen stiegen wieder auf 46 Prozent Zustimmung, 38 Prozent Ablehnung.

Als der Wahltag kam, war ich der klare Außenseiter. In den öffentlichen Umfragen, die gewöhnlich von den etablierten Medien in Auftrag gegeben werden, lag ich zurück. Bei unserer Kampagne hatten wir jedoch bis zum Ende des Rennens drei verschiedene Zahlen, die alle darauf hindeuteten, dass ich zwischen 0,5 und 1 Prozent vorne lag. Es würde knapp werden, aber wenn wir am Wahltag die von uns erwartete Wahlbeteiligung erreichen, würden wir mit 50 000 bis 100 000 Stimmen gewinnen.

Dies war der erste Wahltag in meinem kurzen Politikerleben, an dem ich nicht sicher wusste, ob ich gewinnen würde. Als im Laufe des Tages die Zahlen zur Wahlbeteiligung bekannt gegeben wurden, schienen die Republikaner die Stimmen zu erreichen, die wir brauchten, um die Demokraten bei den Erststimmen zu überholen. Als die Wahllokale schlossen, rechnete ich mit einem Sieg, aber ich konnte nur abwarten. Die Wahlen in Florida finden in zwei Zeitzonen statt. Während die Wahllokale einheitlich um 19.00 Uhr schließen, liegen die Wahllokale in den westlichsten Bezirken in der zentralen Zeitzone und schließen daher erst um 20.00 Uhr der östlichen Zeitzone. Diese Tatsache ist den großen Medienkonzernen bei den Präsidentschaftswahlen 2000 offenbar entgangen, als sie Al Gore als Sieger in Florida ausriefen statt George W. Bush zu einem Zeitpunkt, als die Wähler am Landzipfel von Florida noch Schlange standen.

Als die Stimmen ausgezählt wurden, war das Ergebnis knapp, aber ich lag zurück, einige meiner Anhänger wurden nervös. Ich war es nicht. Warum? Der Landzipfel von Florida hatte noch nicht berichtet. Ich wusste, dass ich die Führung übernehmen würde, wenn das passiert.

Bevor mich irgendein Medienunternehmen zum Sieger erklärte, rief mich Gillum an, um seine Niederlage einzugestehen, Casey umarmte mich, und ich gab einigen meiner Freunde und Unterstützer einen High-Five.

Das Rennen um den Gouverneursposten zu gewinnen, das war etwas ganz anderes als die Wahl zum Kongressmitglied in Washington zu gewinnen. Das Erste, was diesen Unterschied verdeutlichte, geschah, als ich das Hotelzimmer verließ, um die Siegesrede zu halten. Auf mich warteten Beamte des Florida Department of Law Enforcement. Als gewählter Gouverneur war ich nun eine geschützte Person nach dem Gesetz von Florida, sodass sie mich von diesem Zeitpunkt an im Auge hatten. Als wir am nächsten Tag nach Hause zurückkehrten, wurde mir klar, dass sich mein Leben verändert hatte. Ich verließ mein Haus, um in meiner Nachbarschaft zu joggen, so wie ich es seit Jahren tat – nur diesmal wurde ich von einem Trupp von Sicherheitsleuten begleitet.

Der größte Unterschied war, dass ich nicht nur einer von vielen war, die in eine gesetzgebende Körperschaft gewählt wurden, sondern der einzige Mann, der gewählt wurde, um einen Staat mit mehr als zwanzig Millionen Menschen zu führen. Der Wahlsieg 2018 hat viel harte Arbeit gekostet, aber dieser harte Teil begann gerade erst. Der einzige leichte Tag war der Tag davor – jetzt hatte ich hatte einen Staat zu führen.

★ ★ ★

Bevor wir uns mit Vollgas in die ersten hundert Tage der Regierungsarbeit stürzten, hatten Casey und ich uns um etwas Privates zu kümmern.

Während des Gouverneurswahlkampfs bekamen Casey und ich unser zweites Kind, einen Jungen, den wir Mason nannten. Zwischen dem Wahlkampf und meinem Dienst in Washington, D.C., als Kongressabgeordneter fehlte uns die Zeit, um eine Taufe für Mason zu planen und zu feiern, also trafen wir die Entscheidung, nur die Wahl zu überstehen, und dann würden wir einen Termin festlegen.

Nachdem wir die Wahl gewonnen hatten, war es für uns am einfachsten, die Taufe um die Zeit der Amtseinführung herum zu planen, da Freunde und Familie ohnehin in der Stadt sein würden. Ich sagte die Einweihungsparade ab, die normalerweise auf die Einweihungsrede folgt; ich wollte Zeit für die Taufe haben und war froh, den Pomp und die Umstände minimieren zu können.

Casey und ich verließen das Kapitol nach der Rede zur Amtseinführung und dem Mittagessen für die Kongressmitglieder und machten uns auf den Weg zurück zur Gouverneursresidenz von Florida. Mein Onkel, ein Priester, wartete dort mit unserem Jungen auf uns.

Als wir noch kinderlos waren und Casey mich auf einer Reise nach Israel begleitete, die ich als Kongressabgeordneter machte, nahm Casey Plastikflaschen mit Wasser aus dem See Genezareth, die sie für die Taufen zukünftiger gemeinsamer Kinder verwenden wollte. Unsere Tochter Madison hatten wir mit diesem Wasser schon taufen lassen – eine besondere Sache, die uns beiden viel bedeutete.

Masons Taufe fand im Florida-Saal der Gouverneursresidenz statt. Mein Onkel taufte sie mit dem Wasser des Sees Genezareth und achtete darauf, eine ordentliche Menge in der Plastikflasche zu lassen. Wir erwarteten damals zwar kein Kind, aber wir wussten auch nicht, was die Zukunft für uns bereithielt, also war es gut, das Wasser zu haben, falls wir ein drittes Kind bekamen.

Den Rest des Tages verbrachte ich damit, meine erste Ernennung zum Obersten Gerichtshof vorzubereiten, die wir am nächsten Morgen bekannt gaben, und mich auf den Eröffnungsball am selben Abend vorzubereiten. Ich bin kein Freund von viel Trara, daher war ich nicht begeistert, aber gleichzeitig hat es mich gefreut, dass so viele Menschen, die entweder für unsere Kampagne oder für die Regierung gearbeitet hatten, einen festlichen Abend verbringen und sich hoffentlich amüsieren würden.

Als wir nach Hause kamen, fragte ich Casey nach der Plastikflasche mit dem Wasser aus dem See Genezareth: »Ich habe sie zuletzt unten im Florida Room gesehen. Ich habe sie nicht mitgenommen und sie ist auch nicht in unserem Zimmer.«

Bevor ich mein Amt als Gouverneur antrat, hatten Casey und ich nie Leute, die uns hinterherliefen, aber die Gouverneursresidenz hat ein ganzes Team von großartigen Leuten, die sich um alles kümmern. Es gab keinen Grund zu der Annahme, dass eine halb gefüllte Plastikflasche mit Wasser irgendeine Bedeutung hätte, und so war es nur logisch, dass ein Mitarbeiter der Residenz die Flasche einfach ausleerte und in den Recyclingbehälter warf.

Unser Problem war, dass wir in nächster Zeit keine gemeinsame Reise nach Israel unternehmen würden, sodass wir kein Wasser vom See Genezareth für die Taufe eines zukünftigen Kindes hätten.

Etwa eine Woche später hielt ich eine Pressekonferenz vor einer Synagoge in Südflorida ab und erzählte, wie wir das Wasser, das wir aus Israel mitgebracht hatten, verwendet hatten und dass es jetzt nicht mehr da war.

»Wir erwarten im Moment kein Kind«, sagte ich dem Auditorium, »aber Casey und ich haben kein Wasser mehr vom See Genezareth, wenn wir also irgendwann noch eins haben wollen, müssen wir welches finden!«

Am nächsten Tag zeigte mir jemand in meinem Büro Bilder von Menschen in Israel, die Wasser aus dem See Genezareth in Flaschen abfüllten. In der darauffolgenden Woche wurde ein großer, schöner Krug mit diesem Wasser in mein Büro geliefert. Er stand bis zum folgenden Jahr auf meinem Schreibtisch in Florida, bis mit diesem Wasser unser drittes Kind, unsere Tochter Mamie, getauft wurde.

Es war eine nette Geschichte, aber sie zeigte auch, dass das, was ich in Florida tat, einen Nachhall auf der anderen Seite des Globus haben konnte.

Wir spielten jetzt in der ersten Liga.

Kapitel 7

Energie in der Exekutive

»Energie in der Exekutive«, bemerkte Alexander Hamilton in *The Federalist* Nr. 70, »ist ein Hauptmerkmal der Definition einer guten Regierung.« Hamilton war der Meinung, dass eine »schwache Exekutive eine schwache Ausübung der Regierung impliziert«, und »eine schwach ausgeübte Regierung, was auch immer das in der Theorie sein mag, muss in der Praxis eine schlechte Regierung sein«.

Hamilton drängte auf die Umsetzung der Verfassung, weil ihre Struktur die Art von exekutiver Energie beförderte, die notwendig war, um »umfangreiche und mühsame Unternehmungen zum Wohle der Allgemeinheit anzugehen« (*The Federalist* Nr. 72). Im Gegensatz zu einigen Staatsverfassungen der Zeit wäre die föderale Exekutive nicht der Legislative untergeordnet, sondern würde »in der Lage sein, es zu wagen, seine eigene Meinung mit Nachdruck und Entscheidung zu vertreten« (*The Federalist* Nr. 71).

Hamiltons unabhängige Exekutive sollte ein Mann der Tat sein – jemand, der das Volk vor gesetzgeberischen Exzessen schützt, der der Führung der Regierung Stabilität verleiht, Pläne und Ziele umsetzt und die Prioritäten weiß. Exekutive Energie hieß also, innerhalb der Grenzen eines konstitutionellen Systems eine Führungsrolle zu übernehmen.

Als ich am 8. Januar 2019 Gouverneur von Florida wurde, hatte ich Hamiltons Vorstellung von einer effektiven Führungsrolle vor Augen. Für jemanden, der vierzig Jahre alt war, konnte ich wohl einen starken Lebenslauf vorweisen, hatte aber weder in der Wirtschaft noch beim Militär jemals eine Leitungsfunktion innegehabt. Zwar hatte ich Erfahrungen in der Navy und im Irak gesammelt, aber nur als junger niederrangiger Offizier. Ich kannte die Kommandostruktur, hatte aber nie selbst ein Kommando über eine Einheit als höherer Offizier.

Was ich in das Amt des Gouverneurs einbringen konnte, war ein Verständnis dafür, wie eine verfassungsmäßige Regierungsform funktioniert, Verständnis für die verschiedenen Angriffspunkte, die es gibt, und für die beste Art und Weise, die Autorität zu nutzen, um substanzielle politische Erfolge zu erzielen.

Ich beschloss von Anfang an, ein aktiver Gouverneur zu sein, und plante eine Reihe von Aktivitäten, um unsere Agenda voranzubringen. Die meisten gewählten Amtsträger werden mit dem Ziel gewählt, jemand zu sein, das heißt, sie genießen die Vorzüge des Amtes, und ihre eigene Erhaltung im Amt hat Vorrang vor der Erfüllung politischer Aufgaben. Dieses Modell ist typisch für den US-Kongress, aber ich finde das nicht besonders sympathisch.

Ich war nicht daran interessiert, meinen Lebenslauf zu optimieren oder die Vorzüge eines Amtes auszukosten. Meine Aufgabe war es, eine Vision für unseren Bundesstaat Florida zu entwerfen, hart daran zu arbeiten, die wichtigsten Anliegen seiner Bürger voranzubringen und ein Vermächtnis für die Zukunft zu hinterlassen. Natürlich musste ich die Führungsrolle übernehmen, die zur Erreichung unserer gemeinsamen Ziele notwendig war, aber es ging nicht um mich. Es ging um die Verwirklichung einer Agenda. In Florida beläuft sich die Amtszeit eines Gouverneurs auf zweimal vier Jahre, ich wusste also, dass ich nur eine begrenzte Zeit hatte, um alles zu schaffen.

★ ★ ★

Als ich mich zum ersten Mal auf den Gouverneursstuhl im State Capitol in Tallahassee setzte, nahm ich mir vor, dass wer auch immer mir als Gouverneur nachfolgte, keinen überfüllten

Schreibtisch haben würde, weil ich »kein Fleisch am Knochen« lassen wollte. Ich wollte so viele Probleme wie möglich in der kurzen Zeit, die mir zur Verfügung stand, lösen.

Dabei bestand eine meiner ersten Amtshandlungen darin, mein Übergangsteam anzuweisen, eine umfassende Liste aller konstitutionellen, gesetzlichen und üblichen Befugnisse des Gouverneurs zusammenzustellen. Ich wollte sicher sein, alle nur möglichen Maßnahmen ergreifen zu können, um unsere Prioritäten durchzusetzen. Machtpolitisch gesehen ist die Amtsgewalt des Gouverneurs von Florida begrenzt.

Im Gegensatz zu anderen Bundesstaaten (und im Gegensatz zur US-Präsidentschaft) sind in Florida wichtige Teile der Exekutive an Beamte delegiert, die unabhängig vom Gouverneur gewählt werden, wie zum Beispiel der Attorney General (der Justizminister) und der Chief financial officer (der Finanzminister), Leiter der Finanzabteilung. Florida hat eine »Kabinettsregierung«, in der bestimmte Behörden wie beispielsweise die Strafverfolgungsbehörde und das Kriegsveteranenministerium, vom Kabinett als Ganzes »geführt« werden – ein pluralistisches System, das Alexander Hamilton zusammenzucken lassen würde. Darüber hinaus erfordern bestimmte zentrale Vorrechte der Exekutive, wie die Befugnis, Begnadigungen auszusprechen, die Zustimmung von mindestens zwei Kabinettsmitgliedern. Dies steht im Gegensatz zu dem rechtskräftigen und nicht abänderbaren Begnadigungecht des amerikanischen Präsidenten gemäß Artikel II der Bundesverfassung.

Der Gouverneur verfügt trotz alledem über einige wichtige Befugnisse. Im Gegensatz zum Präsidenten und einigen anderen Gouverneuren hat der Gouverneur von Florida beispielsweise ein Vetorecht gegen Einzelposten, das heißt, er kann ein Ausgabengesetz unterzeichnen und gleichzeitig ein Veto gegen einzelne Posten im Gesetz einlegen. Diese Befugnis wäre für den amerikanischen Präsidenten sehr nützlich und könnte dazu beitragen, einige der aufgeblähten und unverantwortlichen Sammelbewilligungsgesetze, die in Washington, D.C., gang und gäbe sind, zu stoppen.

Der Gouverneur hatte noch eine weitere Befugnis, die bei meinem Amtsantritt besonders aktuell war: die Befugnis, gewählte Beamte auf Bezirksebene zu suspendieren. Nach dem wiederholten Versagen von Wahlprüfern in Orten wie Palm Beach County und der verpfuschten Antwort auf das Schulmassaker in Parkland, Florida, vom Sheriff von Broward County war es Zeit für Verantwortlichkeit.

Die Ernennungsbefugnisse des Gouverneurs von Florida sind von großer Bedeutung, vor allem hinsichtlich der Ernennung von Richtern am Florida Supreme Court, dem höheren Berufungsgericht von Florida. Einer der Gründe, warum ich für das Amt des Gouverneurs kandidiert habe, war, dass in dem traditionell liberalen, siebenköpfigen höchsten Gericht des Staates eine Veränderung anstand: Die Amtszeit von drei liberalen Richtern ging in dem Moment zu Ende, in dem ich Gouverneur wurde, was mir die Möglichkeit gab, drei Richter zu ernennen und damit das Gericht wieder auf die richtige verfassungsgemäße Basis zurückzustellen.

Dies war eine wichtige Gelegenheit für unseren Staat, sein Gerichtswesen zu verbessern, vor allem aber wurde ein Hindernis für die Durchsetzung meiner gesetzgeberischen Agenda beseitigt. Jahrelang hatte das alte liberale Gericht weniger als juristisches Organ denn als politischer Revisionsrat fungiert, der die von der Legislative beschlossene konservative Politik blockierte. Mit den drei neuen Ernennungen, so hoffte ich, würde das Gericht im Stil von Clarence Thomas vom Obersten Gerichtshof der Vereinigten Staaten entscheiden, das Supreme Court von Florida zur Rechtsprechung zurückkehren und seine Entscheidungen nicht aufgrund politischer Differenzen treffen. Ich war zwar sicher, dass das neu zusammengesetzte, konservative Gericht es mit Gesetz und Verfassung peinlich genau nehmen würde, ich war mir aber auch sicher, dass es nicht als Superlegislative agieren und unsere politische Agenda zunichtemachen würde.

Das Umfeld in den Bundesgerichten in Staat und Region war politisch gesehen eher gemischt. Einerseits gab es einige aktivistische, von Obama ernannte Bundesbezirksrichter in Florida, die regelmäßig reflexartig gegen konservative Gesetze entschieden. Andererseits hatte Präsident Donald Trump einige hochkarätige Ernennungen für das Bundesberufungsgericht vorgenommen, das die Bezirksgerichte in Florida überwachte, sodass ich wusste, dass das Bundesberufungsgericht für den Elften Gerichtsbezirk sehr wahrscheinlich hochgradig politisierte Entscheidungen aufheben würde.

Für mich stellten diese von Obama ernannten Richter zwar ein politisches Hindernis für meine Agenda dar, aber kein unüberwindbares juristisches. Da ich nicht damit rechnete, von diesen Richtern eine faire Chance zu bekommen, und ich wusste, dass wir in der Lage sein würden, uns in der Berufung durchzusetzen, gab es keinen Grund, wegen der wahrscheinlichen politischen Opposition einiger parteiischer Juristen unsere Initiativen aufzugeben.

Ich wusste auch, dass die Umsetzung einer guten Politik in erster Linie eine Teamleistung ist. Als Führungskraft kann man ein großartiges Regierungsprogramm haben, aber wenn die Administration ihr Regierungsprogramm nicht teilt und/oder Hintergedanken hat, dann lösen sich die besten Pläne in Rauch auf. Das hieß, ich brauchte einen Kader von Leuten, die unsere Ziele und Pläne teilten.

Die Herausforderung bei der Besetzung einer Verwaltung in einer Hauptstadt wie Tallahassee besteht darin, dass die Leute, die wissen, wie die Staatsregierung funktioniert, in der Regel Teil des Systems sind (auch bekannt als Sumpf). Ihre Be-

ziehung zur Stadt steht oft über der Beziehung zur Sache, da sie
noch lange nach dem Ende ihrer Verwaltungstätigkeit vor Ort
bleiben werden. Andererseits haben die, die von außerhalb des
politischen Sumpfes kommen, kein »Insider«-Problem, lassen
aber naturgemäß das notwendige Know-how vermissen, um
sich im System zurechtzufinden und die Dinge zu erledigen.

Ich habe diese Herausforderung intuitiv verstanden, da
ich selbst Kongressabgeordneter gewesen war. Tatsächlich ist
die Herausforderung in Washington, D.C., noch viel krasser,
da der Unterschied zwischen einem »Sumpf«-Republikaner –
der in der Demokraten-lastigsten politischen Blase Amerikas
lebt, arbeitet und gesellschaftlich verkehrt – und einem Republikaner, der aus dem Rest des Landes kommt, um im Kongress oder in der Exekutive zu dienen, enorm ist. Diese Sumpf-
Republikaner neigen dazu, dem Narrativ der Medienkonzerne
zu glauben, wollen von ihren liberalen Counterparts akzeptiert
werden und versuchen, nach ihrer Zeit in der Regierung an der
K Street abzukassieren. Das sind keine Leute, auf die ein konservativer Außenseiter bei der Besetzung einer Administration
bauen kann, wenn er die Lieferung mutiger politischer Reformen priorisiert.

Als ich mich auf den Posten des Gouverneurs vorbereitete, sah ich es als meine Aufgabe an, eine Administration zusammenzustellen, die als Korrektiv gegen die Sumpfkultur von
Tallahassee wirkte, aber gleichzeitig auch eine kühne Agenda
durchsetzen würde. Dies bedeutete, dass ich Schlüsselkräfte
finden musste, die diese Aufgabe erfüllen konnten. Ich hatte das Glück, einen Stabschef einstellen zu können, der über
genügend Wissen verfügte, um mich bei der Durchsetzung
meiner Prioritäten zu unterstützen, ohne dem politisch-indus-
triellen Komplex von Tallahassee verpflichtet zu sein. Shane
Strum hatte bereits in früheren Jahren prominente Positionen
in der Staatsregierung innegehabt, lebte und arbeitete aber in

Südflorida. Er war bereits finanziell erfolgreich, und ich wusste, dass er nach seiner Tätigkeit als Stabschef nicht in Tallahassee bleiben würde. Shane dachte größer und brachte dafür ein großes finanzielles Opfer. Meine Aufgabe als Gouverneur war es, das Regierungsprogramm festzulegen und die wichtigsten Entscheidungen zu treffen – ich brauchte keine Mitarbeiter, die mir sagten, was ich tun sollte. Was ich brauchte, waren Mitarbeiter, die unsere Pläne und Ziele umsetzten und mich mit den besten Informationen versorgten, wenn es darum ging, wichtige Entscheidungen zu treffen. Shane war das Arbeitspferd, das unsere Behördenleiter zur Verantwortung zog, eng mit der Legislative zusammenarbeitete und das reibungslose Funktionieren der Dienstbehörde sicherstellte.

Das Gouverneursamt hätte nicht effektiv arbeiten können, wenn es regelmäßig zu einem Durchsickern von Informationen kam. Interne Beratungen über Politik, Personal oder Kommunikation mussten intern bleiben. Wir hatten eine so ehrgeizige Agenda, dass ich die parteiische Opposition in den Medien und in der Demokratischen Partei auf Zack halten wollte, und ich wollte verhindern, dass die Administration sich mit kleinlichen Dramen aufhielt, die uns von den Angelegenheiten der Bürger ablenkten. Wenn jemand in der Verwaltung sich selbst über den Auftrag stellte, dann würden wir uns sofort von ihm trennen.

Durch die rigorose Durchsetzung dieser Maßnahmen stellte Shane sicher, dass die Verwaltung reibungslos lief. Erwies sich jemand als unzuverlässiger Teamplayer, was selten vorkam, schickte Shane ihn wieder nach Hause. Verantwortungsbewusstsein war das Gebot der Stunde.

Bei der Besetzung von Schlüsselpositionen innerhalb der Verwaltung stellte ich die Loyalität zur Sache über die Loyalität zu mir. Ich wollte nicht, dass man mir schmeichelte, ich wollte nur Leute, die hart arbeiteten und an das glaubten, was wir zu erzielen suchten. Das bedeutete, dass ich bereit war, wichtige Positionen mit Leuten zu besetzen, die innerparteiliche Gegner waren, solange sie nur unsere Agenda effektiv voranbrachten.

Ein Beispiel dafür war meine Wahl des ehemaligen Sprechers des Repräsentantenhauses von Florida, Richard Corcoran, zum Commissioner of education, zum Bildungsminister. Corcoran verfügte über umfangreiche politische Erfahrung und hatte sich einen Ruf als führender konservativer Reformer erworben, insbesondere im Bildungsbereich. Er liebäugelte damit, 2018 für das Amt des Gouverneurs von Florida zu kandidieren, aber der Landwirtschaftsminister des Bundesstaates, Adam Putnam, hatte die Unterstützung des Establishments in der Tasche, und mir war es gelungen, den Markt der konservativen Außenseiter zu erobern.

Corcoran entschied sich, Putnam im GOP-Vorwahlkampf gegen mich zu unterstützen, und schoss als Putnam-Ersatz kritische Kommentare gegen mich ab. Aber ich wusste, dass er, der sich seit vielen Jahren intensiv mit Bildungspolitik und Bildungsreform von der Schulwahl bis zur frühzeitigen Alphabetisierung befasste, unsere Reformagenda voll und ganz unterstützte, und ich wusste auch, dass seine umfassende Erfahrung in der Legislative nützlich sein würde, wenn es darum ging, für unsere Gesetzesinitiativen einzutreten. Letztendlich war das Ergebnis seiner Amtszeit die Verabschiedung der vielleicht bedeutendsten Bildungsreform, die von einem Einzelstaat in der modernen amerikanischen Geschichte durchgeführt wurde.

Im Laufe meiner Amtszeit hielt ich zunehmend Ausschau nach Leuten, die ein gutes Gespür dafür hatten, wie die Medienkonzerne parteiische Meinungsbilder fördern, anstatt über die Fakten zu berichten, und die fähig waren, Verleumdungen zu parieren. Als ich Dr. Joe Ladapo zum Gesundheitsminister von Florida ernannte, hatte er bereits mehrere Artikel verfasst, in denen er die vorherrschende Berichterstattung über COVID-19 attackierte und Lockdown, Maskenpflicht und Schulschließungen kritisierte. Aber es ist eine Sache, etwas zu kommentieren, aber etwas ganz anderes, in der Arena zu stehen und Maßnahmen umzusetzen, die eine Herausforderung für die Orthodoxie darstellen.

»Joe, wenn du die Stelle annimmst«, sagte ich ihm, »wirst du der einzige Mensch im ganzen Land in einer Position mit echter Autorität sein, der diese Politik verfolgt, sie werden dich mit rücksichtslosem Eifer verfolgen.«

»Ich bin dabei«, sagte er.

Durch die Umsetzung einer evidenzbasierten Gesundheitspolitik, die das Narrativ der Eliten infrage stellte, begeisterte Ladapo viele Floridianer, die es satthatten, von sogenannten Gesundheitsbeamten in die Irre geführt zu werden.

Die etablierten Medien waren nicht so erfreut, und Joe war bald die Zielscheibe häufiger Angriffe. Das ging so weit, dass ich eines Tages zu ihm sagte: »Joe, ich weiß nicht, was du in letzter Zeit gemacht hast, aber da du von NBC und CNN angegriffen wirst, weiß ich, dass du einen verdammt guten Job machen musst!«

Joe Ladapo ist ein gutes Beispiel dafür, was es braucht, um in einer Administration erfolgreich zu sein, die sich gegen das Narrativ der Eliten stellt. Schlüsselkräfte müssen die Verleumdungen in den Medien als eine Form von positivem Feedback betrachten – die Schreiberlinge der Medienkonzerne würden sich nicht die Mühe machen, jemanden anzugreifen, wenn er nicht effektiv wäre. Nicht jeder ist dafür gemacht, die Pfeile abzufangen, diese Fähigkeit aber muss er besitzen, um sich auf dem politischen Schlachtfeld effektiv zu bewegen.

Ich habe mich geweigert, Umfragen zu machen, als ich Gouverneur wurde. Wenn jemand eine Umfrage macht, gibt sie ihm bestenfalls einen Überblick darüber, wie die Wähler im

Moment auf bestimmte Themen reagieren, sagt aber nichts darüber aus, wie die Menschen einen dynamischen Vorstoß für bestimmte Maßnahmen sehen werden. Wenn Führung nichts anderes wäre als das brave Befolgen von Umfrageergebnissen, dann wäre sie nicht so rar gesät. Eine Führungspersönlichkeit folgt nicht lammfromm der öffentlichen Meinung, sondern formt die öffentliche Meinung durch berichtenswerte Aktionen. Wenn ich ein Programm entwerfe, meinen Regierungsplan umsetze und positive Ergebnisse erziele, dann wird die öffentliche Unterstützung folgen.

Ich wusste auch, dass wenn ich bereit war, entschlossen zu führen, ich einige bedeutende Vorteile bei der Verfolgung unserer Agenda besaß. Florida ist nicht nur der drittgrößte Bundesstaat der USA, gemessen an der Bevölkerungszahl, sondern erstreckt sich auch über achthundert Meilen von Pensacola bis Key West, es ist ein Staat, in dem es unglaublich schwierig ist, als Kandidat oder Amtsinhaber bekannt zu werden. Diese Daten verschaffen dem Gouverneur einen enormen Vorteil, denn er ist der einzige Beamte in der Staatsregierung, der in der Bevölkerung allgemein bekannt ist, während die führenden Politiker der Legislative außerhalb ihrer Heimatbezirke und in den Fluren des State Capitol in Tallahassee kaum bekannt sind. Ein Gouverneur, der führt, ist ein Gouverneur, der die Themen der Debatte setzt.

Mein Hauptziel war es, die Versprechen zu erfüllen, die ich den Wählern gegeben hatte. In meiner Antrittsrede als Gouverneur skizzierte ich einen Entwurf für unsere kühne Agenda:

1. Förderung einer fiskalisch verantwortlichen Regierung, die geringe Steuern erhebt und vernünftig reguliert;
2. Umsetzung einer Bildungspolitik, die die Schulwahl ausweitet, den Schwerpunkt auf die staatsbürgerliche Bildung legt und die technische Bildung unterstützt;
3. Integrität der Wahlen in Florida ein für alle Mal zu stärken;

4. Einläuten einer neuen Ära des Naturschutzes für Floridas Wasserstraßen und Everglades;
5. Gewährleistung der Verantwortlichkeit der Regierung;
6. Bekämpfung der illegalen Einwanderung, einschließlich des Verbots von »sanctuary cities« (»Zufluchtsstädte«, Städte und Gemeinden, die verschiedene Regelungen eingeführt haben, mit denen sie die Zusammenarbeit mit ihrer jeweiligen Staatsregierung bei Fällen illegaler Einwanderung reduziert haben);
7. Reform des Gesundheitswesens;
8. Ernennung konservativer Richter, die dem richterlichen Aktivismus in Florida ein Ende setzen würden;
9. Hilfe für die Opfer des Hurrikans Michael, eines Sturms der Kategorie 5;
10. Eintreten für Recht und Ordnung.

Da ich keine Zeit verlieren wollte, habe ich ein schwindelerregendes Tempo an Aktivitäten geplant, um unsere Agenda von Anfang an auf Hochtouren zu bringen. In den ersten hundert Tagen meiner Amtszeit reiste ich durch den ganzen Bundesstaat, um politische Vorschläge zu verkünden, wichtige Ernennungen vorzunehmen und Durchführungsverordnungen zu erlassen – und ich arbeitete mit der Führung der gesetzgebenden Körperschaft, mit beiden Kammern, zusammen, um die Zustimmung zu unseren wichtigsten Gesetzesvorhaben zu erhalten.

Kapitel 8

Einhundert Tage

Eine frühe Gelegenheit für mich, einen wichtigen Aufschlag zu machen, waren die Ernennungen für den Florida Supreme Court, der vor Jahrzehnten Entscheidungen gefällt hatte, die für politische liberale Wahlkreise sorgten. Die Eskapaden des Höchsten Gerichts nach den Präsidentschaftswahlen im Jahr 2000 – wo die Mehrheit des Gerichts wild entschlossen gewesen zu sein schien, für den Demokraten Al Gore einen Wahlsieg zu arrangieren – hatten den Bundesstaat Florida ins Chaos gestürzt und den Obersten Bundesgerichtshof zum Eingreifen veranlasst. Obwohl Florida zwanzig Jahre lang republikanische Gouverneure gewählt hatte, blieb die linke Mehrheit des Gerichts erhalten, bis ich Gouverneur wurde.

Zum Glück gibt es in Florida ein obligatorisches Pensionsalter für Richter, was bedeutete, dass die drei liberalsten Richter alle in dem Moment aus dem Gericht ausschieden, als ich als Gouverneur vereidigt wurde. Das gab mir die Gelegenheit, das siebenköpfige Gericht von einer liberalen 4:3-Mehrheit in eine konservative 6:1-Mehrheit umzuwandeln. Seit Florida nicht verlangt, dass die Kandidaten für den Florida Supreme Court von der Legislative bestätigt werden müssen, sind sie mit der Ernennung durchs Gouverneursamt zur Ausübung ihres Richteramts ermächtigt.

Der Grund, dass die Legislative die Nominierung nicht bestätigen muss, ist, dass es in Florida ein sogenanntes *Merit Selection*-Verfahren (Auswahlverfahren nach Qualifikation) für Richternominierungen gibt. Wenn eine Richterstelle frei wird, reichen Aspiranten ihre Bewerbungen ein und werden von einem Nominierungsausschuss befragt, der dann seine Liste von

Topkandidaten dem Gouverneur bestätigt. Sobald der Gouverneur die Liste vom Ausschuss erhält, nimmt er, wen er will, aber er kann niemanden ernennen, der nicht auf der Liste steht.

Da die drei freien Richterstellen vor der Amtseinführung des neuen Gouverneurs erwartet worden waren, begann der Ausschuss mit seinem Auswahlverfahren vor der Wahl. Die beglaubigte Liste mit elf Kandidaten wurde mir dann dem Governor-Elect, dem gewählten Gouverneur (vor Amtsantritt), einige Wochen nach der Wahl zugestellt.

Um bei der Auswahl zu helfen, rief ich eine Gruppe prominenter Anwälte zusammen, die sich in verfassungsrechtlichen Fragen gut auskannten, um jeden der Kandidaten zu befragen. Sie kamen fast alle aus Florida. Aber einer nicht, das war ein Freund von mir aus New York, Bob Giuffra, der für den Obersten Bundesrichter William Rehnquist gearbeitet hatte und Partner (und jetzt Mitvorsitzender) von Sullivan & Cromwell in Manhattan war, einer der besten Prozessanwälte des Landes. Bob kannte sich mit der Auslegung von Verfassungen bestens aus, und ich brauchte als Betroffener jemanden, der nicht aus der Juristenschaft Floridas stammte. »Die anderen Inquisitoren kennen die Kandidaten alle aus den juristischen Kreisen Floridas«, sagte ich ihm. »Du hast keine alten Verpflichtungen, also sag mir einfach deine unverfälschte Meinung.«

Ich wollte ein paar Dinge wissen: Erstens, kannte der Kandidat die Rolle der rechtsprechenden Gewalt in der Verfassung? Wie Alexander Hamilton in *The Federalist* Nr. 78 schrieb, kann man wahrlich sagen, dass die rechtsprechende Gewalt »weder Kraft noch Willen, sondern nur Urteilskraft hat«. Die Gerichte haben nicht die Befugnis, politische Fragen zu entscheiden; ihre Aufgabe ist es, das Gesetz und die Verfassung so anzuwenden, wie sie geschrieben sind, entsprechend der ursprünglichen allgemeinen Bedeutung jeder Bestimmung. Es ist richterlicher Aktivismus wie aus dem Lehrbuch, wenn Gerichte diese

137

begrenzte richterliche Rolle aufgeben und von der Richterbank aus Gesetze erlassen. Aber genau das hat der Florida Supreme Court seit Jahren getan.

Gleichzeitig musste meine Auswahl erkennen, dass die korrekte Anwendung des Gesetzes etwas anderes ist als richterlicher Aktivismus. Ein Richter am Höchsten Gericht eines Bundesstaates sollte kein Problem damit haben, eine fehlerhafte Rechtsprechung aufzuheben oder verfassungsrechtliche Bestimmungen gegen ordnungsgemäß erlassene Gesetze durchzusetzen, wenn sich diese Fragen stellen. Da es in konservativen Kreisen als schlecht gilt, als richterlicher Aktivist angesehen zu werden, versuchen einige Richter einfach, folgenschwere Urteile überhaupt nicht zu fällen, eine Form von richterlichem Minimalismus. Dies führt jedoch in eine Einbahnstraße, bei der linke Richter weitreichende Urteile erlassen, die sich nicht an das Gesetz und die Verfassung halten, während konservative Richter fehlerhafte Präzedenzfälle akzeptieren und vor der getreuen Anwendung der Verfassung zurückschrecken, wenn dies eine erhebliche Auswirkung hat. Ich hatte kein Interesse an einem schüchternem Richter-Pflänzchen.

Und schließlich wollte ich wissen, dass die von mir ausgewählten Richter Zivilcourage zeigen. Es ist viel einfacher, ein liberaler Richter zu sein, weil die wichtigsten Institutionen – die Anwaltskammern, die juristischen Hochschulen und die etablierten Medien – die liberalen Neigungen eines jeden Richters honorieren. Wenn ein Richter liberale Urteile fällt, wird er von Anwälten respektiert, von Juraprofessoren und von der Presse gelobt. Es gibt einfach keinen beruflichen Anreiz für einen liberalen Juristen, in eine verfassungsfreundlichere Richtung zu driften.

Im Gegensatz dazu wird der Richter des Obersten Bundesgerichts, Clarence Thomas, von der juristischen Fachwelt heftig kritisiert und von den Medien wegen seiner ursprünglichen

Ansichten beschmutzt. Aber die meisten Richter haben nicht das stählerne Rückgrat eines Clarence Thomas, und viele lassen sich von Medienberichten beeinflussen und suchen das Lob elitärer Institutionen.

Ich habe auf Richtern bestanden, die bereit waren, elitäre Einflüsse zurückzuweisen, und ich hoffte auf Kandidaten, die ihnen mit großem Genuss trotzen würden.

Innerhalb von drei Wochen nach meinem Amtsantritt ernannte ich drei Mitglieder des Florida Supreme Court – Barbara Lagoa, Robert Luck und Carlos Muniz – und verwandelte damit das jahrzehntelang liberale Gericht in ein Gericht mit einer starken verfassungsorientierten Mehrheit.

Endlich war der richterliche Aktivismus im Staat Florida tot.

★ ★ ★

Einer der Gründe, warum die Richterernennungen so wichtig waren, war, dass das alte liberale Gericht entscheidende Reformen abgeschmettert hatte, speziell die Schulwahl. Nachdem Jeb Bush 1998 zum Gouverneur gewählt worden war, führte er eine Reihe von Bildungsreformen durch, die auch ein Stipendium, eine Ausbildungsbeihilfe, für einkommensschwache Familien beinhalteten. Die Idee war, einkommensschwachen Eltern – in der Regel alleinerziehenden Müttern aus der Arbeiterklasse –, deren Kinder Schulen von geringer Leistungsfähigkeit besuchten, die Möglichkeit zu geben, ihre Kinder auf eine Schule ihrer Wahl zu schicken. Dieses Stipendium sollte steuerfinanziert werden – nicht viel anders als die Studienbeihilfe, das Pell Grant, die Familien zur Unterstützung der Studiengebühren beantragen konnten.

Die politische Linke, einschließlich der Bildungsgewerkschaften, erhob Einspruch, und es folgte eine Klage, die das

Stipendienprogramm aus verfassungsrechtlichen Gründen anfocht. 2006 erklärte der Florida Supreme Court im Fall *Bulb gegen Holmes* mit einer liberalen Mehrheit von 5:2 Stimmen das Programm für verfassungswidrig, was sogar die *Harvard Law Review* als »abenteuerliche Auslegung und überspannte Anwendung der Verfassung von Florida« bezeichnete. Im Besonderen kritisierte das Gericht, dass es Eltern erlaubte, vom Steuerzahler finanzierte Ausbildungsbeihilfen für den Besuch von Privatschulen zu nutzen.

Als ich Gouverneur wurde, mehr als ein Jahrzehnt nach der Entscheidung des Gerichts, besaß Florida ein Schulwahlprogramm in Form von »Corporate Tax Credit Scholarships«, das heißt, ein durch steuerlich absetzbare Spenden finanziertes Programm. Da dieses Programm Unternehmen erlaubte, Beiträge zu Ausbildungsbeihilfen von der Steuer abzusetzen, verstieß das »Tax Credit Scholarship«-Programm nicht gegen das Urteil des Gerichts. Die Gelder, die eine private Organisation verwaltete, wurden nie förmlich von der Regierung kontrolliert. Das Problem mit dem Programm war einfach der Umfang – das Programm war effektiv auf hunderttausend Schüler begrenzt, obwohl die Nachfrage weit höher war.

Als Kandidat hatte ich fest versprochen, dass ich Floridas Schulwahlprogramme schützen und ausbauen würde. Da der neue konservative Florida Supreme Court die Entscheidung *Bush gegen Holmes* nur ungern aufrechterhalten würde, wusste ich, dass wir die einmalige Gelegenheit hatten, ein neues Schulwahlprogramm einzuführen, um das uns die ganze Nation beneiden würde – und das vor Gericht Bestand haben würde.

Anfang 2019 kündigte ich an, dass ich mit führenden Politikern beider Kammern zusammenarbeiten würde, um das »Family Empowerment Scholarship« aufzusetzen – ein Beihilfeprogramm, das im Gegensatz zum »Corporate Tax Credit

Scholarship«-Programm mit Steuergeldern finanziert würde und so die Kapazität hatte, entsprechend der Nachfrage der Eltern zu wachsen. Der Kontrast zwischen den Befürwortern unserer Initiative – Pastoren aus der hispanoamerikanischen und afroamerikanischen Gemeinschaft, alleinerziehende Mütter, Wirtschaftsführer – und den Gegnern – Gewerkschaften, wohlhabende Liberale und die etablierten Medien – war frappierend.

Die Legislative verabschiedete das neue Ausbildungsbeihilfeprogramm, und ich unterzeichnete es später im Frühjahr 2019. Dass wir politisch erfolgreich waren, ist der Tatsache geschuldet, dass ich meinen Feldzug für die elterliche Wahl nie mit einer Verunglimpfung unserer traditionellen Schulbezirke machte.

Die Schulwahlbewegung war als Reaktion auf das wirklich grauenhafte öffentliche Schulsystem in Großstädten wie Washington, D.C., entstanden. Diese Systeme erhielten Unmengen an Spendengeldern, wurden aber von den Gewerkschaften kontrolliert und lieferten schreckliche Ergebnisse. Die Befreiung armer Kinder aus diesen gescheiterten Einrichtungen war eine noble Sache.

In Florida haben wir viele ländliche, außerstädtische und vorstädtische Gemeinden, und die meisten Eltern sind mit diesen Schulbezirken zufrieden. In diesen Gemeinden gibt es nicht viele Möglichkeiten, was Privatschulen betrifft. Mit diesen Gedanken im Hinterkopf war mein Eintreten für die Schulwahl Teil einer umfassenderen Bildungsagenda, auf der die Unterstützung aller verfügbaren Optionen für Eltern stand: die Schulbezirke, die Charterschulen (die öffentliche Schulen sind, aber nicht von den Schulbezirken kontrolliert werden), der Heimunterricht und die privaten Beihilfen.

Am Ende meiner ersten Amtsperiode war es uns gelungen, die bedeutendsten Bildungsreformen des Landes durchzusetzen, unter anderem in den Bereichen frühzeitige Alphabetisierung, Bezahlung von Lehrern, staatsbürgerliche Bildung, Elternrechte, finanzielle Bildung und technische Ausbildung. Aber alles begann mit unserem bahnbrechenden Schulwahlprogramm im Jahr 2019.

★ ★ ★

Unsere Wasserstraßen sind das Brot und die Butter unseres Staates. Wir haben einige der schönsten Strände, Flüsse und Quellen der Nation, und die Tourismus- und Erholungsindustrie Floridas lebt von denjenigen, die Zeit an unseren Stränden verbringen und einmalige Angel- und Bootsfahrten machen wollen.

Ich erkannte nun, dass ich die große Chance hatte, ein neues Zeitalter des Umweltschutzes einzuleiten, von dem der Staat noch Jahrzehnte lang profitieren würde. Diese Führung würde auch den Republikanern einen Weg aufzeigen, wie sie die historisch zu nennende Aufmerksamkeit der GOP für Fragen der Erhaltung der Natur, die auf Theodore Roosevelt zurückgeht, zurückfordern können. Mir schien, dass die Demokraten weitgehend Themen ignorierten, die eine direkte Auswirkung auf die Fähigkeit der Menschen hatten, die natürliche Umgebung zu genießen, wie etwa die Wasserqualität, und das zugunsten eines Alarmismus über die globale Erwärmung, der als Vorwand für massives Social Engineering diente. Da auf meiner Agenda die Umweltthemen standen, die sich direkt auf die Lebensqualität der Menschen in Florida auswirkten, wusste ich, dass ich eine Menge Unterstützung mobilisieren konnte.

Im Wahlkampf 2018 war die schlechte Wasserqualität ein wichtiges Anliegen vieler Wähler, vor allem in Gegenden wie Südwestflorida, wo Angeln, Bootfahren und Gastfreundschaft einen Schlag wegen verschiedener Arten von Algen versetzt bekommen hatte. Ich hatte ihnen versprochen, dass ich, sobald ich mein Amt antrete, handeln würde, und viele glaubten mir, vielleicht weil ich der Staatsfeind Nummer eins der mächtigen Zuckerindustrie war, die die Menschen für einige der Probleme verantwortlich machten.

Ein Problem, mit dem wir konfrontiert waren, lag allerdings außerhalb meiner Kontrolle, und das war die Bewirtschaftung des Okeechobee-Sees in der Mitte des südlichen Teils unseres Bundesstaates. Wenn das Wasser im See dort eine bestimmte Höhe erreicht hatte, leitete das US Army Corps of Engineers Wasser in die umliegenden Flussmündungen ein. Das Problem dabei ist, dass in der Regenzeit der See aufgrund des Nährstoffzulaufs oft Algen hat. Das bedeutet, dass das in die Mündungsgebiete abgeleitete Wasser Nährstoffe in das Wasser unserer Küstengemeinden, insbesondere in Südwestflorida und an der Treasure Coast, bringt, was Probleme wie Algen noch verschärft.

Während des Übergangs arbeitete ich einen kühnen Plan zur Wiederherstellung der Wasserstraßen und Everglades in Florida aus, aber selbst der erfolgreichste Plan wird nicht über Nacht umgesetzt. Wenn wir in der Zwischenzeit das Army Corps of Engineers dazu bringen könnten, den See so zu bewirtschaften, dass die Einleitungen während der Regenzeit eingestellt werden, könnten wir sicherstellen, dass die Verschlechterung der Wasserqualität gemildert wird.

Vor meinem Amtsantritt flog ich nach Washington, um mich mit Präsident Trump zu treffen. Mein Ziel war es, ihn davon zu überzeugen, das Army Corps anzuweisen, den See auf eine ausgewogenere Weise zu verwalten.

»Mr. Präsident, ich brauche Ihre Hilfe in Bezug auf die Einleitung von Algen-belastetem Wasser aus dem Okeechobee-See«, sagte ich ihm.

»Was wollen Sie, Geld?«, fragte der Präsident.

»Irgendwann, ja, aber sofort brauche ich Hilfe vom Army Corps of Engineers«, antwortete ich.

»Oh, das Army Corps ist das Schlimmste!«, donnerte er. «Ich meine, das sind gute Leute, aber sie haben die schlimmste Bürokratie in der gesamten Regierung!«

»Die Leute sind von der ganzen Sache frustriert«, erklärte ich. »Stellen Sie sich vor, Sie hätten Algenteppiche vor der Küste von Mar-a-Lago. Es sind unsere Fischer, Bootsfahrer und Gastronomen, die von diesem Zeug hart getroffen werden.«

»O.k., ich verstehe«, sagte er, »ich werde sehen, was ich tun kann.«

Als ich das Oval Office verlassen wollte, hörte ich den Präsidenten rufen: »Ron, Sie sorgen besser dafür, dass ich Florida gewinne!«

Natürlich änderte das Militär sein Vorgehen, und wir erlebten die wenigsten Sommereinleitungen in der jüngeren Geschichte, was unseren Küstengemeinden immens half. Der Wandel war nötig, aber nicht ausreichend für unsere Flüsse. In meiner Antrittsrede habe ich erklärt, dass wir mutige Maßnahmen ergreifen würden, um unsere Wasserwege zu sanieren, weil wir die Verpflichtung haben, Florida dem Herrgott besser zu hinterlassen, als wir es vorgefunden haben.

In meiner ersten Woche im Amt habe ich gehandelt. Ich habe eine weitreichende Verfügung erlassen, um Floridas Wasserpolitik in eine bessere Richtung zu lenken, eine Taskforce einberufen, die Vorschläge für Gesetzesreformen machen konnte, habe unabhängige Mitglieder in den Verwaltungsrat des South Florida Water Management District berufen und Finanzmittel von historischer Höhe zur Unterstützung von Wasserqualität, Infrastruktur und Wiederherstellung vorgeschlagen.

Während Big Sugar das nicht gefiel, waren die meisten Menschen quer durch das politische Spektrum in Florida begeistert.

Am Ende sicherten wir uns wichtige finanzielle Unterstützung und setzten ein Gesetz zur Wasserqualität durch.

Und wir hatten einen neuen Sheriff in der Stadt.

Am 14. Februar 2018, fast ein Jahr vor meinem Amtsantritt als Gouverneur, eröffnete ein durchgeknallter Schütze das Feuer an der Marjory Stoneman Douglas High School und tötete vierzehn Schüler und drei Mitglieder des Lehrkörpers. Dieses Ereignis war eins der traumatischsten in unserem Staat in seiner modernen Geschichte und erschütterte die Gemeinde von Parkland zutiefst.

Als ich Gouverneur wurde, war klar, dass die Opfer und ihre Familien sowohl vom Sheriff von Broward County, Scott Israel, als auch vom Schulbezirk Broward County im Stich gelassen worden waren.

Die Legislative von Florida reagierte auf die Tragödie mit dem Erlass einer Reihe von Schusswaffenbeschränkungen, die mein Vorgänger unterzeichnet hatte. Ich war dagegen, sagte, dass ich dem zweiten Verfassungszusatz und dem verfassungsgemäßen Verfahren entsprechend mein Veto gegen diese Beschränkungen eingelegt hätte. Dies war eine mutige Position, da es eine sehr emotionale Zeit war und es ein natürliches menschliches Verlangen gab, »etwas zu tun«. Aber wenn es um Grundrechte geht, sind es gerade diese Zeiten, in denen es so wichtig ist, sie zu verteidigen.

Das Massaker von Parkland war für mich kein Schusswaffenproblem, sondern ein katastrophales Versagen der Führung, das nach Verantwortlichkeit schrie. Als jemand, der im Kongress gesessen hatte, war ich frustriert darüber, dass Versagen der Regierung fast nie zu echten Konsequenzen führte. Wenn ein Durchschnittsamerikaner etwas politisch Unkorrektes in den sozialen Medien postete, konnte ein Online-Mob sehr wohl dafür sorgen, dass diese Person »fallen gelassen« wurde, einschließlich Stellungsverlust. Wenn aber eine Regierungsbehörde ihre Befugnisse missbrauchte oder bei der Erfüllung ihrer grundlegenden Pflichten versagte, also ihre elementare Pflicht nicht tat, war das Ergebnis ausnahmslos nichts, was mit Verantwortlichkeit zu tun hatte.

Mir war klar, dass sowohl das Amt des Sheriffs als auch der Schulbezirk die Parkland-Gemeinde im Stich gelassen hatten, aber es gab keine Null-Verantwortlichkeit für irgendeinen der wiederholten Versäumnisse, die Jahre zurücklagen.

Nach meinem Amtsantritt habe ich sehr schnell gehandelt und den Sheriff von Broward County suspendiert. Ich hatte mich mit einigen der Parkland-Eltern beraten, und sie waren sehr zuversichtlich, dass ich den Sheriff zur Verantwortung ziehen würde. Er war von mehreren Skandalen umwittert, darunter, den Schützen nicht gestoppt zu haben, obwohl fünfundvierzig Anrufe ihn oder seinen Haushalt betreffend eingingen.

»Alle warten darauf«, sagte mir Andy Pollack, der Vater von Meadow, einer der in Parkland ermordeten Schülerinnen. »Die Art und Weise, wie die Behörden damit umgegangen sind, war beschämend. Wo ist die Verantwortlichkeit?«

Ein paar Tage nach meinem Amtsantritt flog ich nach Broward. Mein Vorgänger hatte alle Staatsflugzeuge verkauft, die zuvor der Beförderung des Gouverneurs zu offiziellen Anlässen gedient hatten. Er war wohlhabend und hatte sein eigenes Flugzeug. Das Ergebnis war, dass das Florida Department of Law Enforcement (FDLE, das Polizeipräsidium) ein Flugzeug zur Beschlagnahme von Drogen zum Staatsflugzeug des Gouverneurs umfunktionierte.

Während ich mich mit Florida Attorney General Ashley Moody auf dem Flug nach Fort Lauderdale und Mitgliedern

meines Personals unterhielt, wurden plötzlich die Sauerstoff-
geräte von der Decke des Flugzeugs heruntergelassen.

Ich denke, es muss ein Fehler gewesen sein.

»Soll man das wirklich drüberziehen?«, fragte ich Ashley
Moody.

»Das ist echt«, sagte sie.

»Sir, wir machen eine Notlandung«, sagte ein Crew-Mitglied.
Großartig, dachte ich.

Wir landeten schließlich in St. Petersburg-Clearwater, nicht
allzu weit von meinem Heimatort Pinellas County entfernt.

Es kam nicht infrage, dass dies meine Ansage in Broward
County verzögerte oder dass sie ausfiel. Viele der Parkland-
Familien würden an der Veranstaltung dort teilnehmen, und
einige der Eltern würden sprechen. Es würde einen Weg geben,
nach Südflorida zu kommen.

Wir schafften es schließlich mit ein paar Stunden Ver-
spätung. Ich machte die Ansage auf den Stufen des Broward
Sheriff's Office, des Dienstgebäudes, mit vielen der Parkland-
Familien hinter mir, und mit einigen der Eltern, die meine Entscheidung, den Sheriff zu entlassen, unterstützten.

Nach dem Recht von Florida hat ein gewählter vom Gouverneur suspendierter Verwaltungsbeamter das Recht auf ein Verfahren vor dem Senat von Florida; stimmt der Senat der Entscheidung des Gouverneurs zu, wird die Amtsenthebung des
Beamten zu einer dauerhaften Entlassung aus dem Amt. Scott
Israel hat meine Entscheidung vor dem Senat von Florida angefochten und verloren. Der Gerechtigkeit wurde Genüge getan.

Außerdem habe ich beim Florida Supreme Court die Einberufung einer Sonderanklagejury beantragt, die die Sicher-
heitsmängel an Schulen in Bezirken wie Broward untersuchen
sollte. Die Untersuchung der Anklagjury führte schließlich
zum Rücktritt des Leiters der Schulaufsichtsbehörde und zu einer Reihe von Reformempfehlungen, darunter zur Entlassung

mehrerer Mitglieder der Schulaufsichtsbehörde von Broward County, die ich nach der Veröffentlichung des Abschlussberichts im Jahr 2022 vornahm.

Während meiner ersten Amtszeit als Gouverneur haben wir fast eine dreiviertel Milliarde Dollar für Maßnahmen zur Schulsicherheit bereitgestellt. Es steht außer Frage, dass die Schulen in Florida dank dieser Unterstützung und Konzentration schreckliche kriminelle Handlungen verhindern und verhindern konnten.

Weniger als einen Monat vor meiner Wahl zum Gouverneur wütete ein Hurrikan der Kategorie 5 in Teilen des Florida Panhandle. Hurrikan Michael war der stärkste Sturm, der den Bundesstaat Florida seit Hurrikan Andrew im Jahr 1992 traf, der Homestead verwüstete. Der Sturm entwickelte sich schnell im Golf von Mexiko und verstärkte sich rapide in den vierundzwanzig Stunden, bevor er das Land erreichte. Er traf auf Mexico Beach und richtete in den Gemeinden im Großraum Panama City verheerende Schäden an.

Ich hatte während des Wahlkampfs mit dafür gesorgt, die Region zu unterstützen, und zwischen meiner Wahl und meinem Amtsantritt habe ich sie mehrmals besucht. Es schien jedoch, dass so ziemlich jeder außerhalb des Panhandle Michael vergessen hatte. Ich erinnere mich daran, wie ich 2001 in Homestead Baseball spielte und sah, wie die Gegend noch immer unter den Auswirkungen von Andrew litt. Ich wusste also, dass es sich um eine langfristige Erholung handeln würde, die anhaltende Anstrengungen erfordern würde.

Die Stadt Mexico Beach zum Beispiel hatte Schuttkosten, die exponentiell höher waren als der gesamte Jahreshaushalt der Stadt.

Anschließend flog ich nach Washington, DC, um mich mit Präsident Trump zu treffen und um zusätzliche Bundeshilfe zu bitten. Bei Katastrophen erstattet die Bundesregierung in der Regel 75 Prozent der Aufräumkosten an den Staat und die Kommunen; die übrigen 25 Prozent der Kosten werden zwischen Staat und Kommune aufgeteilt. Unter Umständen ist der Präsident befugt, die Übernahme durch den Bund auf 90 oder sogar 100 Prozent zu erhöhen. Mein Ziel war es, dass er eine 100-prozentige Übernahme für fünfundvierzig Tage und eine 90-prozentige Erstattung für jeden weiteren Tag bewilligte. Dies würde die Hilfen der Bundesregierung für den Nordwesten Floridas um Hunderte von Millionen Dollar erhöhen.

Wir trafen uns im Oval Office, und der Präsident hatte den Direktor der FEMA, Brock Long, dabei, der per Telefonkonferenz zugeschaltet wurde. Mick Mulvaney, der damalige stellvertretende Stabschef, war im Hintergrund zu sehen. Ich war mit Mick Mulvaney befreundet, seit wir in der zweiten Amtszeit der Obama-Regierung gemeinsam im US-Repräsentantenhaus saßen, und er war ein ausgesprochener Finanzkonservativer – er gab nicht gerne Steuergelder für irgendetwas aus.

»Mr. Präsident, dies war der stärkste Hurrikan, der Florida seit Hurrikan Andrew getroffen hat«, begann ich. »Er war wie ein gewaltiger Tornado, der alles auf seinem Weg überrollte. Das sind gute Menschen im Nordwesten Floridas, und sie sind so widerstandsfähig, wie man es unter diesen Umständen nur sein kann, aber sie sind von der Zerstörung überwältigt. Dies ist Trump-Land – und sie brauchen Ihre Hilfe.«

»Sie lieben mich im Panhandle«, bemerkte der Präsident. »Ich muss dort 90 Prozent der Stimmen gewonnen haben, riesige Menschenmengen. Was brauchen Sie?«

Ich legte eine Kopie meines Schreibens vor, in dem ich die Erstattung der Kosten beantragte, und erläuterte, wie die Sturmtrümmer diese Gemeinden lahmgelegt hatten.

»Brock«, donnerte der Präsident in die Freisprechanlage. »Sollen wir dies tun?«

Long wusste, dass ich an der Telefonkonferenz teilnahm, und reagierte daher diplomatisch. Er hat nicht ausdrücklich gesagt, dass er die Hilfe nicht gewähren will. Gleichzeitig konnte er als FEMA-Direktor nicht einfach grünes Licht für unbegrenzte Hilfe geben und musste sich des Präzedenzfalls bewusst sein, den die Bewilligung unseres Antrags schaffen würde. Das Einzige, was gegen uns sprach, war, dass wir noch nicht die Schadensschwelle erreicht hatten, die normalerweise erreicht werden muss, um erweiterte Hilfen zu rechtfertigen. Ich würde seine Antwort also so charakterisieren, dass er den Präsidenten auf die Gründe hinwies, warum eine Bewilligung des Antrags von Florida möglicherweise nicht gerechtfertigt oder zumindest nicht reif war.

»Warum machen wir es nicht und übernehmen die 100 Prozent für die fünfundvierzig Tage, wie es der Gouverneur verlangt hat?« Brock Long schien unverbindlich zu sein. Mulvaney ging im Hintergrund auf und ab, zweifellos in Sorge darüber, dass der Präsident möglicherweise Hunderte von Millionen Dollar an Wohltaten bewilligte.

»Ich liebe den Panhandle«, antwortete der Präsident auf seine eigene Frage. »Also, Gouverneur, ich möchte, dass Sie allen im Panhandle sagen, dass ich diese Unterstützung genehmige. Lassen Sie alle wissen, dass der Präsident hinter ihnen steht!«

Als ich das Oval Office verließ, hielt mich Mulvaney auf. »Sie kündigen nichts an«, sagte er.

»Warum? Sie haben den Präsidenten gehört. Er hat nicht nur meiner Bitte zugestimmt, sondern mir auch gesagt, dass ich das Geld ankündigen soll.«

»Geben Sie mir nur vierundzwanzig Stunden Zeit, um zu sehen, wie's läuft«, bat Mick, der Widerstand und Unterstützung meiner Forderung prüfen musste. »Er weiß nicht einmal, welcher Summe er zugestimmt hat.«

Mulvaney hatte nicht ganz unrecht: Mein Antrag umfasste eine zusätzliche Bundeshilfe in Höhe von 500 Millionen Dollar. Das würde einen Präzedenzfall schaffen.

»O.k.«, sagte ich, »aber nur vierundzwanzig Stunden.«

Am nächsten Morgen arbeitete ich in meinem Amt in Tallahassee.

Nach ein paar Stunden wurde ich unruhig wegen der Hurrikan-Hilfe.

»Shane«, fragte ich meinen Stabschef, »um wie viel Uhr habe ich gestern das Oval Office verlassen?«

»Gegen Mittag«, sagte er.

»Und wie spät ist es jetzt?«, fragte ich.

»Elf Uhr fünfundvierzig, Gouverneur.«

»Okay, wenn Mulvaney uns nicht innerhalb der nächsten fünfzehn Minuten anruft, fahren wir zum Panhandle und geben eine Pressekonferenz, denn ich gebe dieses Geld bekannt!«

Ein paar Stunden später stand ich in Panama City, umgeben von so gut wie allen lokalen Mandatsträgern der Region.

»Meine Damen und Herren, ich freue mich, Ihnen mitteilen zu können, dass Präsident Donald Trump meinem Antrag auf eine 100-prozentige Finanzhilfe für den Wiederaufbau nach dem Sturm zugestimmt hat – Hilfe ist auf dem Weg!«

Die Beamten brachen in Beifall aus. »Gott segne Sie, Gouverneur«, sagte einer zu mir, »und Gott segne Donald Trump!«

Am frühen Abend kam ich wieder im Büro in Tallahassee an.

Meinem Stabschef zufolge waren die Mitarbeiter des Weißen Hauses nicht zufrieden mit der Pressekonferenz. »Nun, wir haben ihnen vierundzwanzig Stunden Zeit gegeben«, antwortete ich. »Ich glaube nicht, dass sie nach dieser Ankündigung in der Lage sein werden, die Sache wieder aufzurollen, wir werden gut dastehen. Und ich weiß, dass der Präsident zufrieden sein wird.«

★ ★ ★

Illegale Einwanderung war für mich ein wichtiges Thema sowohl in den Vorwahlen als auch den allgemeinen Wahlen. Bei diesem Thema bestand ein tiefer Gegensatz zwischen mir und Adam Putnam, meinem GOP-Vorwahlrivale, der die von George W. Bush vorgeschlagene Amnestie unterstützt hatte und der die Maßnahmen zur Überprüfung der Arbeitgeber nicht unterstützte. Dies war ein Thema für die Vorwahlwähler, und der Gegensatz trug zu meinem großen Sieg bei.

Der allgemeine Wahlkampf zeigte noch schärfere Gegensätze. Mein demokratischer Gegenkandidat, Andrew Gillum, hätte Florida zweifellos zu einem »Sanctuary State« nach dem Vorbild von Staaten wie Kalifornien gemacht – Staaten, die in Fällen illegaler Einwanderung die Zusammenarbeit mit Washington reduziert hatten. Ich habe versprochen, so etwas abzulehnen und sogar noch weiter zu gehen, indem ich »Sanctuary Cities« innerhalb des Staates Florida verbiete.

Mit Donald Trump im Weißen Haus war die Frage der »Sanctuary Cities«, dieser Zufluchtsstätten, wichtig, weil die Bundesregierung illegale Ausländer, insbesondere Kriminelle, aus der Gesellschaft entfernen und in ihre Heimatländer zurückführen wollte. Um dies effektiv zu tun, war jedoch die Zusammenarbeit mit den staatlichen und lokalen Regierungen (Polizei, Staatsanwaltschaften und Gerichten) erforderlich.

Denn wenn es um kriminelle Ausländer geht, werden fast immer die Strafverfolgungsbehörden der Staaten und Kommunen tätig, nicht die des Bundes. Wenn eine lokale Gerichtsbarkeit eine »Sanctuary-Politik« verfolgt, werden Ausländer, die auf Strafverfolgungsbehörden treffen, nicht an die Bundeseinwanderungsbehörden übergeben. »Sanctuary-Politik« garantiert illegalen Einwanderern, von der Anwendung des Gesetzes ausgenommen zu sein, behandelt sie als privilegierte Gruppe.

In Florida habe ich unsere Strafverfolgungsbehörden mandatiert, mit den Einwanderungsbehörden des Bundes zusammenzuarbeiten, aber ich musste sicherstellen, dass auch unsere lokalen Gerichte kooperierten. Ich war besorgt, dass sehr liberale Kommunen angereizt werden könnten, ein »Virtual Signal« (Tugendsignal) gegen Trump zu setzen, indem sie eine »Sanctuary City«-Position bezogen.

Für einen Staat, der in den letzten zwanzig Jahren von den Republikanern regiert wurde, war es überraschend, dass Florida »Sanctuary Cities« noch nicht verboten hatte. Dies lag zum Teil an dem Irrglauben, dass die hispanoamerikanischen Wähler in Florida die Durchsetzung von Gesetzen gegen illegale Einwanderung nicht unterstützen würden. Da die Wahlerfolge der Republikaner auf den Stimmen der Wähler spanischer Abstammung beruhten, war die gängige Meinung, dass Einwanderung nicht die Stärke der Republikaner wäre. Ich wies das als eine Sache der politischen Spekulation ab, betrachtete es aber auch als irrelevant. Wir hatten die Pflicht, »Sanctuary Cities« zu verbieten, weil es das Richtige war, es der öffentlichen Sicherheit und der Rechtsstaatlichkeit diente. Die Debatte war hitzig, und einige in der Legislative begannen zu wackeln. Nachdem ich mich in die Angelegenheit eingemischt hatte, verabschiedete die Legislative das Gesetz. Damit verboten wir eine »Sanctuary Jurisdiction« in Florida.

Zufällig wurde das Verbot der »Sanctuary Cities« bei Umfragen verschiedener Organisationen von den hispanischen Wählern am stärksten befürwortet. Die Medienkonzerne versuchen, die Hispanoamerikaner als Befürworter offener Grenzen zu karikieren, aber das entspricht nicht der Realität.

★ ★ ★

Meine Wahl zum Gouverneur war ein enges Rennen: Die Wahl zum US-Senat zwischen dem damaligen Gouverneur Rick Scott und dem amtierenden US-Senator Bill Nelson war sogar ein noch engeres Rennen. Am Morgen nach der Wahl führte ich mit etwa 1 Prozent oder 82 000 Stimmen vorn, während Rick Scott nur etwa 50 000 Stimmen vor Nelson lag. Das Rennen für mich war entschieden, die Senatswahl galt immer noch als »zu knapp«.

Ein paar Tage später tat sich etwas Merkwürdiges. Die Auszählungen in den Bezirken Palm Beach und Broward – zwei der liberalsten Bezirke Floridas – waren immer noch im Gang, selbst als der Rest des Staates die Stimmauszählung abgeschlossen hatte. Die neu gemeldeten Stimmen gingen auf das Konto der Demokraten, was in diesen beiden Bezirken nicht überraschend war, aber sie taten dies mit einem Vorsprung, der weitaus größer war als das Gesamtergebnis in diesen Bezirken. In Florida endet die Stimmabgabe am Wahlabend um 19:00 Uhr – alle Briefwahlstimmen müssen eingegangen sein, und alle persönlich anwesenden Wähler müssen zumindest in der Schlange stehen.

Das Ergebnis war, dass viele Tage nach der Wahl der Abstand der Republikaner-Stimmen in beiden Rennen, Gouverneurs- und Senatswahl, um mehr als 40 000 Stimmen geschrumpft war. Der Vorsprung bei der Senatswahl war so gering, dass nach dem Gesetz von Florida eine landesweite Nachzählung per Hand vorgeschrieben war. Die ganze Sache war ein völliges Desaster, vor allem die Vorgänge in diesen beiden Bezirken.

In meiner Antrittsrede versprach ich, die Integrität der Wahlen ernst zu nehmen. Eine Generation von verpfuschten Wahlen in Florida war genug.

Ich habe Maßnahmen ergriffen, um die Situation in den Bezirken Palm Beach und Broward zu heilen und eine neue Führung in den Wahlämtern dieser Bezirke sicherzustellen.

Als COVID-19 aufkam und viele Staaten verfassungswidrige Änderungen an ihren Wahlverfahren vornahmen, blieben wir in Florida standhaft und hielten uns an die geltenden Gesetze.

Im November 2020, als die Wahlergebnisse eintrafen, konnte Florida bis Mitternacht 99 Prozent seiner Stimmen auszählen. Dies stand in krassem Gegensatz zu anderen Staaten, die nicht einmal wussten, wie viele Stimmen noch ausstanden, und die Tage oder sogar Wochen für die Auszählung der Stimmzettel benötigten. Die Menschen im ganzen Land fragten sich: *Warum können andere Bundesstaaten keine Wahlen wie Florida durchführen?* Vor über zwanzig Jahren, als die Nation die Auszählung der Stanzreste wochenlang verfolgte, hätte das niemand gesagt.

Eine gute Sache, die Florida macht, ist die Verfolgung der Wahlbeteiligung in Echtzeit. An jedem Tag melden die Bezirke die Anzahl der eingegangenen Briefwahlstimmen und die Anzahl der vorzeitig abgegebenen Stimmen. Diese Gesamtzahlen werden nach Parteien aufgeschlüsselt – Republikaner, Demokraten und keine Parteizugehörigkeit – gemeldet. So wissen wir vor einer Wahl, wie viele registrierte Demokraten gewählt haben, wie viele registrierte Republikaner gewählt haben und wie viele Stimmen von Personen ohne Parteizugehörigkeit abgegeben wurden. Die tatsächlichen Wahlergebnisse (das heißt, wer wen gewählt hat) werden nicht gemeldet, sondern nur die Tatsache, dass ein Wähler, der für eine bestimmte Partei registriert ist, offiziell gewählt hat.

Am Wahltag selbst wird die Wahlbeteiligung in Echtzeit erfasst, sodass jeder die Stimmabgabe im Laufe des Tages verfolgen kann. Einer der Gründe, warum ich der Meinung war, dass Trump 2020 in Florida gewinnen würde, war, dass das Defizit der Republikaner bei der Stimmabgabe am Wahltag deutlich geringer war als 2016. Ich rechnete mit einer hohen Beteiligung der republikanischen Anhänger am Wahltag vor Ort und einer schwächeren der demokratischen Anhänger, was größtenteils darauf zurückzuführen ist, dass die demokratischen Wähler es vorziehen, per Post zu wählen. Am Vormittag war klar, dass wir die Zahlen sehen, die Trump braucht, um den Staat zu gewinnen.

Der wichtigste Aspekt dieses Systems ist, dass wir, wenn sich die Bezirke an das Gesetz halten, nach Schließung der Wahllokale wissen, wie viele Stimmen abgegeben wurden. Ab diesem Zeitpunkt werden keine Briefwahlstimmen mehr angenommen. Wenn man erst einmal eine begrenzte Anzahl von abgegebenen Stimmen hat, ist es viel schwieriger zu betrügen.

Meine frühen Maßnahmen zur Wahlintegrität legten den Grundstein für weitere Reformen, die später in meiner ersten Amtszeit in Kraft traten: Verbot des Sammelns von Stimmzetteln, Verschärfung der Anforderungen an den Wählerausweis bei der Briefwahlbeantragung (in Florida gibt es seit Langem Anforderungen an den Wählerausweis zur persönlichen Stimmabgabe), Abschaffung der Dropboxes, Verpflichtung zur jährlichen Bereinigung der Wählerverzeichnisse, Verbot von »Zuckerbucks« (private Gelder, die an Wahlbüros fließen, in der Regel für parteipolitische Zwecke), und die Einrichtung einer Abteilung für Wählerintegrität in der Staatsregierung, die Verstöße gegen das Wahlgesetz untersuchen soll.

Als sich die Wogen der ersten Sitzungsperiode meiner Amtszeit glätteten, hatte sich unsere Flut von Aktivitäten zu Beginn meiner Amtszeit bezahlt gemacht. Zusätzlich zu meinen Maßnahmen in den Bereichen Justiz, Naturschutz und Parkland konnten wir wichtige gesetzgeberische Erfolge in den Bereichen Bildung, Gesundheitsfürsorge, Einwanderung und Deregulierung erzielen – und das alles bei einem schlanken Haushalt mit starken Reserven. Eine solche Sitzungsperiode hatte seit Langem kein Gouverneur in Florida erlebt.

In einem rechtsstaatlichen System kann die Exekutive sehr schnell ins Stocken geraten, wenn sie keine Führungspersönlichkeiten in der Legislative hat, mit denen sie zusammenarbeiten kann. Als ich Gouverneur wurde, war der Speaker des Repräsentantenhauses von Florida, Jose Oliva aus Miami, einer der wenigen bedeutenden Mandatsträger in Florida, die mich in der Gouverneursvorwahl gegen Adam Putnam unterstützten. Er stammte von kubanischen Exilanten ab und war ein starker Konservativer, der Großes vorhatte, aber er hatte kein Interesse daran, selbst voranzukommen. Das Amt des Parlamentspräsidenten sollte sein letzter Ausflug in die Politik sein.

Der Präsident des Senats von Florida, Bill Galvano, war ein Rechtsanwalt aus Bradenton, der vor seiner Wahl in den Senat dem Repräsentantenhaus von Florida angehört hatte. Galvano war nicht so ideologisch wie Speaker Oliva, wollte aber ein Verbündeter meine Agenda mittragen. Wie Oliva strebte er kein Amt in der Zukunft an und versuchte, das Beste aus seinen zwei Jahren als Führer des Senats zu machen.

Mein Ansatz war, nicht zu verlangen, dass die Legislative meine Agenda absegnete, sondern mit den Führern beider Kammern zusammenarbeitete, um große Ergebnisse zu erzielen, auf die wir alle stolz sein könnten. In den letzten zehn Jahren gab es in der Politik Floridas viele Konflikte zwischen der Exekutive und der Legislative sowie zwischen den beiden Kammern der Legislative. Ich wollte diesen Kreislauf durchbrechen und eine produktive Legislaturperiode mit minimalen Konflikten erleben.

»Ich möchte, dass Sie erfolgreich sind«, sagte ich ihnen. »Solange Sie nicht versuchen, Dinge zu tun, die meinen erklärten Positionen zuwiderlaufen, möchte ich Sie bei Ihren wichtigsten

Initiativen unterstützen. Wenn Sie mir den Rücken stärken, bin ich verpflichtet, Ihnen den Rücken zu stärken.«

Beide Führer hatten ihre Hauptthemen: Oliva hatte ein Paket von Gesundheitsreformen und Galvano ein großes Infrastrukturprojekt auf der Agenda. Ich bot ihnen meine Unterstützung an, und beide kamen mit großen Erfolgen nach Hause. Außerdem spielten sie eine wichtige Rolle dabei, meine Schlüsselinitiativen über die Ziellinie zu bringen.

Bei der Zusammenarbeit mit den gesetzgebenden Organen gibt es Zeiten, in denen die Exekutive, den Hammer fallen zu lassen und einen gegnerischen Ansatz zu verfolgen hat. Im Großen und Ganzen ist es jedoch klüger, die Gesetzgeber dazu zu bringen, sich für den Erfolg der Agenda der Exekutive einzusetzen. Der Schlüssel liegt darin, den Gesetzgebern klarzumachen, dass die Unterstützung der Agenda der Exekutive eher in ihrem Interesse liegt, als dass ihre Unterstützung der Agenda ein Mittel zur Unterstützung der Exekutive ist.

Kapitel 9

Die beste Verteidigung ist ein guter Angriff

Nachdem ich zu Beginn meiner Amtszeit ein frenetisches Arbeitstempo vorgelegt und ein paar bedeutende Gesetze auf den Weg gebracht hatte, hätte ich den Fuß vom Gas nehmen können, über den Dingen stehen bleiben und darauf warten können, dass die Probleme auf mich zukommen. Aber ich wollte führen, nicht folgen.

Ich wollte erreichen, was ich den Floridianern versprochen hatte, und mich nicht auf meinen frühen Lorbeeren ausruhen. Mir war auch klar, dass es meinen politischen Gegnern auf der Linken, vor allem in den etablierten Medien, schwererfallen würde, meine Fortschritte mit falschen Narrativen zu untergraben, wenn ich in der Defensive bliebe.

Die beste Verteidigung ist ein guter Angriff.

Für mich als Gouverneur bedeutete dies, dass ich zu Themen Stellung bezog, die zwar richtig waren, sich aber gegen die Meinung der Elite und was auch immer die vorherrschende Meinung war, richteten. Indem ich Themen offensiv anging, konnte ich die Debatte zu meinem Vorteil gestalten und große Siege in der Öffentlichkeit erringen: bei Themen wie Sicherheit, Kampf gegen die Indoktrination, Schutz des Frauensports, staatsbürgerliche Bildung und Integrität der Wahlen, Kampf gegen die Zensur durch Big Tech und Widerstand gegen die Kommunistische Partei Chinas.

★ ★ ★

Während der Amtszeit von Obama nahm die Feindseligkeit gegenüber den Strafverfolgungsbehörden dramatisch zu. Obama selbst unterstützte häufig Narrative über die Strafverfolgung, die mehr auf Parteipolitik als auf tatsächlichen Daten beruhten. Diese Feindseligkeit gegenüber den Strafverfolgungsbehörden trug letztlich dazu bei, Bewegungen wie Black Lives Matter (BLM) zu fördern, die sich ursprünglich als marxistische Organisation identifizierte, die die amerikanischen Institutionen als »systemisch rassistisch« beurteilten. Es handelte sich um eine ideologische Bewegung, die auf falschen Annahmen über die Strafverfolgungsbehörden beruhte, was später deutlich wurde, als linke Gerichte von BLM inspirierte »Reformen« erließen, die einen erheblichen Anstieg der Kriminalität ermöglichten.

Als im Mai 2020 Videoaufnahmen vom Tod von George Floyd aus dem Besitz von vier Polizeibeamten aus Minneapolis in den sozialen Medien zu kursieren begannen, stürzte sich die Linke darauf und nutzte Floyds Tod als Bestätigung für den systemischen Rassismus in den Strafverfolgungsbehörden im ganzen Land. Obwohl Linke ihre Mitbürger ermahnt hatten, »zu Hause zu bleiben«, um die öffentliche Gesundheit während der Corona-Pandemie zu schützen, hatten sie nichts gegen massive, überfüllte, öffentliche Proteste (die zu verheerenden Unruhen führten) einzuwenden, weil die Demonstranten angeblich für »soziale Gerechtigkeit« eintraten.

Als sich die Floyd-Unruhen über Minneapolis hinaus ausbreiteten, machte ich deutlich, dass ich die Strafverfolgungsbehörden von Gemeinden und Bezirken unterstütze, entsandte Staatspolizei, um die Gemeinden bei der Aufrechterhaltung der Ordnung zu unterstützen, und mobilisierte die Nationalgarde von Florida.

Auch wenn diese BLM-Proteste auf einer falschen Prämisse beruhten, hatten die BLM-Aktivisten ein Recht auf friedliche

Demonstration, das Florida respektierte. Aber Plünderungen und Gewalt waren nicht akzeptabel.

Die ersten Proteste in Florida waren bezeichnend. Ich nahm an einem Raketenstart an Floridas Space Coast teil, war also nicht in Tallahassee, aber meine Frau und meine Kinder, damals drei, zwei Jahre und zehn Wochen alt, waren in der Gouverneursresidenz.

Nach meiner Veranstaltung rief ich Casey an, um mich zu erkundigen, und war beunruhigt über das, was sie beschrieb. Eine große Menschenmenge hatte sich am State Capitol gebildet und marschierte dann zum Governor's Mansion. Zu der Menge gehörten Agitatoren der Antifa, die die Überwachungskameras rund um die Residenz besprühten, andere, die auf die Bäume rund um das Anwesen kletterten, und eine Person, die zwei große rote Benzinkanister trug. Ein Antifa-Mitglied kletterte sogar über den Zaun, der das Gebäude umgibt, und wurde von einem Sicherheitsbeamten festgenommen.

Der Rest der Menge war erregt und tobte, die Staatspolizei musste eine Absperrung bilden, um die Aufwiegler am Durchbrechen des Zaunes, der die Residenz, meine Frau und meine kleinen Kinder schützte, zu hindern.

Die Demonstranten schrien widerliche Schimpfwörter – die schlimmsten, die Casey je in ihrem Leben gehört hatte. Die Pöbeleien waren so eklig, dass sie in den Zimmern unserer Kinder das Krachmacher-Spielzeug auf volle Lautstärke drehte, um das alles zu übertönen.

Die Polizisten draußen trugen bei Krawallen schutzsichere Westen und Einsatzkleidung. Die Demonstranten bewarfen sie mit Wasserflaschen (die in einigen Fällen mit Urin gefüllt waren) und Ziegelsteinen und beschimpften sogar die afroamerikanischen Beamten, die unser Haus schützten, rassistisch. Sie drohten mit Gewalt, wenn sie keine »Gerechtigkeit« bekämen.

Als ich nach Hause kam, hatte sich die Menschenmenge zwar beruhigt, aber Casey war immer noch aufgebracht.

»Wenn wir keine Security hätten«, sagte meine Frau, »wären sie losgerannt, hätten das Haus geplündert und Gott weiß was getan.«

Glücklicherweise überstanden wir die Demonstrationen in Florida ohne große Probleme.

Im ganzen Land aber waren die Auswirkungen der BLM-Krawalle jedoch katastrophal: bis zu fünfundzwanzig Tote, mehr als zweitausend angegriffene und/oder verletzte Polizeibeamte und Sachschäden in Höhe von zwei Milliarden Dollar.

Der Schaden, der durch die Floyd-Krawalle entstanden war, wurde durch den Schaden, der durch die politische Reaktion auf die Floyd-Krawalle verursacht wurde, wohl noch übertroffen.

Die Floyd-Unruhen führten zu einer landesweiten Bewegung, die von BLM-Aktivisten und linken Politikern vorangetrieben wurde, um »der Polizei den Geldhahn zuzudrehen«. Dies war vielleicht nur die Spitze des Eisbergs einer kriminalitätsfördernden Politik, die die Sicherheit der Menschen in den gesamten Vereinigten Staaten gefährdete, insbesondere in linken Enklaven wie Seattle und Minneapolis.

Diese »Defund«-Bewegung war ein Lehrbuchbeispiel für unlogischen Wahnsinn. Sie beruhte auf der Vorstellung, dass eine erhebliche Kürzung der Mittel für die Strafverfolgung und eine Umschichtung dieser Mittel auf mehr soziale Dienste zu »sozialer Gerechtigkeit« und, wie die BLM-Aktivisten versprachen, zu sichereren Gemeinden führen würde. Städte im ganzen Land – Austin, Los Angeles, Minneapolis, New York, Portland, San Francisco und Seattle – beeilten sich, die Mittel für die Strafverfolgung zu kürzen. Das Ergebnis war ein vorhersehbarer Anstieg der kriminellen Aktivitäten und ein Rückgang der öffentlichen Sicherheit.

Die »Defund«-Bewegung folgte auf eine konzertierte Aktion der Linken, um in stark demokratisch geprägten Teilen des Landes kriminalitätsfreundliche Kandidaten an die Spitze der Staatsanwaltschaften zu wählen. Die treibende Kraft hinter dieser Bewegung war der linke Milliardär George Soros, der Millionen von Dollar in diese »Wettkämpfe« steckte, die bis dahin eine Angelegenheit mit geringem Budget gewesen waren. Soros verstand, dass er mit einer Million Dollar, die er in einen Wahlkampf für einen linksextremen Kandidaten steckte, der in einer demokratischen Vorwahl antrat (in der Regel gegen einen demokratischen Kandidaten, der eher dem Mainstream angehörte), den Sieg des linken Kandidaten sicherstellen konnte. Indem er sich auf linke Enklaven konzentrierte, wusste Soros, dass die Nominierung eines radikalen demokratischen Kandidaten gleichbedeutend mit der Wahl war, da ein republikanischer Kandidat in diesen Regionen nicht wählbar war.

Diese Staatsanwälte – gewählt in Chicago, Los Angeles, New York, Philadelphia, San Francisco, Saint Louis und anderswo – versprachen, Kämpfer für »soziale Gerechtigkeit« zu sein, was bedeutete, Kriminelle als Opfer und die Polizei als Ursache von Verbrechen zu betrachten. Sie unterstützten Praktiken zur Leerung von Gefängnissen, was sie »de-carceration« nannten, um gewalttätige Straftäter und wiederholt Straffällige zu entlassen, verweigerten die Verfolgung von einer Reihe von Straftaten, wie zum Beispiel Diebstahl.

Der Einsatz der Bezirksstaatsanwaltschaften zur Durchsetzung einer linken Ideologie in der Strafverfolgung hatte vorhersehbar katastrophale Auswirkungen auf die soziale Ordnung in diesen Städten. Zum Beispiel in San Francisco, wo es so schlimm wurde, dass fünf Prozent der Wähler in einer der liberalsten Enklaven der Nation den außergewöhnlichen Schritt unternahmen, Chesa Boudin, den von Soros unterstützten

Bezirksstaatsanwalt, abzuwählen: Seine Entscheidungen führten zu einem massiven Anstieg der Autodiebstähle, sogenannten smash-and-grab-Diebstähle, des Drogenhandels und der Obdachlosigkeit – und trugen zu einem erheblichen Bevölkerungsverlust in San Francisco bei, gerade als die COVID-19-Lockdowns die Angestellten aus den Büros im Geschäftszentrum vertrieben. Die Innenstadt wurde zu einem Hotspot, der Kriminelle und Nichtsesshafte anzog. Das Gleiche wiederholte sich in anderen Großstädten, als die Büroangestellten in die Vororte und andere Teile des Landes flüchteten.

Diese Tendenzen – die Zunahme der Gewalt des Mobs, die Angriffe auf die Polizei, die Verfolgung einer kriminalitätsfördernden Politik – waren alarmierend, aber ich sah in den Floyd-Unruhen auch mehr als nur einen einmaligen Vorfall; die Linke hatte sich die Idee zu eigen gemacht, auf die Straße zu gehen, und viele Politiker der Demokraten, selbst sogenannte Gemäßigte, hatten zu viel Angst vor der rückschrittlichen Linken, um gegen den gewalttätigen Mob einzuschreiten.

Um zu verhindern, dass die »Defund the police«-Bewegung in Florida, einem Staat, in dem Recht und Ordnung herrschen, Fuß fasste, schlug ich der Legislative vor, zwei Dinge zu tun, was sie auch verabschiedete: Erstens, den lokalen Regierungen zu verbieten, der Polizei Finanzmittel zu streichen und zweitens sicherzustellen, dass diejenigen, die randalieren und plündern, zur Rechenschaft gezogen werden und eine angemessene Zeit im Gefängnis verbringen.

Die meisten Bundesstaaten sind in der Regel noch nicht wahnsinnig genug, um der Polizei die Finanzmittel zu streichen; aber einige liberale Kommunalverwaltungen konnten viel radikaler sein und eher dazu neigen, verrückte Maßnahmen zu ergreifen. Florida ist ein großer Staat mit vielen Gemeinden und siebenundsechzig Bezirken, und einige dieser Gemeinden neigen dazu, sich ideologisch zu gebärden. Wir konnten nicht riskieren, dass die »Defund«-Bewegung in Florida Fahrt aufnahm, also haben wir sofort auf die Bremse getreten. Wenn das »Defunding« erst einmal anlief, war es viel schwieriger, den sprichwörtlichen Geist wieder in die Flasche zu stecken, um die öffentliche Sicherheit zu gewährleisten.

Ich habe auch nicht verstanden, warum im ganzen Land einige Gerichte so lax mit Randalierern und Plünderern umgingen. In Orten wie Portland wurden Randalierer häufig verhaftet, um dann mit einem Klaps auf die Hand wieder freigelassen zu werden, damit sie das Ganze wiederholen konnten. Da die Gewalt des Mobs eine tödliche Bedrohung für die soziale Ordnung darstellt, ist eine rasche und strenge Rechenschaftspflicht die einzige logische Reaktion. Mit den von mir unterzeichneten Gesetzen wurden die Strafen für jede Art von Gewalt durch den Mob verschärft und eine Kaution für die Verhafteten bis zu ihrem ersten Erscheinen vor Gericht ausgesetzt. Dies bedeutete, dass diese Straftaten mit der Schwere behandelt werden, die sie verdienen, was die Menschen davon abhalten würde, diese Straftaten überhaupt zu begehen.

Vorhersehbarerweise gab es in den Medien einen Aufschrei, weil behauptet wurde, das Gesetz würde die Menschen daran hindern, friedlich zu protestieren. In Wirklichkeit fanden die Proteste nach der Verabschiedung des Gesetzes wie üblich statt, aber die Strafen, die für Gewalt durch den Mob verhängt wurden, dienten als wirksame Abschreckung für Gesetzlosigkeit. Die Reaktion der Medien und die anschließenden Ergebnisse entsprachen einem Muster: Nachdem ich für eine sinnvolle Reform plädiert hatte, brachen die politische Linke und die ihr nahestehenden Medienunternehmen in Empörung aus und prophezeiten schlimme Folgen, doch wenn die vorhergesagten Ergebnisse nicht eintraten, dann würde das gesamte Geschehen einfach aus dem Gedächtnis verschwinden, als hätte es sich nie ereignet.

Dies war das häufigste Muster während meiner Regierungs-
zeit. Ich tat etwas Vernünftiges, und die etablierten Medien sagten schlimme Folgen voraus. Die Ergebnisse waren gut und nie
schlimm. Niemand in den etablierten Medien erinnerte sich an
ihre Vorhersagen, stattdessen sagten sie schlimme Folgen für
alles voraus, was auch immer ich als Nächstes tat.

Die Linke und die Medien regten sich bei diesem Thema
unter anderem deshalb so auf, weil sie verstanden hatten, dass
es sie politisch schwächte. Sie sind an Republikaner gewöhnt,
die zu ängstlich sind, um das Boot zu schaukeln und Angst
davor haben, beschimpft zu werden. Wenn Republikaner ihre
müden Taktiken zurückweisen und starke Standpunkte einnehmen, die mit der linken Ideologie übereinstimmen, schlagen sie um sich, weil sie wissen, dass sie verlieren werden.

Aufgrund der Haltung, die ich als Gouverneur einnahm, hat
sich die Polizei der ganzen Nation an Florida ein Beispiel genommen. In einem Gerichtsbezirk nach dem anderen nach der
anderen in den Vereinigten Staaten war die Moral unter den Polizeibeamten im Keller. Nicht nur, dass die Mittel für die Polizei
gekürzt worden waren, die Beamten hatten auch wenig Unterstützung von den Gemeinden, denen sie geschworen hatten, sie
zu schützen und ihnen zu dienen, sie wurden sogar zu einem politischen Sandsack für viele linke gewählte Beamte. Zweifelsohne
machte es diese Gemeinden weniger sicher, denn sie schreckten
vor Situationen zurück, die feindselige Reaktionen in der Presse,
bei Abgeordneten und in ihren Gemeinden herrufen konnten.

Ich sah eine Möglichkeit, aus diesem Rückgang der Moral
der Polizei Kapital zu schlagen. In Zusammenarbeit mit der
Legislative rief ich ein Anwerbeprogramm für Personal aus anderen Bundesstaaten ins Leben. Qualifizierte Beamte der Strafverfolgung, die eine Stelle auf Gemeinde-, Bezirks- oder Staats-
ebene antraten, erhielten einen Dienstantrittsbonus von 5000
Dollar und die Erstattung der Beglaubigungskosten.

Außerdem weiteten wir die Stipendien für Schulung und Ausbildung von Strafverfolgungsbeamten aus und öffneten unser K-to-12-Stipendienprogramm erste bis zwölfte Klasse für die Kinder der Beamten, unabhängig von ihrem Einkommen. Diese Gesetze befeuerten sogar das Interesse von Polizeibeamten, nach Florida zu ziehen und festigten damit unsere Law-and-Order-Kultur, die so wichtig für den Erhalt der öffentlichen Sicherheit ist.

★ ★ ★

Die Auswirkungen der BLM-Krawalle beschränkten sich nicht auf die Strafgerichtsbarkeit. In den amerikanischen Unternehmen, in der Regierung und im Bildungswesen gewann die Bewegung für ein Konzept, das als kritische Rassentheorie (Critical Race Theory, CRT) bekannt ist, an Fahrt. Die Befürworter behaupteten, dass die kritische Rassentheorie die »soziale Gerechtigkeit« voranbringen.

Bei der kritischen Rassentheorie handelt es sich um eine linke akademische Disziplin, die von der falschen Annahme ausgeht, dass die Vereinigten Staaten eine Nation sind, die auf der Vorherrschaft der Weißen basiert, und dass diese Kräfte immer noch unsere eigentliche Gesellschaft sind. Diese sogenannten Akademiker argumentieren, dass amerikanische Institutionen, wie die Verfassung und das Rechtssystem, Freiheit und Gleichheit predigen, aber bloße »Tarnungen« für nackte rassische Vorherrschaft sind. Wie Christopher Rufo vom Manhattan Institute erklärt hat, ist die CRT eine umformulierte Version der marxistischen Klassenunterscheidung zwischen Bourgeoisie und Proletariat, wobei die Trennung zwischen Weiß und Schwarz die Dichotomie zwischen Unterdrücker und Unterdrückten darstellt.

Rufo hat Beispiele für den Missbrauch von CRT katalogisiert. Hier ist ein Auszug aus seinem Werk:

★ Eine Grundschule in Philadelphia zwang Fünftklässler, den »Schwarzen Kommunismus« zu feiern und eine Black-Power-Kundgebung zur »Befreiung von Angela Davis« aus dem Gefängnis zu simulieren. An dieser Schule, die eher wie ein maoistisches Indoktrinationslager rüberkommt, erreichen 87 Prozent der Schüler bis zum Schulabschluss nicht die Grundkenntnisse im Lesen und Schreiben.

★ Öffentliche Schulen in Buffalo lehrten die Schüler, dass »alle Weißen« den systemischen Rassismus aufrechterhalten, und zwangen die Kindergartenkinder, ein Video von toten schwarzen Kindern anzusehen, das auf dramatische Weise vor »rassistischer Polizei und staatlich sanktionierter Gewalt« warnte, die sie jederzeit töten könnten.

★ Das Bildungsministerium von Arizona erstellte ein Toolkit zum Thema »Gleichberechtigung«, in dem ohne jede sachliche Grundlage behauptet wird, dass Babys bereits im Alter von drei Monaten erste Anzeichen von Rassismus zeigen und dass weiße Kinder im Alter von fünf Jahren zu Vollrassisten sind, das heißt, »stark zugunsten der Weißen voreingenommen« sind.

★ Das kalifornische Bildungsministerium verabschiedete einen Lehrplan für »ethnische Studien«, in dem die »Entkolonialisierung« der amerikanischen Gesellschaft gefordert wird und die Schüler den aztekischen Gott der Menschenopfer besingen sollen. Die Lösung, so ein Autor, ist »Countergenocide« (Gegengenozid).

★ North Carolinas größter Schulbezirk startete eine Kampagne gegen das »Weißsein in Bildungsräumen« und ermutigte Lehrer, Familien zu unterwandern und die Ideologie des »Antirassismus« ohne elterliche Zustimmung direkt an Schüler weiterzugeben.

★ Das Santa Clara County Office of Education prangerte die Vereinigten Staaten als »parasitäres System« an, das auf der

»Invasion weißer männlicher Siedler« beruhe, und ermutigte die Lehrer, »die angeborene Empathie der Kinder zu nutzen«, um sie für politischen Aktivismus zu gewinnen.

★ Portlands öffentliche Schulen bildeten Kinder zu rassenbewussten Revolutionären aus, indem sie lehrten, dass Rassismus »die Struktur(en) unserer Gesellschaft selbst infiziert«, und den Schülern sagten, sie sollten sich in die »Revolution« stürzen.

★ Die Centers for Disease Control and Prevention (CDC, eine Behörde des US-Gesundheitsministeriums) veranstalteten ein dreizehnwöchiges Schulungsprogramm, in dem kundgetan wurde, dass »Rassismus eine Krise der öffentlichen Gesundheit« sei, und die Vereinigten Staaten als Nation mit »weißer Vorherrschaftsideologie« bezeichnet wurden.

★ Das Außenministerium, die Environmental Protection Agency (Umweltschutzagentur, EPA) und das Kriegsveteranenministerium (Veterans Affairs, VA) setzten ihre Mitarbeiter unter Druck, ihr »weißes Privileg« zu verleugnen, gegen »systemischen Rassismus« Widerstand zu leisten und »Gleichheitsversprechen« zu unterzeichnen.

★ Die Walt Disney Company behauptete, dass Amerika auf »systemischen Rassismus« gegründet wurde und forderte die Mitarbeiter auf, eine »Checkliste für weiße Privilegien« zu komplettieren und Minderheiten in rassisch getrennte »Affinitätsgruppen« zu separieren.

★ Der Rüstungslieferant Lockheed Martin schickte wichtige Führungskräfte auf eine Mission, um ihr »weißes männliches Privileg« zu dekonstruieren, und ermutigte sie, dafür zu büßen.

Diese linksextreme Ideologie stellt in jeder Hinsicht eine Perversion grundlegender amerikanischer Prinzipien dar – und ist ein Rezept, um die Spaltungen in unserer Gesellschaft noch weiter zu verschärfen.

Während es der CRT-Ideologie an faktischer Strenge und breiter intellektueller Anziehungskraft mangelt, finden Behauptungen über systemischen Rassismus, Forderungen nach Reparationen und der Vorwurf der Bigotterie gegen jeden Gegner Unterstützung in vielen der Elite-Institutionen Amerikas. Im Jahr 2019 startete die *New York Times* das 1619-Projekt, einen politisch motivierten Versuch, eine neue, historisch falsche Darstellung der amerikanischen Geschichte auszuhecken, die das Jahr 1619 – und nicht 1776 – als das wahre Gründungsjahr Amerikas identifiziert, weil 1619 das Jahr war, in dem afrikanische Sklaven zum ersten Mal in die britischen Kolonien in der Neuen Welt kamen. Nach dieser von der CRT inspirierten Weltsicht war die Amerikanische Revolution selbst eine Verschwörung der weißen Vorherrschaft; der Schöpfer des 1619-Projekts behauptete, dass »einer der Hauptgründe, warum die Kolonisten beschlossen, ihre Unabhängigkeit von Großbritannien zu erklären, darin bestand, dass sie die Institution der Sklaverei schützen wollten«.

Das 1619-Projekt erschien zunächst als eine Reihe von Aufsätzen im *New York Times Magazine*, wurde aber später in kostenlose Unterrichtsprogramme umgewandelt und im Gefolge der Proteste und Unruhen im Sommer 2020 an Lehrer für den Unterricht verteilt. Ziel war es, den Schülern die amerikanische Geschichte in einer Weise zu verfälschen, die die Gründung Amerikas delegitimiert, sodass die Schulen eine moderne, antiamerikanische ideologische Agenda befördern können.

Es braucht nicht viel Geschichtswissen, um die Behauptung des 1619-Projekts über die angeblich zentrale Rolle der Sklaverei in der Amerikanischen Revolution (Beschluss des Kongresses der staatsrechtlichen Unabhängigkeit der dreizehn Kolonien) als Humbug auszumachen. Es gibt eine Fülle historischer Beweise, die die radikalen Whig-Impulse (Widerstandsrecht gegen monarchische Willkür) vieler Kolonisten, ihre Angst vor einer Beschneidung ihrer verfassungsmäßigen Rechte, so eine Besteuerung ohne Vertretung und ihre wachsende Abscheu vor dem britischen König Georg III. belegen. Wir müssen keine verrückten Theorien über die Geburtsstunde unserer Nation akzeptieren, denn wir können die große Menge historischer Dokumente lesen, insbesondere die Druckschriften aus dieser Zeit, die die politisch-philosophischen Grundlagen der Amerikanischen Revolution darlegen.

Die Amerikanische Revolution war alles andere als ein Pro-Sklaverei-Ereignis, sie brachte die Sklaverei dazu, sich in die Defensive zu begeben. Bis 1776 war die Sklaverei eine Konstante in der Geschichte der Menschheit, sie reichte bis in die Antike zurück. Die Amerikanische Revolution – die das göttliche Recht der Monarchen ablehnte und die Idee der natürlichen, gottgegebenen Rechte vertrat – leitete den Prozess ein, der schließlich nach dem Bürgerkrieg zum Ende der Sklaverei in Amerika führte: Es bedurfte aber der Bildung der neuen Republikanischen Partei unter Führung von Abraham Lincoln und anderen, und der Wahl Lincolns, des ersten republikanischen Präsidenten, um die Abschaffung der Sklaverei zu erreichen, zunächst (und unvollständig) durch Lincolns »Emancipation Proclamation« (Erklärung, die den Sklaven der Südstaaten die Freiheit verlieh) und dann durch die Verabschiedung des Dreizehnten Zusatzartikels durch den von den Republikanern dominierten Kongress (1865).

Die Linken betreiben schlicht Geschichtsklitterung. Die Gründerväter, die in eine Gesellschaft hineingeboren wurden, in der die Sklaverei unbestritten war, riskierten ihr Leben, ihr Vermögen und ihre heilige Ehre, um eine neue Nation zu gründen, die auf den Grundwahrheiten beruht, »dass alle Menschen gleich geschaffen sind, dass sie von ihrem Schöpfer mit bestimmten unveräußerlichen Rechten ausgestattet sind, zu denen das Leben, die Freiheit und das Streben nach Glück gehören«. Das volle Versprechen der Unabhängigkeitserklärung war 1776 nicht für alle Amerikaner erfüllt, aber die Gründerväter schufen ein revolutionäres Projekt, dessen Ideale den Lauf der Menschheitsgeschichte veränderten.

Ich wusste, dass wir den antiamerikanischen Ideologen in Florida entgegentreten mussten, bevor sie unsere Schulen in den Würgegriff nehmen konnten. Wir werden nicht zulassen, dass unser Bildungssystem unsere Kinder lehrt, unser Land zu hassen, oder sich gegenseitig aufgrund falscher Darstellungen der amerikanischen Geschichte zu hassen.

Zunächst wies ich das Bildungsministerium von Florida an, eine Verordnung zu erlassen, die die Unterweisung in CRT in Schulen von der ersten bis zur zwölften Klasse (K-to-12) verbot. Kritiker behaupteten hysterisch, dass wir versuchen würden, den Unterricht über Sklaverei, Rassendiskriminierung und die Bürgerrechtsbewegung zu verhindern. Tatsächlich verlangte das Gesetz von Florida ausdrücklich die Behandlung dieser Themen, und wir verhinderten nicht die genaue Darstellung der amerikanischen Geschichte, einschließlich der guten und schlechten Seiten, der Tragödien und Triumphe. Dass unsere Kritiker Unwahrheiten über unsere CRT-Verordnung verbreiten mussten, bestätigte, dass wir recht hatten – und dass CRT einfach linke Propaganda war, keine vernünftige Interpretation der amerikanischen Geschichte.

Es war eine Sache, eine Verordnung zu erlassen, die besagt, dass CRT nicht mit den Bildungsstandards in Florida übereinstimmt, aber ich wusste, dass es nicht einfach sein würde, dafür zu sorgen, dass alle siebenundsechzig Schulbezirke in Florida sich an die staatlichen Regeln halten würden. Als ich zuvor (in der Pandemie-Zeit) eine Durchführungsverordnung erließ, die eine Maskenpflicht für Schüler der Klassen K-t-12 durch Schulbezirke verbot, widersetzten sich eine Handvoll liberaler Schulbezirke meiner Anordnung, was zu einem harten Rechtsstreit führte. Wir gewannen, aber das Ganze zeigte, dass es dem Staat an wirksamen Mitteln fehlt, die Befolgung von staatlichen Regeln zu garantieren.

Um sicherzustellen, dass CRT nicht in die Klassenzimmer Floridas kam, überzeugte ich die Legislative davon, ein umfassendes Gesetz zu verabschieden, das wir »Stop Wrongs against Our Kids and Employees Act« oder »Stop WOKE Act« nannten. Dieses Gesetz verschaffte unter anderem Eltern ein privates Klagerecht, um gegen einen Schulbezirk wegen Verletzung der staatlichen Regeln zur kritischen Rassentheorie vorgehen zu können. In Florida können Eltern nun mehr Einfluss auf den Lehrplan ihrer Kinder nehmen. Dieses Gesetz wird auch liberale Schulbezirke abschrecken, die CRT in ihren Klassenzimmern unterrichten wollen, weil Eltern nun ein Licht darauf werfen können, was in den Klassenzimmern tatsächlich gelehrt wird.

★ ★ ★

In den vergangenen Jahren hat es viele bizarre Versuche im Frauensport gegeben, Frauen gegen biologische Männer antreten zu lassen, die sich als Frauen »identifizierten«. In Connecticut gewannen zwei männliche Athleten, die sich als weiblich identifizierten, fünfzehn High-School-Leichtathletik-Meisterschaften für Frauen, wodurch biologische Frauen verdrängt und die Integrität des Wettkampfs untergraben wurde. Eine Sprinterin aus Connecticut, Chelsea Mitchell, verlor viermal die Staatsmeisterschaften gegen einen biologischen männlichen Athleten. Eine andere Sprinterin, Selina Soule, verpasste die Chance, sich für die Neuengland-Meisterschaften im 55-Meter-Lauf zu qualifizieren, um einen Punkt, da die ersten beiden Platzierten biologische männliche Sprinter waren.

Dieser Wokeness-Amoklauf verringert die Chancen der Frauen auf sportliche Erfolge, und das Ignorieren der biologischen Unterschiede zwischen Männern und Frauen schadet der Integrität des Frauensports selbst. Wenn die Teilnahme an sportlichen Wettbewerben für Frauen einfach eine Frage der »Identifikation« wäre, dann gäbe es keinen Grund, Frauen überhaupt gegeneinander antreten zu lassen.

Als ein Gesetzentwurf zum Schutz der Frauen-Leichtathletik in die Legislative von Florida eingebracht wurde, begann er zu scheitern. Damals hatten verschiedene Unternehmen sowie die National Collegiate Athletic Association (NCAA) Versuche von Bundesstaaten, den Frauensport zu schützen, öffentlich verurteilt, und einige republikanische Gouverneure legten ihr Veto gegen entsprechende Gesetze ein. Die NCAA drohte sogar damit, ihre Veranstaltungen in Bundesstaaten abzusagen, die Bestimmungen für biologische Frauen in der Leichtathletik erlassen hatten.

Ich wusste, dass Florida sich engagieren musste. Ich rief den Speaker des Repräsentantenhauses an, um das Thema zu besprechen. Er sagte, er unterstütze das Anliegen, sei sich aber nicht sicher, ob der Senat dem Gesetz folgen würde oder versuchen könnte, es zu verwässern.

»Hast du gehört, dass die NCAA damit gedroht hat, keine Veranstaltungen in Staaten durchzuführen, die den Frauensport schützen?«, fragte ich ihn.

»Ja, habe ich«, antwortete er.

»Du weißt, was das bedeutet, oder?«, fragte ich rhetorisch. »Es bedeutet, dass wir das Gesetz verabschieden und unterschreiben müssen!«

»Einverstanden«, sagte er mir. »Lassen wir es darauf ankommen, dass die NCAA blufft.«

Als die Sitzungsperiode in die letzte Woche ging, war das Gesetz über den Frauensport immer noch nicht verabschiedet. Wenn die Sitzungsperiode zur Landung in der letzten Woche ansetzt, sind in der Regel viele Dinge in der Schwebe, und ein

Gouverneur muss klug entscheiden, wie er sein Kapital einsetzt. Ich wusste, wenn ich mich für das Frauensportgesetz einsetzen würde, würde es durchkommen; wenn nicht, könnte es sehr wohl scheitern. Setzte ich mich für dieses Thema ein, würde ich möglicherweise einige meiner anderen wichtigen Vorhaben aufs Spiel setzen.

Als ehemaliger College-Sportler und Vater von zwei jungen Mädchen, die vielleicht eines Tages in meine Fußstapfen treten wollen, war das für mich eine Selbstverständlichkeit. Frauen sollten nicht gegen biologische Männer antreten müssen.

Ich war bereit, einige meiner anderen Vorhaben zu riskieren, um den Schutz für den Frauensport durchzusetzen. Nach der Verabschiedung des Gesetzes, das ich im Juni 2021 unterzeichnete, hörte ich von jungen Frauen aus ganz Florida, die mir dafür dankten, dass ich mich für sie eingesetzt hatte. Die meisten – vor allem die College-Sportlerinnen – hatten einfach zu viel Angst, sich zu äußern, hatten Angst vor Repressalien. Obwohl ich bereit war, die Ausrichtung von NCAA-Veranstaltungen in Florida zu opfern, wenn das der Preis für den Schutz der Möglichkeiten für Frauen im Sport war, stellte sich heraus, dass unser Staat nicht dafür bestraft wurde, dass er diesen Standpunkt vertreten hatte. Als die NCAA nach einem Boykott Floridas gefragt wurde, stellte sie klar, dass sie nichts dergleichen tun würde. Die Bereitschaft Floridas, den Bluff der NCAA zu durchschauen, könnte vielleicht dazu beigetragen haben, dass sich das Blatt für Sportlerinnen überall in Amerika wendet.

Nach der Verabschiedung unseres Gesetzes dominierte die Schwimmerin Lia Thomas von der University of Pennsylvania den Schwimmsport der Frauen in der Ivy League. Thomas hatte drei Jahre lang in Penns Schwimmteam der Männer trainiert, bevor sie ins Frauenteam wechselte. Im März 2022 wurde Lia Thomas der erste biologische Mann, der eine nationale

Meisterschaft der NCAA Division I in einer Frauensportart gewann, indem er die aus Florida stammende Emma Weyant im 500-Meter-Freistil der Frauen schlug. Daraufhin gab ich eine Erklärung ab, in der Weyant öffentlich als beste Schwimmerin über 500-Meter-Freistil legitimiert wurde. Ich sagte: »Indem sie Männern erlaubt, in Frauensportarten zu konkurrieren, zerstört die NCAA Chancen für Frauen, macht ihre Meisterschaften zum Gespött und führt einen Betrug fort.«

Im Juni 2022, nach dem Eklat um Lia Thomas, verabschiedete der Weltschwimmverband FINA eine neue Regelung, die es Transgender-Schwimmern verbietet, an Frauenwettbewerben teilzunehmen.

So wichtig es war, sich dagegen zu wehren, dass linke Ideologien wie die kritische Rassentheorie in die Klassenzimmer eingeschmuggelt wurden, so wichtig war es auch, eine positive Vision für die Bildung vorzuschlagen, die unter anderem die Pflicht anerkennt, dafür zu sorgen, dass die künftigen Generationen in der Lage sind, die Republik zu »erhalten«.

Zu diesem Zweck habe ich eine neue Initiative ins Leben gerufen, um den staatsbürgerlichen Unterricht an unseren Schulen zu verbessern, wobei der Schwerpunkt auf den Gründungsprinzipien der Nation, der US-Verfassung und den wichtigsten Epochen der amerikanischen Geschichte liegt, von der Abschaffung der Sklaverei bis zum Kalten Krieg. Wir haben ein Gesetz erlassen, das den Unterricht in amerikanischer Staatsbürgerkunde in der High School vorschreibt, eine große Initiative für Reden und Debatten ins Leben gerufen, strenge landesweite Standards für die Staatsbürgerkunde eingeführt und einen Schulungskurs für Lehrer ins Leben gerufen, nach dessen Abschluss jeder Lehrer einen Bonus von 3000 Dollar erhält.

Wir entwickelten sogar eine Staatsbürgerkundeprüfung für alle Schulabgänger nach dem Vorbild der Staatsbürgerschaftsprüfung, die Einwanderer vor ihrer Einbürgerung ablegen müssen.

Ein solides Verständnis der Grundlagen der amerikanischen Republik beruht auf einer Handvoll grundlegender Ideen: dass die Quelle unserer Rechte unser Schöpfer ist, nicht die Regierung; dass das Volk der Regierung im Rahmen einer schriftlich niedergelegten Verfassung die Macht überträgt, um unsere natürlichen, gottgegebenen Rechte zu sichern; dass die Anhäufung zentralisierter Macht eine Bedrohung für die Freiheit ist und dass die Macht daher auf die verschiedenen Organe der Regierung aufgeteilt werden muss; dass jedes Organ mit den nötigen Mitteln ausgestattet sein muss, um sich gegen Übergriffe der anderen Organe zu verteidigen; dass wir eine Regierung der Gesetze und nicht eine Regierung der Menschen sind; und dass die dem Bund übertragenen Befugnisse gering und begrenzt sind, während die Befugnisse, die den Einzelstaaten verbleiben, zahlreich und unbestimmt sind.

Politische Bildung ist von universellem Nutzen. Egal, was Schüler nach ihrem Abschluss tun, sie alle sind aufgerufen, ihre Pflichten als amerikanische Staatsbürger zu erfüllen. Es ist unsere Aufgabe, dafür zu sorgen, dass diese Schüler nicht nur ein unbeschriebenes Blatt sind, sondern dass sie sicher in den Grundprinzipien unseres republikanischen Regierungssystems sind und eine feste Vorstellung davon haben, was es bedeutet, Amerikaner zu sein. Eine Aufgabe der politischen Bildung ist aufzuzeigen, wie amerikanische Grundsätze sich von anderen großen Staatsformen unterscheiden.

Zu diesem Zweck habe ich ein Gesetz unterzeichnet, das den 7. November zum Jahrestag der Opfer des Kommunismus im Bundesstaat Florida erklärt und vorschreibt, dass alle Schulen in Florida die Schüler über die Schrecken der kommunistischen Regime unterrichten. Letzteres wird sicherstellen, dass die Schulen den Schülern einen Vergleich der marxistisch-leninistischen und totalitären Ideologie mit den amerikanischen Gründungsprinzipien der Freiheit und der Rechtsstaatlichkeit vermitteln. Da in Florida so viele Menschen leben, die persönliche Erfahrungen mit kommunistischen Diktaturen wie in Kuba gemacht haben, hatten wir starke Unterstützung für diese Initiative, die als Korrektiv zu den linken Narrativen dienen wird, die Amerikas Gründerväter als böse darstellen und gleichzeitig die Tatsache, dass mehr als hundert Millionen Menschen Opfer der kommunistischen Diktaturen wurden, beschönigen.

Es gibt viele Gründe, warum die amerikanische Gesellschaft in den letzten Jahren so verwahrlost ist, aber ich glaube, dass ein wichtiger Grund darin liegt, dass der Gesellschaft ein gemeinsamer Bezugspunkt zu den Grundlagen des Landes fehlt, was zum Teil auf die Abkehr vom Staatsbürgerkundeunterricht Bildung und von einem universellen Engagement für die Förderung des amerikanischen Experiments zurückzuführen ist.

Dies ist kein Problem, das unsere Vorfahren nicht vorhergesehen haben. In einer Rede vor dem Young Men's Lyceum in Springfield im Jahr 1838 lobte der junge Abraham Lincoln die politischen Institutionen Amerikas dafür, dass sie »den Zielen der bürgerlichen und religiösen Freiheit besser dienen als alle anderen, von denen uns die Geschichte früherer Zeiten berichtet«, doch Lincoln warnte vor dem schwindenden Respekt für diese Institutionen und für die Rechtsstaatlichkeit, was zum Teil auf das Verschwinden der durch den Revolutionskrieg geeinten Generation zurückzuführen sei. Lincolns Rezept gegen dieses Übel bestand unter anderem darin, im Volk »eine Ehrfurcht vor der Verfassung und den Gesetzen« zu fördern, sodass sie »zur politischen Religion der Nation« würde.

Wenn wir dafür sorgen, dass die Schüler die »politische Religion« Amerikas verstehen, tragen wir nicht nur zum Erhalt unserer Republik bei, sondern werden auch denen gerecht, die vor uns da waren. Seit der Gründung der Nation haben Amerikaner ihr Leben aufs Spiel gesetzt, um unseren Way of Life zu verteidigen, und das Mindeste, was wir tun können, um sie zu ehren, ist sicherzustellen, dass künftige Generationen die Ideale, für die sie gekämpft haben und gestorben sind, gut verstehen.

Nach den Präsidentschaftswahlen 2020 geschah etwas Seltsames: Die Menschen verwiesen auf Florida als Beispiel für eine transparente und effiziente Durchführung von Wahlen. Wir waren nicht mehr der Staat der hängenden Stanzabfälle und eines stümperhaften Wahlablaufs. Dies stand im krassen Gegensatz zu anderen wichtigen Bundesstaaten wie Pennsylvania und Georgia, in denen es Tage dauerte, bis die Wahlergebnisse vorlagen – und in denen man offenbar nicht wusste, wie viele Stimmen überhaupt abgegeben worden waren. Wenn Florida fast alle Stimmen noch in der Wahlnacht zählen und auswerten konnte, warum konnten andere Staaten das nicht auch tun?

Ein Grund dafür, dass Florida im Jahr 2020 so gut dastand, war die Ersetzung der beiden Supervisors of Election, der Wahlprüfer, in den Bezirken Broward und Palm Beach nach meiner Wahl im Jahr 2018, da beide Bezirke seit Jahrzehnten eine Quelle schlechter Wahldurchführungen waren.

Florida stand auch deshalb gut da, weil ich mich weigerte, die Wahlverfahren als Reaktion auf die Corona-Pandemie zu ändern. Bedauerlicherweise beriefen sich andere Gouverneure und Gerichte auf die Pandemie, um verfassungswidrige Änderungen an den Wahlgesetzen vorzunehmen, die die Transparenz und Effizienz der Wahlen beeinträchtigten. Diese Verfahrensänderungen führten zum massenhaften Versand von unaufgeforderten Stimmzetteln und zum Sammeln von Stimmzetteln – einer Technik, bei der eine Einzelperson, in der Regel ein politischer Mitarbeiter, Stapel von Briefwahlzetteln sammelt und sie in eine Dropbox wirft.

Ich habe mich zwar gefreut, dass Florida für die Durchführung der Wahlen 2020 gelobt wurde, aber ich habe auch verstanden, dass die Integrität des Wahlverfahrens in Zukunft geschützt werden muss. In der Folge der 2020-Wahlen arbeitete ich mit der Legislative, den beiden Kammern, zusammen, eine Reihe wichtiger Reformen zum weiteren Schutz der Unantastbarkeit des Wahlsystems in Florida aus.

Das Sammeln von Stimmzetteln nahm in Kalifornien ab 2016 Fahrt auf, als die dortige Legislative das Gesetz änderte, um es jedem – einschließlich der politischen Mitarbeiter – zu ermöglichen, die Briefwahlstimme von jemand anders zurückzuschieben. Diese vermeintliche »Reform« hatte einen großen Einfluss darauf, dass die Demokraten 2018 mehrere Kongresswahlen für sich entscheiden konnten, da spät eintreffende, gesammelte Briefwahlzettel einigen demokratischen Kandidaten zum Sieg verhalfen, nachdem sie in der Wahlnacht noch hinter ihren republikanischen Gegnern gelegen hatten. 2020 wurde das Sammeln von Stimmzetteln zu einer landesweiten Taktik vieler linker Gruppen, die so viele Briefwahlstimmen wie möglich für demokratische Kandidaten generieren wollten.

In Florida ist der Massenversand von unaufgeforderten Stimmzetteln zwar nicht erlaubt, der Staat verfügt aber dennoch über ein Briefwahlsystem, bei dem ein Wähler die Zusendung eines Stimmzettels per Post beantragen kann. Wie der frühere Präsident Jimmy Carter und der frühere Außenminister James Baker in ihrem Bericht für die Kommission für die Bundeswahlreform im Jahr 2005 feststellten, sind die Möglichkeiten für Missbrauch umso größer, je weiter das Verfahren der Stimmabgabe vom Wahllokal entfernt ist. »Bürger, die zu Hause, in Pflegeheimen, am Arbeitsplatz oder in der Kirche wählen, sind anfälliger für offenen und subtilen Druck oder Einschüchterung«, warnte der Carter-Baker-Bericht. »Wenn die Bürger per Post wählen, ist es viel schwieriger, den Stimmenkauf aufzudecken.«

Das Sammeln von Stimmzetteln ermöglicht die Ausübung von Druck und/oder den Kauf von Stimmen durch Briefwahl. Es gibt keine Rechtfertigung für das Sammeln von Stimmzetteln, wenn der Wähler die Möglichkeit hat, die Briefwahlzettel in einem Wahllokal abzugeben oder den ausgefüllten Stimmzettel einfach per Post zu verschicken.

Ein weiteres Problem bei Briefwahlen ist die Notwendigkeit, den Wähler zu identifizieren, der den Stimmzettel tatsächlich erhält und zurückgibt. In Florida muss sich der Wähler bei der Stimmabgabe in einem Wahllokal ausweisen, aber diese Vorschrift galt nicht für die Beantragung und/oder Rücksendung von Briefwahlzetteln. Florida verlangte zwar, dass jeder Wähler die Außenseite des Briefumschlags mit dem Stimmzettel signierte, und die Unterschrift wurde mit der für jeden Wähler gespeicherten Unterschrift »abgeglichen«. Ein solcher Abgleich ist jedoch von Natur aus subjektiv, und nicht alle Bezirkswahlämter nehmen diese Überprüfung ernst.

Ein neues Problem des Wahlvorgangs im Jahr 2020, der die von Präsident Carter und Minister Baker aufgezeigten Probleme noch dringlicher machte, war die Verwendung privater Gelder zur Finanzierung der Wahldurchführungsverwaltung. Wohlhabende Menschen haben traditionell politische Aktionskomitees und gemeinnützige Organisationen finanziert, um Dinge wie die Schaltung politischer Anzeigen, die Wählerregistrierung und die Regelung von Vor-Ort-Einsätzen am Wahltag zu erledigen. All dies stellt einen Versuch dar, die Wahl zu beeinflussen, greift aber nicht in die Durchführung der Wahl ein.

Im Jahr 2020 steckte der Facebook-Gründer und Milliardär Mark Zuckerberg 400 Millionen Dollar in gemeinnützige Organisationen, um das Geld direkt an die Wahlämter in den wichtigsten Bundesstaaten zu leiten. Dazu gehörten mehr als 350 Millionen Dollar, die Zuckerbergs Center for Tech and Civic Life (CTCL) lokalen Wahlämtern für die sogenannte COVID-19-Antwort-Wahldurchführung zur Verfügung stellte, wobei das Geld überproportional an linksgerichtete Bezirke ging, um die Wahlbeteiligung der Demokraten zu erhöhen. Anstatt Gruppen zu finanzieren, die versuchen, Wähler durch Überzeugungsarbeit zu beeinflussen, verwendete Zuckerberg seine 400 Millionen Dollar, um die Wahl selbst zu organisieren.

Im Jahr 2020 war die Einspeisung privater Gelder in die Wahldurchführung nicht gesetzeswidrig, vor allem weil die Kammern der einzelnen Bundesstaaten dies nicht in Betracht gezogen hatten. Das hieß, dass Zuckerberg nichts Illegales tat. Gruppen wie CTCL nutzten dies zu ihrem Vorteil, um lokale Wahlämter mit parteiischen Aktivisten zu besetzen und die Büros zu verpflichten, mit parteiischen »Partnerorganisationen« zusammenzuarbeiten, um die Briefwahl auszuweiten und das Sammeln von Stimmzetteln zu ermöglichen.

Nach der Wahl 2020 antwortete ich auf diese fragwürdigen Praktiken, indem ich ein umfassendes Reformpaket zur Stärkung der Wahlintegrität durch beide Kammern von Florida brachte. Erstens verboten wir das Sammeln von Stimmzetteln und machten es zu einem »Verbrechen dritten Grades«. Zweitens schrieben wir einen Wählerausweis für die Beantragung von Briefwahlen vor und stellten damit die Ausweispflicht für Briefwahlen mit der seit Langem geforderten Ausweispflicht für die persönliche Stimmabgabe gleich. Drittens sorgten wir dafür, dass die Wahlprüfer der Bezirke ihre Wählerverzeichnisse jährlich bereinigen, indem wir Strafen für die Nichteinhaltung der Vorschriften einführten. Viertens verhängten wir ein absolutes Verbot für »Zuckerbucks«, um die Verwendung von privatem Geld in der Wahldurchführung zu unterbinden.

Als ich das Gesetz unterzeichnete, tat ich dies live auf Fox News vor etwa eintausend Menschen in West Palm Beach. Da dies für viele Wähler in Florida und darüber hinaus ein wichtiges Thema war, dachte ich mir, dass eine Live-Unterzeichnung des Gesetzes der beste Weg wäre, um unsere Botschaft zu verbreiten und hoffentlich andere Bundesstaaten anzuspornen, diesem Handeln zu folgen.

Da ich die Unterzeichnung des Gesetzes auf Fox News vornahm, waren keine Presse im Raum, was einige Pressevertreter zu Beschwerden veranlasste. Als ich die Veranstaltung nach der Unterzeichnung des Gesetzes verließ, standen einige TV-Reporter vor meinem Auto.

»Governor«, fragte ein Reporter, »warum unterzeichnen Sie das Gesetz im Geheimen?«

»Oh, ich habe es gerade auf einem nationalen Sender unterzeichnet«, sagte ich.

Durch die Live-Übertragung der Gesetzesunterzeichnung im Fernsehen wurde die Reform bekannt, und andere Bundesstaaten führten später ähnliche Reformen ein.

So vernünftig diese Reformen auch waren, ich wusste, dass sie nicht viel bewirken würden, wenn sie nicht energisch durchgesetzt würden. Ein Problem bei der Durchsetzung von Gesetzen gegen Wahlbetrug war schon immer, dass Straftaten auf der lokalen Ebene von gewählten Staatsanwälten bearbeitet werden, und viele von ihnen haben kein Interesse an einer strafrechtlichen Verfolgung: Was würde es nützen, das Sammeln von Stimmzetteln zu verbieten, wenn die Staatsanwälte die Gesetzesverletzung nicht verfolgen? Um sicherzustellen, dass unsere Reformen Wirkung zeigen, richtete ich die erste Wahlintegritätsabteilung ihrer Art innerhalb der Staatsregierung für die Untersuchung von Wahlrechtsverletzungen und die strafrechtliche Verfolgung von Straftätern ein. Da Wahlverstöße fast immer Wettläufe betreffen, die über die Grenzen einer bestimmten Gerichtsbarkeit hinausgehen, wie die Wahlen für den US-Kongress und landesweite Ämter, stellt diese Reform sicher, dass die Integrität des Wahlvorgangs für die Wähler im gesamten Bundesstaat Florida verteidigt wird.

Innerhalb von zwei Monaten nach der Einrichtung des Amtes konnte der Staat Anklage gegen Dutzende von Personen erheben, die illegal gewählt hatten, z. B. registrierte Sexualstraftäter und Personen, die in mehr als einem Staat gewählt hatten. Die Tatsache, dass Menschen zur Rechenschaft gezogen wurden, war eine Bestätigung für unsere Bemühungen um die Einrichtung des Amtes, da viele Medien behaupteten, Wahlbetrug gäbe es nicht und das Amt hätte nichts zu tun.

Florida hat bei den Wahlen 2020 vergleichsweise gut abgeschnitten, aber diese Reformen werden sicherstellen, dass unsere Wahlen auch in den kommenden Jahren effizient und transparent durchgeführt werden.

Die Internet-Revolution, die Ende der 1990er-Jahre einsetzte, war in vielerlei Hinsicht ein bedeutendes demokratisierendes Ereignis: Jahrzehntelang hatten die großen Zeitungen und Fernsehsender de facto ein Monopol auf die meisten Informationen. Aber die Technologieexplosion führte zu einer Konnektivität, die normalen Menschen den Zugang zu mehr Informationen ermöglichte, als sie zu nutzen wussten.

Als die technische Revolution heranreifte und soziale Medienplattformen verfügbar wurden, konnten die Amerikaner Informationen direkt mit anderen teilen, ohne dass ein institutioneller Mittelsmann als Torwächter fungierte. Für Amerikaner, die die veraltete liberale Orthodoxie ablehnten, die die großen Medienunternehmen kennzeichnete, war dies eine Befreiung.

Im Laufe der Jahre, insbesondere nach der Wahl von Donald Trump 2016, begannen die großen Unternehmen des Silicon Valley, sich von offenen Plattformen zu Zensoren zu entwickeln. Dies geschah zum Teil als Reaktion auf den Druck von Mitläufern der Tech-Industrie auf der politischen Linken, gegen das vorzugehen, was sie als »Fehlinformationen« ansahen, also häufig ungerechte Äußerungen, die ihnen nicht gefielen. Die Tech-Unternehmen wurden auch von den alten Medien unter Druck gesetzt, die durch den Aufstieg von Big Tech an Einfluss verloren hatten.

Große Technologieunternehmen genießen seit Langem einen starken Haftungsschutz nach dem Bundesrecht, da – so die Lesart des Bundes – diese Unternehmen als Plattformen für die Verbreitung von Informationen dienen, aber nicht als Herausgeber dieser Informationen. Wenn jemand eine verleumderische Äußerung über eine andere Person postet, so die Theorie, ist ein Unternehmen wie Facebook für diese Äußerung nicht haftbar, da es nicht die Entscheidung getroffen hat, sie zu veröffentlichen.

Das ist alles schön und gut, aber wenn diese Tech-Plattformen anfangen, Sprache aggressiv zu zensieren, stellt dies die Grundlage für den bundesstaatlichen Haftungsschutz infrage. Tatsächlich offenbaren die Praktiken von Big Tech, dass die Unternehmen den »Zensurarm« der politischen Linken darstellen, und ihre Aufgabe scheint die Durchsetzung der linken Orthodoxie und die Marginalisierung derjenigen zu sein, die von ihr abweichen.

Da Unternehmen wie Facebook und Twitter Zensurentscheidungen treffen, die immer darauf hinauszulaufen scheinen, diejenigen zum Schweigen zu bringen, die von der linken Orthodoxie abweichen, fälschen sie das amerikanische politische System, weil so viel politisches Geschwätz jetzt auf diesen angeblich offenen Plattformen stattfindet. Von der Zensur der Hunter-Biden-Laptop-Geschichte während der Präsidentschaftswahlen 2020 bis zur Unterdrückung von Suchergebnissen aus konservativen Medienquellen hat Big Tech stets für die politische Linke Partei ergriffen.

Erschwerend kommt hinzu, dass diese Unternehmen routinemäßig Zensurentscheidungen auf der Grundlage dessen treffen, was die Regierung als »Fehlinformation« bezeichnet. Dies war ein besonderes Problem während der Corona-Pandemie. Die E-Mails, die die *Washington Free Beacon* durch eine Anfrage nach dem Freedom of Information Act erhalten hat, zeigen beispielsweise, dass die CDC mit Big-Tech-Plattformen zusammengearbeitet hat, um Beiträge zu »kennzeichnen«, die die CDC als »Fehlinformationen« ansah.

Nach dem Ersten Verfassungszusatz haben private Unternehmen im Allgemeinen das Recht, Redefreiheit zu gewähren, wie sie es für richtig halten. Aber wenn private Unternehmen de facto als verlängerte Arme des Staates fungieren, entbindet ihre vorgeblich private Stellung die Regierung nicht von ihrer Pflicht, sich an den Ersten Verfassungszusatz zu halten; andernfalls könnte der Bund Verstöße gegen die Bill of Rights einfach an private Akteure weitergeben. In dem Maße, in dem Big-Tech-Unternehmen mit dem Bund zusammenarbeiten, um politische Äußerungen zu zensieren, fungieren sie daher als verlängerter Arm des Staates und müssen sich an den Ersten Verfassungszusatz halten; ihre Zensur wäre daher verfassungswidrig.

Dieses Thema ist nach dem missglückten Versuch der Biden-Administration, ein »Desinformationsamt« im Ministerium für Innere Sicherheit einzurichten, noch dringlicher geworden. Dieses Orwell'sche Amt würde als Zensurbehörde des Bundes dienen, aber es würde an die großen Tech-Unternehmen fallen, um als Vollstrecker der Narrative zu dienen, indem sie gegnerische Sichtweisen unterdrücken. Vielleicht weil dies offensichtlich verfassungswidrig wäre, sah sich die Biden-Administration gezwungen, die Pläne zur Einrichtung dieses realen »Amts der Wahrheit« aufzugeben.

Ganz abgesehen von der Gefahr von Absprachen mit der Regierung sind die Big-Tech-Plattformen zum neuen öffentlichen Raum geworden, weshalb es ein Fehler ist, diese Quasi-Monopole als gewöhnliche Privatunternehmen zu betrachten. Während ein gut funktionierender freier Markt es ermöglichen sollte, dass Konkurrenten auftauchen, um die etablierten Unternehmen herauszufordern, hat Big Tech seine massive Marktmacht genutzt, um aufstrebende Firmen zu unterdrücken. Daher ist es Wunschdenken zu hoffen, dass der Markt das Problem der Zensur durch Big Tech lösen wird.

Vor diesem Hintergrund erarbeitete ich mit der Legislative von Florida eine Reihe von Reformen zum Schutz der Floridianer vor der Zensur durch Big Tech. Wir taten dies in dem Wissen, dass es sich dabei um neuartige Rechtsfragen handelte, die schließlich vom Obersten Gerichtshof der USA entschieden werden würden. Unser Ziel war es, einen Rechtsrahmen zu schaffen, der mehr und nicht weniger politische Meinungsäußerung garantiert. Dabei haben wir erkannt, dass sich diese riesigen Tech-Unternehmen von einem typischen Unternehmen unterscheiden und eher mit einem gewöhnlichen Transportunternehmer wie einer Telefongesellschaft vergleichbar sind.

Unsere Reformen beinhalten den Schutz politischer Kandidaten vor »Deplatforming«, einer Möglichkeit für Big Tech, sich in Wahlen einzumischen. Was hält Big-Tech-Unternehmen davon ab, republikanische Kandidaten in der Endphase einer Wahl von den Social-Media-Plattformen abzuschneiden? Wenn jemand ein Treffen für einen Kandidaten veranstaltet und Erfrischungen anbietet, muss dies als Wahlkampfspende verbucht werden, aber ein Tech-Unternehmen kann den gesamten Wahlkampf eines Kandidaten stören, und das wird irgendwie nicht als Einmischung in eine Wahl angesehen.

Die Reformen umfassten auch Transparenzanforderungen für die Richtlinien der sozialen Medienunternehmen zur Inhaltsmoderation und verlangten, dass die Nutzer über Änderungen dieser Richtlinien informiert werden. Die Art und Weise, wie die Technologiebranche ihre Zensurentscheidungen trifft, bedeutet, dass es für sie ein Leichtes ist, die Torpfosten zu verschieben, um Ansichten zu unterdrücken, die der Branche nicht gefallen.

Schließlich ermöglichen unsere Reformen den Bürgern Floridas, ihre Rechte vor Gericht einzuklagen, wenn sie von Big Tech unfair diskriminiert werden. Tech-Unternehmen können zwar Richtlinien zur Moderation von Inhalten erlassen, wenn diese Richtlinien jedoch nicht fair und unabhängig vom Standpunkt angewandt werden, stellt dies einen Betrug am Verbraucher dar. Schließlich stellen sich Tech-Unternehmen als offene Plattformen dar, nutzen dies, um Verbraucher dazu zu bewegen, sich auf ihren Plattformen anzumelden und die Daten, die sie von ihren Verbrauchern erhalten, zu Geld zu machen – und das alles, während sie einen bundesweiten Haftungsschutz genießen, weil sie keine Verleger sind.

Die von Florida und anderen Bundesstaaten wie Texas verabschiedeten Reformen werden viele rechtliche Hürden überwinden müssen, und zwar wahrscheinlich vor dem Supreme Court. Letztendlich müssen der Kongress und die Bundesbehörden tätig werden, um Big Tech zur Rechenschaft zu ziehen. Dies wird aber wahrscheinlich allein von den Republikanern abhängen, da die Demokraten davon profitieren, wenn Big Tech Zensur betreibt.

Eine republikanische Regierungsform verlangt, dass freie Menschen in der Lage sind, sich an einer robusten Debatte über politische Themen zu beteiligen. Einer Handvoll Milliardären aus dem Silicon Valley zu erlauben, als Sprachpolizei in den beliebtesten öffentlichen Foren unserer Gesellschaft zu dienen, dient nicht den besten Interessen einer freien Gesellschaft.

★ ★ ★

Die Kommunistische Partei Chinas (KPCh) stellt in wirtschaftlicher, kultureller und militärischer Hinsicht die größte Bedrohung dar, mit der die Vereinigten Staaten seit dem Zusammenbruch der Sowjetunion konfrontiert sind, und anders als bei der Sowjetunion haben wir diese Bedrohung diesmal selbst geschaffen.

Die herrschende Klasse der amerikanischen Eliten in Regierung und Wirtschaft verfolgte nach dem Kalten Krieg eine Stärkung der KPCh, indem sie die Aufnahme Chinas in die Welthandelsorganisation (World Trade Organisation, WTO) zuließ und China den Status der »Meistbegünstigung« für den Handel gewährte in der Annahme, dass der Kapitalismus einen demokratisierenden Einfluss auf den Roten Drachen ausüben würde. Diese Entscheidung bereicherte die Großunternehmen in den Vereinigten Staaten, führte zu einer weiteren Aushöhlung der industriellen Basis Amerikas und stärkte die KPCh, die mit dem Machtzuwachs Chinas immer autoritärer wurde. Aber die Aufnahme der KPCh in internationale Organisationen, um China weniger korrupt zu machen, führte dann in Wirklichkeit zur Korrumpierung unserer internationalen Organisationen und machte China noch wohlhabender.

Als die Corona-Pandemie ausbrach, war es erschreckend zu sehen, wie sehr die USA von China abhängig sind, wenn es um einige der wichtigsten Bedürfnisse der Nation geht. Alles, von N95-Masken für medizinisches Personal bis hin zu Testmaterial, wurde in China hergestellt.

Die Tatsache, dass die USA die KPCh um wichtige Hilfsmittel zur Bekämpfung einer Pandemie, die ihren Ursprung in China hatte, anflehen mussten, war demütigend, insbesondere wegen der Rolle der KPCh bei der Vertuschung des Ursprungs des Virus. Ursprünglich hieß es, das Virus stamme von einem Nassmarkt in Wuhan, China, aber in Wirklichkeit ist es wahrscheinlich aus dem nahe gelegenen Wuhan-Institut für Virologie entwichen. Wie auch immer, die KPCh arbeitete hart daran, die Existenz und den Ursprung des Coronavirus zu vertuschen – zum Nachteil der übrigen Welt.

Die Tatsache, dass die US-Regierung die KPCh nicht für ihre Handlungen bei der Vertuschung der Herkunft des Coronavirus zur Rechenschaft gezogen hat, ist ein großer Fehler.

Obwohl die KPCh in erster Linie ein Thema ist, mit dem sich der Bund befassen muss, wollte ich, dass Florida alles, was in den Grenzen seiner staatlichen Macht liegt, tat, um den Einfluss der KPCh zurückzudrängen. Ich habe eine Reihe von Reformgesetzen unterzeichnet, die darauf abzielen, den Zugang ausländischer Gegner wie der KPCh in Florida zu beenden. Diese Reformen verbieten Vereinbarungen zwischen öffentlichen Einrichtungen und der KPCh und sehen härtere Strafen für ausländische Spionage und den Diebstahl von Betriebsgeheimnissen vor.

Einer der wichtigsten Bestandteile der Reformen war das Verbot des Konfuzius-Instituts (sowie ähnlicher Vereine), das eine Propagandaeinrichtung in den USA ist. Während meines ersten Jahres als Gouverneur wurde Floridas einziges Konfuzius-Institut, am Miami Dade College, aufgrund von Kontroversen über das Programm geschlossen, was in einer Gemeinde, in der so viele vor dem Kommunismus geflohen sind, ein besonders heikles Thema war.

Ein KPCh-Offizieller erklärte, dass diese Institute der Notwendigkeit entsprechen, »ein für uns günstiges internationales

Umfeld zu schaffen … In Bezug auf Kernprobleme, die unsere Souveränität und Sicherheit beeinflussen, sollten wir aktiv internationale Propagandaschlachten gegen Themen wie Tibet, Xinjiang, Taiwan, Menschenrechte und Falun Gong führen … Wir sollten bei der Einrichtung und dem Betrieb von Kulturzentren und Konfuzius-Instituten im Ausland gute Arbeit leisten.«

Zu einem bestimmten Zeitpunkt gab es mehr als hundert Konfuzius-Institute auf dem Campus von Colleges und Hunderte an K-to-12-Schulen in den Vereinigten Staaten. Diese Institute werden als Vehikel für den »kulturellen Wandel« angepriesen, sind aber in Wirklichkeit ein Instrumentarium der KPCh, ein Mittel, um Chinas »sanfte Macht« zu erhöhen.

Verständlicherweise läuten die Alarmglocken ob des Verhältnisses der KPCh zu den amerikanischen Hochschulen. Die KPCh ist sehr geschickt darin gewesen, Institutionen in den USA zu infiltrieren, um Einfluss auszuüben und Spionage zu betreiben. Die Politik des Bundes muss den Einfluss der KPCh in einer Reihe von Institutionen effizienter bekämpfen.

Indem wir in Florida in die Offensive gegangen waren, erzielten wir eine ganze Reihe von politischen Erfolgen. Unsere Erfolge wären nicht möglich gewesen, wenn ich mich an ein eher defensives, wenn auch traditionelles Programm gehalten hätte: einige leichte Siege erringen, keine großen Wellen schlagen und hoffen, bei der nächsten Wahl den Sieg zu erringen. Dadurch dass wir in die Offensive gegangen waren, gestalteten wir das politische Schlachtfeld zu unseren Gunsten, erzielten echte Ergebnisse für alle Floridianer und lieferten anderen Staaten ein Beispiel für mutige Führung.

Ich freue mich, dass einige Bundesstaaten begonnen haben, dem Vorbild Floridas zu folgen und eigene Gesetzesreformen

zu verabschieden, um sich gegen das Kaputtsparen der Strafverfolgung wie der Polizei zu schützen, um zu verhindern, dass
Schulen für ideologische Indoktrinationen missbraucht werden, und um ihre Bürger vor der Zensur durch Big Tech zu
schützen. Es ist klar, dass die beste exekutive Führung in küh-
nem Handeln wurzelt, nicht in sanfter Passivität.

Kapitel 10

Laboratorien der Demokratie

»Die Befugnisse, die die vorgeschlagene Verfassung dem Bund überträgt, sind wenige und genau festgelegt«, erklärte James Madison in *The Federalist* Nr. 45. »Diejenigen, die bei den Regierungen der Bundesstaaten verbleiben sollen, sind zahlreich und unbestimmt.«

Die Struktur der US-Verfassung sieht vor, dass die Regierungen der Bundesstaaten im täglichen Leben der Menschen einen weitaus größeren Einfluss haben als der Bund. Während Madison den Bund als primär mit »äußeren Angelegenheiten« wie »Krieg, Frieden, Verhandlungen und Außenhandel« befasst bezeichnete, sollten die Bundesstaaten die Zuständigkeit für »alle Angelegenheiten, die im gewöhnlichen Verlauf der Dinge das Leben, die Freiheit und das Eigentum der Menschen sowie die innere Ordnung, die Verbesserung und den Wohlstand des Staates betreffen« behalten.

Es stimmt, dass die massive Ausweitung des föderalen Verwaltungsstaates, die einen Großteil des zwanzigsten Jahrhunderts und darüber hinaus kennzeichnete, die Madison'sche Unterscheidung zwischen einzelstaatlichen und föderalen Befugnissen weniger scharf gemacht hat. Doch trotz aller Bemühungen des föderalen Leviathans sind die Staaten nach wie vor in erster Linie für die Bereiche zuständig, die sich am unmittelbarsten auf die Lebensqualität auswirken, wie Bildung und öffentliche Sicherheit.

Die Art und Weise, wie die Staaten mit diesen wichtigen Brot-und-Butter-Fragen umgehen, hat heute wohl eine größere Bedeutung als zu Madisons Zeiten, und zwar aus keinem anderen Grund als dem, dass die Schwelle, ab der Staaten ihre eigenen Bürger vertreiben, heute viel niedriger ist. Aufgrund der verbesserten Mobilität und Technologie war es für Bürger und Unternehmen noch nie so einfach, »mit den Füßen abzustimmen«, indem sie dysfunktionale Staaten in Richtung grüner Weiden verlassen.

Die Madison'sche Verfassung ist in der Tat ein Labor, in dem verschiedene Regierungsphilosophien und politische Entscheidungen zwischen den Staaten in Echtzeit verglichen werden können.

Ein solcher Vergleich ist schwieriger, wenn es um die Politik auf Bundesebene geht. Ich glaube zum Beispiel, dass die Politik von Präsident Ronald Reagan entscheidend dazu beigetragen hat, die Malaise der 1970er-Jahre zu beenden, die amerikanische Wirtschaft wiederzubeleben und den Kalten Krieg zu gewinnen. Ich glaube nicht, dass eine zweite Amtszeit von Präsident Jimmy Carter zu ähnlichen Ergebnissen geführt hätte; ich glaube sogar, dass die Ergebnisse einer zweiten Carter-Regierung eher die gleichen gewesen wären.

Dies kann ich nicht beweisen, da es sich um eine kontrafaktische Situation handelt – wir haben immer nur eine Reihe von nationalen Politiken. Daher streiten sich die Parteien in den Vereinigten Staaten ständig über konservative und liberale Regierungsphilosophien, können sich aber nur selten gegenseitig von etwas überzeugen.

Um herauszufinden, welcher Regierungsansatz in unserem föderalistischen System der bessere ist, vergleicht man am besten die Ergebnisse der Politik eines Staates wie Florida mit den Ergebnissen anderer großer Staaten wie New York, Illinois und Kalifornien, die von linken Politikern geführt werden.

Der krasse politische Gegensatz zwischen Florida und den großen liberalen Staaten hat zu großen Veränderungen im Verhalten von Privatpersonen und Unternehmen geführt.

Während meiner Amtszeit als Gouverneur ist es zu einer Abwanderung von Menschen, Wohlstand und Investitionen aus diesen schlecht regierten Staaten nach Florida gekommen, die in der modernen amerikanischen Geschichte ihresgleichen sucht.

Im Jahr 2020 verzeichnete Florida eine Nettoabwanderung von 23,7 Milliarden Dollar an Werbegeldern. Der nächstgelegene Staat, Texas, lag mit einem Nettogewinn von 6,3 Milliarden Dollar weit zurück. Die Staaten, die am meisten an bereinigtem Netto-Bruttoeinkommen verloren, waren dagegen New York (rund 19,5 Milliarden Dollar), Kalifornien (rund 17,8 Milliarden Dollar) und Illinois (rund 8,5 Milliarden Dollar).

Zwischen Juli 2019 und Juli 2020 verzeichnete Florida mit mehr als 252 700 neuen Einwohnern den größten Einwohnerzuwachs in den USA und übertraf damit die 216 949 neuen Einwohner in Texas in diesem Einjahreszeitraum. Die Staaten mit dem größten Netto-Rückgang an Einwohnern waren Kalifornien, New York und Illinois.

Im Jahr 2021 waren Texas, Florida und Tennessee die Staaten, die die meisten Umzüge mit einem U-Haul-Lkw hatten, während Kalifornien und Illinois die Staaten waren, die bei den U-Haul-Mieten für Umzüge ins Ausland führend waren. Die Kalifornier flohen so schnell, dass es in diesem Staat zeitweise keine U-Hauls mehr zu mieten gab. Das Unternehmen erklärte, dass »U-Haul einfach kein Inventar mehr zur Verfügung stand, um die Kundennachfrage nach abgehenden Fahrzeugen zu befriedigen«.

Die Menschen haben mit den Füßen abgestimmt. Die Menschen haben für den Freistaat von Florida gestimmt.

★ ★ ★

Warum kamen Amerikaner aus den großen demokratisch regierten Staaten nach Florida? Dies ist eine wichtige Frage, wenn man bedenkt, dass viele dieser Staaten in der Vergangenheit großen Erfolg hatten und zu verschiedenen Zeiten in der Geschichte der USA wichtige Magneten für die Zuwanderung von Menschen und für Unternehmensinvestitionen waren.

Florida hatte schon immer den komparativen Vorteil der niedrigeren Steuern, sodass die Besteuerung allein nicht die starke Abwanderung nach Florida seit 2019 erklärt, aber Floridas hervorragendes Steuer- und Wirtschaftsklima ist nach wie vor ein wichtiger Faktor für die Anziehung von Privatpersonen und Unternehmen.

Während viele von Demokraten regierte Staaten hohe Steuern erheben, viel Geld ausgeben und übermäßig regulieren, erhebt Florida niedrige Steuern, gibt das Geld sparsam aus und reguliert vernünftig.

Es ist bezeichnend, dass Florida fast drei Millionen mehr Einwohner hat als der Staat New York, aber der Haushalt für das Haushaltsjahr 2022 für Florida weniger als die Hälfte des Haushalts für New York beträgt, nämlich fast 102 Milliarden Dollar im Vergleich zu 220 Milliarden Dollar. Allein New York City hatte für 2022 einen Haushalt von 101,7 Milliarden Dollar – ungefähr so viel wie der Haushalt des gesamten Staates Florida.

Obwohl der Staat New York doppelt so viel ausgibt wie Florida (und New York City zusätzlich zu den extravaganten Staatsausgaben genauso viel wie Florida), verfügt der Sunshine State über bessere Straßen (wohin fließen all die NYC-Mautgelder?), bessere Dienstleistungen (welches Kraftfahrzeugamt ist einfacher zu finden?) und bietet eine bessere Hochschulbildung (Platz 1 in der Nation im Vergleich zu New Yorks SUNY-System, das von *U.S. News & World Report* auf Platz 14 eingestuft wurde).

Florida hat nicht nur einen viel schlankeren Haushalt, sondern unser Staat ist auch weniger verschuldet als New York. So hat Florida beispielsweise die zweitniedrigste Pro-Kopf-Verschuldung der Nation, während New York die fünfthöchste hat.

Natürlich gibt es in Florida keine Einkommenssteuer, sodass der Staat die zweitniedrigste Steuerbelastung der Nation aufweist. New York und Kalifornien sind beide in den Top Ten der Staaten mit der höchsten Pro-Kopf-Steuerbelastung.

Die staatlichen Einkommenssteuersätze in Kalifornien und New York sind sehr hoch. Diejenigen, die in Kalifornien nur 48 436 Dollar verdienen, werden mit einem Steuersatz von acht Prozent belastet, der mit steigendem Einkommen auf über zwölf Prozent ansteigt. Kalifornien hat auch den höchsten Umsatzsteuersatz der Nation.

New York besteuert Menschen, die mehr als 80 650 Dollar verdienen, mit 6,33 Prozent – ein Satz, der bei den höchsten Einkommensstufen 10,9 Prozent erreicht. Das ist klar, die New Yorker, die in New York City leben, müssen zwischen drei und vier Prozent mehr für die städtische Einkommenssteuer aufbringen, sodass die Gesamtbelastung für New Yorker mit hohem Einkommen fast 15 Prozent beträgt. Im Gegensatz dazu gehört Florida zu den zehn Bundesstaaten mit der geringsten kombinierten Steuer- und Abgabenbelastung in den USA. Ist es da ein Wunder, dass New Yorker mit hohem Einkommen in Scharen nach Florida ziehen? Das Steuerklima für Unternehmen ist in New York und Kalifornien schlecht und rangiert an zweiter und dritter Stelle im Land; die Tax Foundation platziert Florida auf die viertbeste.

Dies ist ein Grund dafür, dass Florida seit Januar 2020 bei den Unternehmensgründungen national führend ist und die Neugründungen in Kalifornien um 20 Prozent übertrifft, obwohl Kalifornien fast doppelt so viele Einwohner hat wie Florida. Von 2020 bis 2021 verzeichnete Florida einen Anstieg der Unternehmensgründungen um 10,3 Prozent, während Kalifornien nur einen Anstieg von 2,1 Prozent verzeichnete.

Von Juli 2021 bis Juni 2022 lag die saisonbereinigte Arbeitslosenquote in Florida bei durchschnittlich 3,3 Prozent. Die

Zahl der Beschäftigten in Florida war im Juni 2022 um 4,1 Prozent höher als vor der Pandemie im Juni 2019. Zum Vergleich: In den Staaten New York und Kalifornien lag die Arbeitslosenquote im selben Zeitraum bei 5,1 Prozent und 5,3 Prozent, wobei die zivile Beschäftigung in New York um 4,5 Prozent niedriger war als im Juni 2019.

Diese Unterschiede sind umso auffälliger, wenn man die historischen Vorteile bedenkt, die sowohl New York als auch Kalifornien gegenüber Florida genossen haben. Beide Staaten haben seit Jahrzehnten wichtige Industrien in ihren Staaten verankert, von Finanzdienstleistungen über die Unterhaltungsindustrie bis hin zur Technologie. Wären diese historischen Vorteile nicht vorhanden, könnte man nicht sagen, wie viele Menschen und wie viel mehr Wohlstand in das freie Florida fliehen würden.

★ ★ ★

Die große Unterschiedlichkeit der während der Corona-Pandemie umgesetzten Maßnahmen spielte eine große Rolle bei den unterschiedlichen wirtschaftlichen Ergebnissen, da liberale Gouverneure eine strenge »Lockdown«-Politik verfolgten – Beschränkungen für Unternehmen, Schulschließungen, Masken- und Impfvorschriften –, während Florida eine Strategie des gesunden Menschenverstands umsetzte, die die Freiheit des Einzelnen sicherte, Arbeitsplätze schützte, Unternehmen am Leben hielt und den Schülern einen persönlichen Schulbesuch garantierte. Einige stellten sogar meine Entscheidung infrage, unsere Strände offen zu halten, als ob tatsächlich ein echtes Risiko bestünde, sich an einem heißen, sonnigen Strand mit COVID-19 anzustecken.

Infolge dieser Kluft in den politischen Entscheidungen wurde Florida zum bevorzugten Reiseziel für Amerikaner, die von der Lockdown-Politik genervt waren. Im Jahr 2021 verzeichnete Florida einen Rekord beim Inlandstourismus und übertraf das Niveau vor der Pandemie. Kalifornien verzeichnete von 2019 bis 2021 einen Rückgang der Inlandsbesuche um 22 Prozent, während das vom Tourismus abhängige New York City in diesem Zeitraum einen atemberaubenden Rückgang von 43 Prozent erlebte.

Florida führt die Nation auch bei den internationalen Besuchen an. 2021 waren fast 45 Prozent aller internationalen Besucher der Vereinigten Staaten in Florida.

Ein wichtiger Grund dafür war Floridas Ablehnung des sogenannten biomedizinischen Sicherheitsstaates. Unsere Politik bestand darin, dem Einzelnen zuzutrauen, die besten Entscheidungen für sich selbst zu treffen, und es nicht zuzulassen, dass Bürokraten des öffentlichen Gesundheitswesens die individuelle Freiheit oder die Fähigkeit der Menschen, ihren Lebensunterhalt zu verdienen, beschnitten. Dazu gehörte auch ein gesetzliches Verbot von Impfpässen, die den Impfnachweis enthielten, den man brauchte, um Restaurants zu betreten oder Sport- und andere Unterhaltungsveranstaltungen zu besuchen.

Während des Lockdowns der blauen Staaten waren diejenigen, die in das freie Florida flohen, fast immer schockiert, wie normal Florida war. Sie waren so sehr an die repressive Großstadtpolitik gewöhnt, dass, wenn sie Floridianer glücklich in Freiheit leben sahen, es ihnen vorkam, als wären sie in einem anderen Land.

Florida war stolz darauf, Amerikas West-Berlin zu sein.

Unsere COVID-19-Antwort war ein Gegenmittel gegen die schiere Irrationalität der COVID-19-Lockdown-Politik des Bundes. Zum Beispiel, Bürokraten wie Dr. Anthony Fauci kritisierten Florida dafür, dass Restaurants mit voller Kapazität für die Innengastronomie geöffnet blieben. In vielen Städten wie New York und Chicago waren die Restaurants gezwungen,

Plätze zum Essen draußen vor der Tür einzurichten, wobei die Städte manchmal einen Teil der Straße sperrten, um Raum zu schaffen.

Das war alles schön und gut, wenn das Wetter schön genug war, um draußen zu essen, aber in Städten wie New York und Chicago kann man nicht im Freien essen, wenn die Temperaturen fallen. Aufgrund der Beschränkungen für das Essen im Innenbereich waren die Restaurants gezwungen, Holzkonstruktionen für das »Outdoor-Essen« zu errichten, um ihre Gäste vor Kälte, Wind, Regen und Schnee zu schützen. Diese zusammengebastelten Konstruktionen wiesen oft eine schlechtere Belüftung auf als Indoor-Restaurants, aber die vermummten Gäste wurden gezwungen, »outside« zu essen, als ob dies das Risiko einer COVID-19-Übertragung irgendwie verringern würde. Dies war »virtue signaling«, ein Tugendsignal, das nicht durch harte Fakten zu rechtfertigen war.

Das ging so weit, dass Leute aus Orten wie Chicago, die sich aus geschäftlichen Gründen treffen mussten, gemeinsam nach Florida flogen, sich dort zu einem gemeinsamen Abendessen trafen, ihre Geschäfte erledigten und dann alle in dasselbe abgeschottete Gebiet zurückflogen. Das war gut für Floridas Wirtschaft, aber Floridas Glück rührte daher, dass die großen Städte sich in restriktive »Faucivilles« verwandelten.

Während des Lockdown-Irrsinns hat die Möglichkeit, in das freie Florida zu reisen, für so viele Amerikaner einen echten Unterschied gemacht. Ich habe unzählige Briefe von Bewohnern der Lockdown-Staaten erhalten, die sich bei mir dafür bedankten, dass Florida ein Vorposten der Freiheit bleibt. Mütter berichteten, wie der zweiwöchige Aufenthalt im freien Florida einen großen Unterschied für die Gesundheit und das Wohlbefinden ihrer Kinder gemacht hat, und frischgebackene Bräute berichteten, wie Florida ihnen eine normale Hochzeit ermöglicht hat. Wir wurden sogar Zeuge eines kleinen Anti-

Florida-Heimgewerbes von Lockdown-beseelten Politikern, darunter Bürgermeister von Großstädten, Gouverneure von blauen Bundesstaaten und Kongressabgeordnete wie Alexandria Ocasio-Cortez, die nach Florida reisten, um dort Sonne und Freiheit zu genießen.

Bei allen wirtschaftlichen Kennzahlen, die die Überlegenheit Floridas gegenüber den blauen Staaten belegen, ist der größte Unterschied vielleicht, wie viel zufriedener die Menschen in Florida sind. »Alle scheinen hier so viel glücklicher zu sein«, war eine ständige Aussage, die ich von neuen Bewohnern und Besuchern gleichermaßen hörte. Das hilft, politische Debatten in die richtige Perspektive zu rücken. Der Grund, warum man versucht, gute politische Maßnahmen zu ergreifen, ist nicht nur, bessere wirtschaftliche Zahlen zu erzielen, denn wirtschaftliche Chancen sind nur ein Mittel zum Zweck, letztlich strebt eine Gesellschaft danach, einen Rahmen zu schaffen, in dem der Einzelne nach Glück streben und es erreichen kann.

Als ich in Florida aufwuchs, war die Vorstellung, dass Florida im Bildungsbereich besser dastehen könnte als Staaten wie New York und Kalifornien, undenkbar. Dennoch, Florida hat im Laufe der Jahre viel getan, um die Schulwahl zu fördern, die Beteiligung der Eltern zu unterstützen und die Leistungen der Schüler zu verbessern. Viele liberale Staaten haben das Gegenteil getan, indem sie die Interessen von Schülern und Eltern den Lehrergewerkschaften untergeordnet haben, und die Kosten dafür waren verheerend.

Florida war die Nummer drei in der Nation für K-to-12-Leistungen in der Education Week Quality Counts-Staatenrangliste von 2021, die Leistungsniveaus, Leistungsgewinne, Armutslücke, Abschlussquote und Leistung bei fortgeschrittenen Platzierungskursen berücksichtigt. Weder New York noch Kalifornien rangieren in den Top 15, obwohl beide Staaten mehr Geld pro Schüler ausgeben.

Im Parent Power Index des Center for Education Reform, der die Qualität der Lehrkräfte, digitales und personalisiertes Lernen, die Verfügbarkeit von Wahlprogrammen und die Anzahl der Charter Schools analysiert, liegt unser Bundesstaat an der Spitze. New York und Kalifornien landeten auf den Plätzen 26 beziehungsweise 37.

Im Jahr 2022 stellte die Heritage Foundation ihr Programm Education Freedom Report Card, in der die Bundesstaaten nach den Kriterien Schulwahlmöglichkeiten, Regulierungsfreiheit, Transparenz und Rentabilität der Bildungsausgaben bewertet wurden, belegte Florida den ersten Platz; New York belegte mit 50 Punkten den letzten Platz. Florida hat auch bei der National Assessment of Educational Progress (Nationale Bewertung des Bildungsfortschritts) gut abgeschnitten, einer nationalen Bewertung, bei der Schüler in der vierten und achten Klasse in den Bereichen Lesen und Mathematik eingestuft werden. Florida erreichte in der vierten Klasse in Mathematik einen Platz unter den ersten fünf und in der vierten Klasse im Lesen den sechsten Platz in der Nation.

Das Urban Institute, eine linksgerichtete Denkfabrik, erstellte eine Rangliste aller Bundesstaaten auf der Grundlage der NAEP-Ergebnisse, nach dem demografische Unterschiede zwischen den Bundesstaaten anhand von Faktoren wie Schultyp, Rasse oder ethnische Zugehörigkeit, Anspruch auf kostenloses und reduziertes Mittagessen und Status als Englisch-Lernende berücksichtigt wurden.

Ein großer Unterschied ist, dass wir in Florida die Lehrergewerkschaften in wichtigen Fragen geschlagen haben, während die Schulsysteme in Staaten wie New York und Kalifornien von den Gewerkschaften kontrolliert werden.

Als ich 2019 Gouverneur wurde, führten wir sofort ein neues Programm für die private Schulwahl ein, das vor allem einkommensschwachen Familien helfen sollte. Dies stieß auf den Widerstand der Lehrergewerkschaften, die es ablehnen, Eltern die Möglichkeit zu geben, die Schule zu wählen, die den Bedürfnissen ihrer Kinder am besten entspricht. Wir setzten das Programm nicht nur gegen den Widerstand der Gewerkschaften durch, sondern weiteten es in den folgenden Jahren auf noch mehr Familien aus.

Als Florida während der COVID-19-Pandemie im Bund voranging und dafür sorgte, dass die Schulen für das Schuljahr 2020/2021 geöffnet waren, verklagten mich die Gewerkschaften auf Schließung der Schulen. Wenn diese Klage erfolgreich gewesen wäre, hätte sie verheerende Auswirkungen auf die akademischen Leistungen, die psychische Gesundheit der Schüler und die Sozialisierung gehabt. Es sagt uns unser Verstand, und wir wissen es aus Studien, dass Schulschließungen unverhältnismäßig negative Auswirkungen auf Schüler aus einkommensschwachen Familien gehabt hätten.

Glücklicherweise setzten wir uns gegenüber den Gewerkschaften durch und stellten sicher, dass Schüler in Florida das Recht haben, fünf Tage in der Woche zur Schule zu gehen.

In den blauen Staaten, in denen die Gewerkschaften das Bildungssystem im Würgegriff haben, hatten die Schüler nicht ganz so viel Glück. Staaten wie Kalifornien, Illinois und New York ordneten die Interessen von Schülern und Eltern ungeniert den Launen des etablierten Gewerkschaftsapparats unter.

Am 11. Januar 2021 veröffentlichte der Schuldaten-Aggregationsdienst Burbio.com eine nationale Übersicht, in der dokumentiert wurde, wie viel Prozent der Schulbezirke an fünf Tagen in der Woche ihre Schulen für den Präsenzunterricht geöffnet hatten, wobei in Kalifornien und Illinois weniger als 20 Prozent der Bezirke ihre Schulen offen hatten. Im Gegensatz dazu hatten 100 Prozent der Schulbezirke in Florida ihre Schulen vollständig geöffnet.

Am 1. Juni 2021, als in den meisten Bundesstaaten alle Schulbezirke ihre Schulen geöffnet hatten, boten in Kalifornien weniger als 40 Prozent der Schulbezirke Präsenzunterricht an. Für das gesamte Schuljahr 2020/21 belegte Kalifornien auf dem »Präsenzindex« von Burbio.com den letzten Platz unter den Bundesstaaten, und auch Illinois rangierte unter den letzten zehn Bundesstaaten.

Die negativen Auswirkungen langwieriger Schulschließungen auf die Schüler sind offenkundig. Die von den Lehrergewerkschaften kontrollierten Staaten waren sich dieser Auswirkungen nicht bewusst, aber die Politiker in diesen Staaten waren einfach bereit, den (meist einkommensschwachen) Kindern großen Schaden zuzufügen, weil es ihnen wichtiger war, die mächtigen Gewerkschaften zu beschwichtigen und Spenden von ihnen zu erhalten.

★ ★ ★

Während Amerikaner aus dem ganzen Land nach Florida strömten, fragte ich regelmäßig Makler und Hausbauer nach den Hauptgründen, aus denen sich Familien für einen Umzug entschieden. Fast immer war einer der Hauptgründe die Sicherheit.

Die Divergenz zwischen den Ansätzen zur öffentlichen Sicherheit war ebenfalls signifikant, da die von der linken Ideologie dominierten Staaten eine schwachsinnige Politik, so die Streichung von Mitteln für die Polizei, der Entlassung von Kriminellen aus den Gefängnissen und dem Verzicht auf die Verfolgung ganzer Kategorien von Straftaten hat sich Florida stolz als ein Staat des Rechts und der Ordnung präsentiert, hart daran gearbeitet, mehr Strafverfolgungsbeamte zu rekrutieren, und sich diesen ideologischen Moden widersetzt.

Die öffentliche Sicherheit ist natürlich für eine Gesellschaft, die auf geordneter Freiheit basiert, von größter Bedeutung. Aber die katastrophale Politik in Bezug auf Recht und Ordnung war ein Symptom für die zugrunde liegende Krankheit dieser Staaten, nämlich eine »woke«-Ideologie. Was »woke« ist, darüber kann man streiten, aber für die Linke ist ein grundlegendes Attribut von »woken« die Unterordnung von Fakten und Beweisen unter Anekdoten und Ideologie.

Wenn man gefährliche Kriminelle aus dem Gefängnis entlässt, heilt man nicht »systemischen Rassismus«, aber man schickt jemanden auf die Straße zurück, bei dem statistisch gesehen die Wahrscheinlichkeit besteht, dass er weitere Straftaten begeht und dabei andere schädigt. Eine Politik des »Reimagining Prosecution«, des Neudenkens der Strafverfolgung, durch die Weigerung, bestimmte Straftaten zu verfolgen, schafft keine »soziale Gerechtigkeit«, sorgt aber dafür, dass die Kriminalitätsrate in ärmeren Vierteln steigt. Es ist nicht nur falsch, sondern auch gefährlich, einer verrückten Ideologie zu erlauben, eine evidenzbasierte Politik zu beherrschen.

Die größte Kluft zwischen Staaten wie Florida und den Staaten und Kommunen, die in den letzten Jahren schlecht aufgestellt waren, könnte die Frage der Wokeness sein.

Welches Land, das von einer linken Ideologie regiert wird, würde man als Erfolg bezeichnen? Von Los Angeles und San Francisco bis New York und Chicago hat praktisch jede Gerichtsbarkeit, die eine linke Regierungsphilosophie angenommen hat, große Probleme, einschließlich steigender Kriminalität, Bevölkerungsverlust, Verschlechterung der Bildungsqualität und Rückgang der allgemeinen Lebensqualität.

Was diese Gerichtsbarkeiten an Wortgewandtheit haben, fehlt ihren Führern an gesundem Menschenverstand.

Im Vergleich zu diesen linken Lehen ist Florida ein Hort der Vernunft, ein Ort, an dem die »woke«-Ideologie stirbt.

Kapitel 11

Die COVID-19-Pandemie

Die Aussicht auf eine Beherrschung der Wissenschaftler der Nation durch die Beschäftigung beim Bund, die Zuteilung von Projekten und die Macht des Geldes ist allgegenwärtig – und muss ernsthaft in Betracht gezogen werden. Doch wenn wir die wissenschaftliche Forschung und Entdeckung respektieren, wie wir es tun sollten, müssen wir auch auf die gleiche und entgegengesetzte Gefahr achten, dass die öffentliche Politik selbst zur Gefangenen einer wissenschaftlich-technologischen Elite werden könnte. Es ist die Kunst der Staatsführung, diese und andere Kräfte, neue und alte, im Rahmen der Prinzipien unseres demokratischen Systems zu formen, auszubalancieren und zu integrieren – immer mit dem Ziel, die höchsten Ziele unserer freien Gesellschaft zu erreichen.

PRÄSIDENT DWIGHT B. EISENHOWER

»ABSCHIEDSREDE«, 17. JANUAR 1961

Präsident Eisenhower wird zu Recht als vorausschauend angesehen, als er in seiner Abschiedsrede vor den Gefahren des aufkeimenden militärisch-industriellen Komplexes der Nation warnte. Aber Eisenhower gebührt auch Anerkennung für seine weniger diskutierte, aber ebenso bedeutsame Ermahnung vor den Gefahren der Übergabe des Landes an Leute wie Dr. Anthony Fauci. Angesichts der Verquickung von Steuergeldern und wissenschaftlicher Forschung wies Eisenhower auf die alarmierende Gefahr hin, dass eine, wie er es nannte, »wissenschaftlich-technologische Elite« – eine Elite, die weder daran interessiert noch in der Lage ist, alle konkurrierenden Werte und Interessen, die das Kennzeichen einer freien, dynamischen Gesellschaft sind, in Einklang zu bringen – die Politik bestimmen und letztlich unsere Freiheiten aushöhlen könnte.

Die Reaktion auf die COVID-19-Pandemie hat die Befürchtungen von Präsident Eisenhower bestätigt, zum Nachteil der Menschen in den Vereinigten Staaten, insbesondere der Kinder unseres Landes. Die Eliten, die die Reaktion auf die COVID-19-Pandemie vorantrieben, schürten Hysterie, als sie Ruhe hätten fördern sollen, erstellten schlampige Modelle und Analysen, um zu versuchen, zerstörerische Maßnahmen zu rechtfertigen, behaupteten Gewissheit, als Nuancen gefragt waren, und ließen zu, dass politische Parteilichkeit evidenzbasierte Medizin übertrumpfte.

Der Eckpfeiler der US-amerikanischen COVID-Reaktion – die »15 Tage zur Verlangsamung der Ausbreitung«, die sich zu einer grenzenlosen faucistischen »Entschärfung« entwickelten – war schlecht durchdacht, basierte auf falschen Annahmen und war blind für den Schaden, den schwerfällige »Interventionen« des öffentlichen Gesundheitswesens der Gesellschaft zufügten. Obwohl sie wenig oder gar nichts zur Verlangsamung der Krankheitsausbreitung beitrugen, schränkte diese Reaktion in weiten Teilen unseres Landes die Freiheit ein, zerstörte Existenzen, verletzte Kinder und schadete der öffentlichen Gesundheit insgesamt. Sie hat auch die Parteilichkeit und den Verfall des öffentlichen Gesundheitswesens und der wissenschaftlichen Gemeinschaft im Allgemeinen offenbart.

In den Wochen vor Präsident Trumps Ankündigung der »15 Tage zur Verlangsamung der Ausbreitung« am 16. März 2020 hatte ich nicht den Eindruck, dass die Vereinigten Staaten ihr Land schließen würden. Viele der Hauptakteure in der damals kürzlich gebildeten Corona-Taskforce des Weißen Hauses drängten, Ruhe zu bewahren. Der Erreger sei zwar ernst, hieß es, aber es bestehe kein Grund zur Panik.

Am 28. Februar 2020 beschrieben Dr. Anthony Fauci vom National Institute of Allergy and Infectious Disease (NIAID), Dr. Clifford Lane von den National Institutes of Health (NIH) und Dr. Robert Redfield von den Centers for Disease Control (CDC) in einem Leitartikel mit dem Titel »COVID-19 – Navigating the Uncharted«, der online im *New England Journal of Medicine* veröffentlicht wurde, das sich abzeichnende klinische Profil des damals neuen Coronavirus.

Die Daten »legten nahe, dass die klinischen Folgen von Covid-19 letztlich eher denen einer schweren saisonalen Grippe (mit einer Sterblichkeitsrate von etwa 0,1 Prozent) oder einer Grippepandemie (ähnlich wie 1957 und 1968) ähnelten als denen einer Krankheit wie SARS oder MERS, bei denen die Sterblichkeitsrate 9 bis 10 Prozent bzw. 36 Prozent beträgt«, so Fauci, Lane und Redford. Aber diese Strategien gingen nicht so weit wie die drakonischeren Maßnahmen, die Fauci und seine bürokratischen Gefolgsleute unserer Nation bald aufzwingen würden. Am 7. März traf ich mich mit wichtigen Mitgliedern der Corona-Taskforce des Weißen Hauses, darunter Vizepräsident Mike Pence und CDC-Direktor Robert Redfield, am Port Everglades in Fort Lauderdale, um Maßnahmen zur Eindämmung der Krankheit auf Kreuzfahrtschiffen zu besprechen. Der Vizepräsident empfahl älteren Menschen, auf Kreuzfahrten zu verzichten, erwähnte aber nicht die Schließung der gesamten Kreuzfahrtbranche, geschweige denn des Landes.

Dr. Fauci hat Anfang März eine ähnliche Analyse vorgelegt. »Wenn Sie ein gesunder junger Mensch sind, gibt es keinen Grund, nicht auf ein Kreuzfahrtschiff zu gehen«, sagte Fauci bei einem Briefing im Weißen Haus. »Aber Tatsache ist, dass, wenn Sie ... eine nahestehende Person haben, die eine Grunderkrankung hat, insbesondere eine ältere Person, die eine Grunderkrankung hat, würde ich dringend von einer Kreuzfahrt abraten.«

Im März 2020 wurde Fauci als Autorität auf dem Gebiet des Coronavirus hingestellt. Auf den ersten Blick schien dies verständlich, da Fauci der Leiter des NIAID war und als der führende Experte der Nation für Infektionskrankheiten gepriesen wurde, doch Fauci war auch der Inbegriff eines etablierten Bürokraten – er war seit 1984 auf seiner Position und bewies einen langen Atem in Washington, der ohne ein hochqualifiziertes politisches Geschick nicht möglich gewesen wäre. Er erwies sich als einer der destruktivsten Bürokraten in der amerikanischen Geschichte.

Weitere Mitglieder der Corona-Taskforce des Weißen Hauses waren Dr. Deborah Birx (ein Fauci-Schützling), Surgeon General Jerome Adams und CDC-Direktor Redfield.

Dr. Fauci und Dr. Birx waren die Speerspitze der Bemühungen um eine zwangsweise Eindämmung der Krankheit, deren Beschreibung weitgehend auf epidemiologischen Modellen und nicht auf empirischen Daten beruht. Mitte März 2020 erstellten Forscher am Imperial College London ein Modell, das ein alarmierendes Bild zeichnete: Bis zu 2,2 Millionen Todesfälle durch Corona in den Vereinigten Staaten, die nicht in Pflegeheimen auftraten, und die Aussicht, dass Patienten, die mit Corona ins Krankenhaus eingeliefert wurden, unser Gesundheitssystem bald um ein Vielfaches überfordern würden. Diese Prognose bezog sich auf einen Zeitraum von etwa sechs Monaten.

Nimmt man das Modell von Imperial für bare Münze, so wurde die potenzielle Sterblichkeit unterschätzt, da die geschätzte Zahl der Todesfälle bei Bewohnern von Langzeitpflegeeinrichtungen, die in den ersten Tagen der Pandemie einen erheblichen Prozentsatz der Sterblichkeitsrate ausmachten, nicht berücksichtigt wurde. Auch wurden in dem Modell die Todesfälle nicht berücksichtigt, die auf dem massiven Mangel an Krankenhauskapazitäten, den das Modell prognostizierte, beruhten. Sollte die Corona-Welle dem Gesundheitssystem vollständig das Genick brechen, hätte dies katastrophale Folgen.

Dieses imperiale Modell hatte die Mitglieder der Taskforce des Weißen Hauses verunsichert und löste den Antrag auf einen Shutdown aus. Die erklärte Theorie hinter den »15 Tagen zur Verlangsamung der Ausbreitung« war, dass sogenannte Eindämmungsmaßnahmen für einen kurzen Zeitraum erforderlich seien, um die Inzidenz von Infektionen zu reduzieren, was die Krankheitskurve »abflachen« und den Krankenhäusern und dem medizinischen System hoffentlich mehr Zeit verschaffen würde, sich auf den Ansturm von Corona-Patienten vorzubereiten. Dieser Strategie lag die Überzeugung zugrunde – die vor der Corona-Pandemie niemand infrage gestellt hätte –, dass ein Erreger der Atemwege, der sich bereits weltweit ausgebreitet hatte, nicht durch Shutdowns ausgerottet werden konnte. Das erklärte Ziel war es, die Ausbreitung zu »verlangsamen«, nicht zu »stoppen«.

Indem sie den Shutdown öffentlich als kurzfristige Maßnahme bezeichneten, setzten Fauci und Birx das Land in Wirklichkeit auf einen Kurs des Shutdowns bis zur Ausrottung des Virus – ein Ziel, das nicht zu erreichen war, aber bis weit ins Jahr 2021 andauern würde, zum Schaden von Millionen und Abermillionen Amerikanern. »Kaum hatten wir die Trump-Administration davon überzeugt, unsere Version eines zweiwöchigen Shutdowns umzusetzen, versuchte ich herauszufinden, wie man ihn verlängern könnte«, schrieb Birx in ihrem Buch *Silent Invasion*. »Fünfzehn Tage, um die Ausbreitung zu verlangsamen« war ein Anfang, aber ich wusste, dass es genau nur das sein würde.

Im März 2020 erhielten die Gouverneure unterschiedliche epidemiologische Modelle zur Krankenhauskapazität in jedem unserer Staaten. Die meisten dieser Modelle sagten voraus, dass weit mehr Patienten wegen des Coronavirus in ein Krankenhaus eingeliefert werden würden, als die Gesamtbetten-kapazität des Staates betrug – in der Regel um ein Vielfaches. Dies bedeutete nicht nur, dass einige Corona-Patienten keine medizinische Versorgung erhalten würden, sondern auch viele Patienten, die in praktisch allen anderen Bereichen Hilfe benötigten.

Diese fehlerhaften Modelle führten zu einigen wirklich katastrophalen politischen Entscheidungen. Die vielleicht schlimmste Entscheidung während der Pandemie war die Politik einiger Gouverneure – vor allem von New York, Pennsylvania und Michigan –, COVID-19-positive Senioren aus Krankenhäusern in Pflegeheime zu entlassen. Durch diese Politik wurden COVID-19-Infektionen in vulnerable Bereiche gelenkt, und viele alte Menschen starben.

Manchmal werde ich gefragt, warum einige Gouverneure COVID-positive ältere Patienten in Pflegeheime geschickt haben. Wussten sie nicht, dass dies zu mehr Todesfällen führen würde?

Aber der Grund, warum diese Gouverneure so viele Krankenhauspatienten wie möglich entlassen wollten – und sogar hospitalisierte (und immer noch ansteckende) Pflegeheimpatienten zurück in ihre Pflegeheime schickten – war, dass sie genügend Betten schaffen wollten, um das zu bewältigen, was ihnen die Modelle als eine bahnbrechende Welle von Corona-Krankenhausaufenthalten voraussagten.

In Florida unterzeichnete ich Mitte März 2020, als diese anderen Gouverneure COVID-positive Patienten in Pflegeheime schickten, eine Durchführungsverordnung, die es den Krankenhäusern untersagte, COVID-19-positive Patienten wieder in Pflegeheime zu entlassen, da es in Florida mehr als viertausend Langzeitpflegeeinrichtungen gibt und ein anderes Vorgehen eine große Gefahr für viele schutzbedürftige Menschen bedeutet hätte.

Ich wusste nicht, ob die Modelle zutreffend waren, aber ich erkannte auch, dass in jenen frühen Tagen der Pandemie ein gewisses Maß an Ungewissheit herrschte, auch in Bezug auf die Spitzenwerte bei den Krankenhauseinweisungen. Ich hielt es einfach nicht für sinnvoll, ein schreckliches Ergebnis zu garantieren, indem man Infektionen auf die gefährdete Bevölkerung in Pflegeheimen lenkte, um das mögliche, aber nicht gesicherte Ergebnis einer Überfüllung der Krankenhäuser abzumildern. Außerdem könnten wir bei Bedarf Feldkrankenhäuser bauen, und das hätten wir in ganz Florida gerne getan, bevor wir ansteckende Patienten in unsere Pflegeheime schickten.

Als Präsident Trump entscheiden musste, ob die Shutdown-Leitlinien über die ursprünglichen fünfzehn Tage hinaus verlängert werden sollten, gab es Grund, das Hauptmodell infrage zu stellen, das von der Taskforce zur Rechtfertigung eines Shutdowns verwendet wurde. Neil Ferguson, der Autor des Modells des Imperial College, das 2,2 Millionen Todesfälle in den USA vorhersagte, revidierte seine Prognose für das Vereinigte Königreich von 500 000 Toten auf etwa 20 000 Tote aufgrund der Lockdowns. Ferguson machte einen Rückzieher, nachdem diese Berichte in Umlauf gebracht worden waren, aber nicht bevor andere Analytiker darauf hinwiesen, dass das ursprüngliche Imperial-Modell schrecklich fehlerhaft war.

Zum damaligen Zeitpunkt herrschte natürlich eine gewisse Unsicherheit über das Coronavirus. Es war immer noch nicht klar, wie tödlich die Krankheit war, denn um die Todesrate zu bestimmen, muss man wissen, wie viele Menschen infiziert wurden und nicht nur, wie viele Menschen positiv auf das Virus getestet wurden. Hätte die CDC die Erstellung des ersten Corona-Tests im Februar 2020 nicht verpfuscht, wäre es möglich gewesen, dass den Experten genügend Daten zur Verfügung gestanden hätten, um Lockdowns von vornherein abzulehnen.

Einige Tage später gab der Präsident auf einer Pressekonferenz mit Fauci und Birx und anderen Mitgliedern der Taskforce bekannt, dass er die Bundesleitlinien für den Shutdown um dreißig Tage verlängern würde. Der Kongress hatte soeben das CARES-Gesetz verabschiedet, und der Präsident hatte es unterzeichnet, ein massives Ausgabengesetz in Höhe von 2,2 Billionen Dollar, mit dem Gelder bereitgestellt wurden, die einen längeren Shutdown finanzieren konnten, indem Konjunkturfördergeld an Einzelpersonen gezahlt, die Arbeitslosenunterstützung erhöht und Kredite für kleine Unternehmen, die geschlossen wurden, erlassen wurden.

Diese beiden Faktoren haben die Dynamik im ganzen Land stark verändert. Die anfängliche Forderung nach fünfzehn Tagen wurde als vorübergehende Maßnahme angesehen, aber auf der Grundlage eines fehlerhaften Modells für Krankenhauseinweisungen wurde das Land in eine lange Phase der Eindämmung gedrängt. Auf die Frage, wann es angemessen wäre, die Eindämmungsmaßnahmen zu lockern, sagte Fauci pauschal und unverantwortlich: »Wenn es im Wesentlichen keine neuen Fälle und keine Todesfälle mehr gibt.«

Was als vorsorgliche fünfzehntägige soziale Distanz begann, hatte sich zu einem faktischen Stillstand bis zur Ausrottung entwickelt. Die Folgen dieser Transformation waren für Amerika verheerend.

★ ★ ★

Vor der Corona-Pandemie von 2020 hatte es in den Vereinigten Staaten die letzte große Atemwegsvirus-Pandemie in den späten 1960er-Jahren gegeben. Als Fauci und Birx weiterhin für harte Maßnahmen zur Eindämmung der Krankheit plädierten und sich die Talkmaster im Kabelfernsehen so sicher waren, dass sie alle Antworten kannten, fiel mir auf, dass nur sehr wenige der beteiligten Personen Erfahrungen mit einer Pandemie dieses Ausmaßes aus erster Hand hatten. An einem Punkt fragte ich Dr. Birx, ob es für die Maßnahmen, für die die Expertengruppe plädierte – und die für die Gesellschaft sehr zerstörerisch sein könnten –, in der modernen Geschichte einen Präzedenzfall gäbe, und wenn ja, welche Ergebnisse erzielt worden seien: »Nun«, sagte sie, »das ist wie unser eigenes wissenschaftliches Experiment.« Diese Antwort gefiel mir nicht. In diesen ersten Wochen der Pandemie war das ganze Land bereit, Opfer zu bringen, wenn es wirklich darum ging, Millionen von Menschenleben zu retten. Die Amerikaner sollten nicht als Versuchskaninchen in einem realen Experiment benutzt werden.

Mir wurde klar, dass ich selbst die neuen Forschungsergebnisse lesen und die verfügbaren Daten konsumieren musste, und zwar nicht nur über Florida oder die Vereinigten Staaten, sondern auch darüber, was in anderen Ländern vor sich ging.

Das bedeutete auch, dass ich Experten aufsuchte, die evidenzbasierte Empfehlungen anboten, die im Gegensatz zu den Fauci'schen Verlautbarungen standen, die damals die Grundlage der amerikanischen Gesundheitspolitik bildeten. Ich wollte mit dem grundlegenden Wissen ausgestattet sein, um meinen eigenen Kurs für den Staat Florida zu bestimmen. Dieser Kurs sorgte dafür, dass unser Staat funktionierte, und führte letztlich dazu, dass Florida nicht nur in den Vereinigten Staaten, sondern auf der ganzen Welt als Vorbild für freiheitsliebende Menschen diente.

Als das Jahr 2020 begann, war ich lediglich ein Gouverneur, der in sein zweites Amtsjahr ging. Innerhalb von sechs Monaten würde ich zu einem der führenden gewählten Vertreter gegen das Einsperren in der Welt aufsteigen.

Als mehr Daten eingingen, wurde klar, dass die Fauci-Politik der ewigen Schadensbegrenzung falsch war. Eine wichtige

Erkenntnis ergab sich aus einer Studie, die von einem Team von Stanford-Forschern unter der Leitung von Dr. Jay Bhattacharya durchgeführt worden war, einem Arzt an der Stanford School of Medicine, der auch einen Doktortitel in Wirtschaftswissenschaften hatte und einer der wenigen prominenten Wissenschaftler war, die bereit waren, öffentlich über das Versagen der von Fauci und seinen Anhängern vertretenen COVID-19-Politik zu sprechen.

Die Stanford-Studie untersuchte die Prävalenz von SARS-CoV-2-Antikörpern, die nach der Genesung von einer Corona-Infektion in Santa Clara County, Kalifornien, nachgewiesen werden können. Die Studie ergab, dass die Prävalenz von Antikörpern in der Bevölkerung dramatisch höher war als die Zahl der bis dahin nachgewiesenen »Fälle«, was »darauf hindeutet, dass die Infektion viel weiter verbreitet ist, als die Zahl der bestätigten Fälle vermuten lässt«. Wenn diese Schlussfolgerung richtig war, dann war die durch das Virus bedingte Sterblichkeitsrate niedriger als ursprünglich erwartet.

Ich hatte auch begonnen, die Pandemie-Leitlinien aus der Zeit vor dem COVID zu lesen, die frei von Parteilichkeit waren und in denen die begrenzte Wirksamkeit von »Mitigations«-Strategien offen zugegeben wurde. Im Jahr 2007 veröffentlichte die CDC ihr Papier »Community Strategy for Pandemic Influenza Mitigation in the United States« (Gemeinschaftsstrategie zur Eindämmung der pandemischen Grippe in den Vereinigten Staaten), in dem verschiedene nicht-pharmazeutische Maßnahmen (NPIs) untersucht wurden, »die während einer Influenza-Pandemie nützlich sein könnten, um den Schaden einzudämmen«. In dem Papier wird darauf hingewiesen, dass die »Wirksamkeit von Strategien zur Eindämmung einer Pandemie rasch nachlässt, wenn die kumulative Erkrankungsrate vor der Umsetzung über ein Prozent der Bevölkerung in einem betroffenen Gebiet steigt«.

Sollte sich die Krankheit tatsächlich bereits über diese 1-Prozent-Schwelle hinaus ausgebreitet haben (und wir wissen jetzt, dass sie sich in den Vereinigten Staaten bereits vor April 2020 monatelang ausgebreitet hatte), dann würde ein Verzicht auf den Faucismus unserer Nation wahrscheinlich viel Leid zufügen, ohne dass dies einen nennenswerten Nutzen bei der Eindämmung der Krankheit hätte.

Wie in dem CDC-Papier von 2007 erläutert, war das Ziel der NPIs nicht, ein Virus auszurotten, sondern die Ausbreitung zu verlangsamen, um Zeit zu gewinnen, um »die medizinischen Kapazitäten so weit wie möglich auszubauen und gleichzeitig die zu erwartende Nachfrage nach Dienstleistungen zu reduzieren, indem die Krankheitsübertragung begrenzt wird«. Genau so wurden die ursprünglichen »15 Tage zur Verlangsamung der Ausbreitung« der Öffentlichkeit verkauft, bevor Fauci und Birx das Ziel in das Erreichen von »Null COVID« umwandelten. Ende April 2020 wurde klar, dass die epidemiologischen Modelle, die einen katastrophalen Zusammenbruch des Krankenhaussystems vorhersagten, grob ungenau waren. Frühe Modelle sagten voraus, dass New York bis zu 140 000 Krankenhausbetten für Corona-Patienten benötigen würde – mehr als doppelt so viele wie alle zugelassenen Krankenhausbetten im Bundesstaat –, was die Eröffnung einer großen medizinischen Einrichtung im Javits Center in Manhattan und die Stationierung der USNS Comfort im New Yorker Hafen zur Folge hatte. Im April 2020 erreichte die COVID-19-Welle in New York einen Höchststand von 18 000 hospitalisierten COVID-19-Patienten, eine beträchtliche Zahl, die aber vom medizinischen System bewältigt werden konnte und weit entfernt war von den 140 000, die von den fehlerhaften Modellen vorhergesagt worden waren.

Ein Grund dafür, dass die Krankenhauseinweisungen das Gesundheitssystem nicht überforderten, ist, dass die COVID-

19-Wellen nicht der Kurve folgten, die einige Experten anfangs behaupteten. Im Mai 2020 hatte Dr. Michael Levitt von der Stanford School of Medicine die COVID-19-Wellen in verschiedenen Teilen der Welt analysiert und festgestellt, dass sie einer ähnlichen Kurve folgten. Anstelle eines exponentiellen Wachstums wiesen die Wellen eine verlangsamte Anstiegsrate auf, das heißt auf einen Anstieg von beispielsweise 30 Prozent an einem Tag folgten an den darauffolgenden Tagen Anstiege von 26 Prozent, 22 Prozent und 18 Prozent. Dies bedeutete, dass sich die COVID-19-Wellen auf natürliche Weise selbst abflachten. Ich war mir zwar nicht sicher, ob dies bedeutete, dass COVID-19 nach einer Welle zu Ende war, aber ich war überzeugt, dass sich jede Welle in etwa ähnlich entwickeln würde.

Während die Lockdown-Befürworter behaupteten, dass die epidemiologischen Kurven aufgrund der sogenannten sozialen Distanzierung umkippten, wies Levitt darauf hin, dass sich die erste COVID-19-Welle in Schweden auch ohne Lockdown in ähnlicher Weise bewegte. Als in den folgenden Monaten verschiedene Teile der Vereinigten Staaten von aufeinanderfolgenden COVID-19-Wellen heimgesucht wurden, gab es fast immer einen sechs- bis achtwöchigen Zeitraum, in dem die Welle eskalierte, ihren Höhepunkt erreichte und dann wieder zurückging, und zwar unabhängig von den obligatorischen »Eindämmungsmaßnahmen«.

Unter der Leitung von Dr. Fauci schienen die Experten frühere Erkenntnisse über den Umgang mit einer Pandemie über Bord zu werfen – und dabei Angst und Hysterie zu schüren.

Dass Fauci von einer vernünftigen Pandemiebekämpfung abwich, wurde deutlich, wenn man 2006 den Artikel »Disease Mitigation Measures in the Control of Pandemic Influenza« des berühmten Experten für Infektionskrankheiten Donald

Henderson und anderer Forscher der Johns Hopkins University las, der eine ehrliche und erfrischende Einschätzung verschiedener Strategien zur Eindämmung der pandemischen Influenza enthielt.

Hendersons »übergeordneter Grundsatz« lautete: »Die Erfahrung hat gezeigt, dass Gemeinschaften, die mit Epidemien oder anderen widrigen Ereignissen konfrontiert werden, am besten und am wenigsten beunruhigt reagieren, wenn das normale soziale Funktionieren der Gemeinschaft am wenigsten gestört wird. Eine starke politische und gesundheitspolitische Führung, die für Beruhigung sorgt und sicherstellt, dass die erforderlichen medizinischen Versorgungsleistungen erbracht werden, ist von entscheidender Bedeutung. Wenn beides nicht optimal ist, kann sich eine überschaubare Epidemie zu einer Katastrophe ausweiten.« Die hysterische Expertenklasse befolgte diesen umsichtigen Ratschlag bei ihrem Ansatz zur Eindämmung von COVID-19 nicht.

Henderson räumte auch ein, dass noch lange nicht klar ist, ob die Strategien zur Eindämmung der Pandemie wirksam sind – und dass sie mit potenziell erheblichen Kosten für die Gesellschaft verbunden sind. »Solche negativen Folgen wären es vielleicht wert, in Kauf genommen zu werden, wenn es zwingende Beweise oder Gründe für die Annahme gäbe, dass sie die Folgen oder die Ausbreitung einer Pandemie ernsthaft vermindern würden«, schrieben Henderson und seine Mitautoren. »Es wurden jedoch nur wenige Analysen durchgeführt, die die erhoffte Wirksamkeit solcher Maßnahmen gegen die möglichen Auswirkungen einer groß angelegten oder langfristigen Umsetzung dieser Maßnahmen abwägen.«

Für die US-amerikanische Expertenklasse kam jedoch jede Diskussion über die Schäden, die ihr Eindämmungswahn mit sich brachte, einer Befürwortung von Massenmord gleich. Die Zeitschrift *The Atlantic*, ein altes Sprachrohr des unverfälschten Faucismus, veröffentlichte sogar einen kritischen Artikel über die Offenhaltung der Wirtschaft Georgiens unter dem Titel »Georgia's Experiment in Human Sacrifice«.

Natürlich war Florida praktisch während der gesamten Pandemie das Hauptziel der Medienangriffe – weil wir unsere Strände offen hielten, den Betrieb unserer Unternehmen schützten, für die Klassenstufen K-to-12 einen persönlichen Unterricht vorschrieben und keine landesweite Maskenpflicht einführten. Sie taten häufig so, als ob die Schließung von Restaurants nicht dasselbe wäre wie der Befehl, in vollen Restaurants zu essen.

Gleich zu Beginn der Pandemie konnte ich nicht nachvollziehen, dass die sogenannten Gesundheitsexperten ein derart parteiisches, höchst unlogisches Durcheinander ablieferten. Dies wurde einige Monate später deutlich, als dieselben Gesundheitsexperten, die die Amerikaner scharf kritisiert hatten, weil sie wegen COVID-19 ihre Häuser verließen, plötzlich die Massenproteste nach dem Tod von George Floyd in Minneapolis befürworteten.

Tausendzweihundert Experten des öffentlichen Gesundheitswesens unterzeichneten ein Schreiben, in dem es heißt: »Wir verurteilen diese Versammlungen nicht als riskant für die Übertragung von COVID-19. Wir unterstützen sie als lebenswichtig für die nationale öffentliche Gesundheit und für die bedrohte Gesundheit speziell der Schwarzen in den Vereinigten Staaten.« In dem Schreiben wurde darauf hingewiesen, dass die Befürwortung der George-Floyd-Proteste »nicht mit einer freizügigen Haltung gegenüber allen Versammlungen verwechselt werden sollte, insbesondere nicht gegenüber Protesten gegen Hausarrest«.

Zwei Monate lang schimpften diese sogenannten Experten über jeden, der eine Kosten-Nutzen-Analyse im Zusammenhang mit der COVID-19-Eindämmungspolitik machte. Dann, als es ihren politischen Interessen entsprach, änderten sie ihren Kurs und befürworteten die Proteste, da sie ihre Kosten-Nutzen-Analyse über COVID-19-Lockdowns bestanden. Die Tatsache, dass sie Proteste aus anderen Gründen, deren Anliegen sie nicht teilten, ausdrücklich ablehnten, sagte mir alles, was ich darüber wissen musste, was für Parteigänger diese Leute waren.

Diese »Experten« würden uns nicht retten. Die Leute selbst wussten, was das Beste für sie und ihre Familien war. Es lag an Leuten wie mir, Führung zu übernehmen, die auf Fakten basierte, die die offensichtlichen Schäden der Lockdownpolitik erkannte und das normale soziale Funktionieren unserer Gemeinschaften am besten aufrechterhielt.

Zwischen April 2020 und Mitte Juli 2022 verzeichnete New York einen Anstieg der sogenannten Übersterblichkeit um 20 Prozent, während Kalifornien einen Anstieg der Übersterblichkeit um 17,7 Prozent verzeichnete. Die Übersterblichkeit bezeichnet eine Erhöhung der durchschnittlichen Anzahl der Sterbefälle; natürlich erfasste die Rate COVID-19-Todesfälle, aber auch Sterbefälle, die auf Lockdown-Maßnahmen zurückgingen. Im gleichen Zeitraum stieg die Übersterblichkeit in Florida um 15,6 Prozent – ein geringerer Anstieg als in den Lockdownbegeisterten Staaten, die in der Regel von den Medien für ihre COVID-19-Lockdowns gelobt wurden.

Während der gesamten Pandemie lag Florida bei der Pro-Kopf-Sterblichkeit durch COVID-19 in der Regel zwischen dem fünfzehnten und fünfundzwanzigsten Platz unter den Bundesstaaten, obwohl Florida eine der ältesten und anfälligsten Bevölkerungen hat, und auf altersbereinigter Basis hatten mehr als dreißig Staaten eine höhere COVID-19-Sterblichkeit als Florida, und fast vierzig Staaten wiesen eine höhere Pro-Kopf-Sterblichkeit bei älteren Menschen auf, die im Mittelpunkt der gezielten Schutzstrategie Floridas standen.

Natürlich hat Florida auch weitaus bessere Arbeit geleistet, um den Lebensunterhalt der Menschen und die Bildungschancen der Kinder zu schützen, als es Lockdown-Gerichtsbarkeiten wie Kalifornien und New York taten.

Das Committee to Unleash Prosperity (Komitee zur Förderung des Wohlstands) führte eine umfassende Studie zu den COVID-19-Antworten der einzelnen Bundesstaaten durch, in der Mortalität, Bildung und Wirtschaft untersucht wurden. Florida war der leistungsstärkste große Bundesstaat der Nation und der sechstbeste Bundesstaat insgesamt – nur übertroffen von Bundesstaaten mit geringer Bevölkerungszahl wie Vermont und Montana. Die schlechtesten Ergebnisse erzielten New Jersey, New York, New Mexico, Kalifornien und Illinois – allesamt Lockdownstaaten, die Arbeitsplätze und Unternehmen vernichteten und nicht sicherstellen konnten, dass alle Schüler zur Schule gehen konnten. Die Kosten in diesen Staaten wirkten sich auf alle Bereiche der Gesellschaft aus, da sie sich nur schwer von den Lockdowns erholen konnten, während Florida florierte. Florida hätte nicht so gut dastehen können, wenn ich nicht bereit gewesen wäre, Entscheidungen zu treffen, die der Meinung der herrschenden Eliten und Medien zuwiderliefen und sich gegen Experten wie Dr. Fauci stellten.

Der Ansatz, den wir in Florida verfolgten, entsprach den Überlegungen prominenter Epidemiologen wie Jay Bhattacharya von der Stanford-, Martin Kulldorff von der Harvard-Universität und Sunetra Gupta aus Oxford. Die frühen Daten aus allen Ländern der Welt waren in einem Punkt sehr eindeutig: Die COVID-19-Mortalität fand sich hauptsächlich bei der älteren Bevölkerung. Diese Tatsache hätte bei der Ausarbeitung einer angemessenen COVID-19-Antwort eine bedeutende Rolle spielen sollen, aber die meisten Experten für öffentliche Gesundheit lehnten eine Strategie ab, die sich darauf konzentrierte, die Risiken für ältere Menschen zu minimieren und gleichzeitig die Schäden zu vermeiden, die mit der Abriegelung der Gesellschaft und der Auferlegung von Beschränkungen für Menschen mit geringem Risiko verbunden sind.

Bhattacharya, Kulldorff und Gupta veröffentlichten am 4. Oktober 2020 einen Entwurf für eine angemessene Antwort auf COVID-19, den sie die »Great Barrington Declaration« nannten. Die Autoren begründeten die Erklärung mit der unverhältnismäßig hohen Anfälligkeit älterer Menschen für COVID-19 und der Tatsache, dass die Schäden der Lockdown-Maßnahmen für unsere Gesellschaft verheerend sind.

In Bezug auf Letzteres wird in der Erklärung richtig bemerkt, dass »die gegenwärtige Politik des Lockdowns kurz- und langfristig verheerende Auswirkungen auf die öffentliche Gesundheit haben wird. Zu den Ergebnissen (um nur einige zu nennen) gehören niedrigere Impfraten bei Kindern, schlechtere Ergebnisse bei Herz-Kreislauf-Erkrankungen, weniger Krebsvorsorgeuntersuchungen und eine Verschlechterung der psychischen Gesundheit, was in den kommenden Jahren zu einer höheren Mortalität führen wird, wobei die Arbeiterklasse und die jüngeren Mitglieder der Gesellschaft die schwerste Last zu tragen haben. Schüler von der Schule fernzuhalten ist eine große Ungerechtigkeit.«

Um dort, wo es nötig war, eine robuste Antwort zu geben und gleichzeitig diese (zu wenig gemeldeten) Schäden zu vermeiden, schlugen Bhattacharya, Kulldorff und Gupta eine Strategie des gezielten Schutzes vor, die sich auf die Eindämmung der Krankheit bei älteren Menschen konzentrierte, deren Sterberisiko durch COVID-19 mehr als tausendmal höher war als das von jungen Menschen.

Die »Great Barrington Declaration« wurde von den Medien und den Einrichtungen des öffentlichen Gesundheitssystems mit der vorhersehbaren Feindseligkeit aufgenommen, aber sie stellte eine vernünftige Anwendung der Pandemie-Antwort aus der Zeit vor COVID-19 dar.

Ich hielt es für sinnvoll und wusste, dass es kritisiert werden würde, weil es dem ähnelte, was ich viele Monate zuvor in Florida eingeführt hatte – und wofür ich von der Elite massiv kritisiert wurde.

Da die Medien und liberale Politiker Florida vehement wegen seiner Offenheit kritisierten, wird manchmal vergessen, dass Florida zu Beginn der Pandemie vier Wochen lang, nach den Leitlinien des Bundes, sogenannte essenzielle Geschäfte tätigte. Wir interpretierten nur »essenziell« etwas weiter. Aber wir haben COVID-19 sehr ernst genommen, schließlich hatten wir eine sehr alte Bevölkerung mit einem hohen COVID-19-Risiko, die wir schützen mussten.

Einige der siebenundsechzig Bezirke Floridas ergriffen auf lokaler Ebene strenge Eindämmungsmaßnahmen, während andere darüber debattierten, ob sie weitere Maßnahmen ergreifen sollten, nachdem die Trump-Administration die Bundes-Shutdown-Leitlinien um weitere dreißig Tage verlängert hatte. Ich wollte diese Debatten abkürzen und eine vernünftige Grundlage schaffen, die den Schutz von religiösen Kulten und Freizeitaktivitäten im Freien, insbesondere Golf, Bootfahren und Angeln, gewährleisten würde.

Damals wollte ich unseren Staat so gut wie möglich aufrechterhalten, aber ich wusste auch nicht, wie sich das Virus entwickeln und wie es sich auf die Krankenhauskapazitäten auswirken würde. Ich versuchte, mich an die Leitlinien des Bundes zu halten, die neben »essenziellen Geschäften« auch anstehende elektive Eingriffe in Krankenhäusern vorsahen, um eine Überfüllung der Krankenhäuser zu vermeiden.

Nachdem ich mehrere Wochen lang Daten ausgewertet und mit den im ganzen Land umgesetzten Maßnahmen verglichen hatte, beschloss ich, Fauci und anderen Eliteexperten nicht blindlings zu folgen, und widerrief meine Anordnung, selektive Eingriffe in Krankenhäusern auszusetzen. Die für April vorhergesagte Welle von Corona-Patienten trat nicht ein, sodass Florida eine der niedrigsten Patientenzahlen aller Zeiten verzeichnete.

Ich gab auch den Rahmen des Bundes von essenziellen und nicht essenziellen Unternehmen auf. Jeder Arbeitsplatz und jedes Unternehmen sind für die Menschen, die einen Arbeitsplatz brauchen oder die Eigentümer des Unternehmens sind, unverzichtbar. Es ist falsch, einen Arbeitsplatz oder ein Unternehmen als nicht lebensnotwendig zu bezeichnen, und dieser gesamte Rahmen muss in der Pandemievorbereitungsliteratur verworfen werden. Obwohl ich hartnäckig darauf bestand, für ältere Floridianer Geldmittel bereitzustellen, wollte ich, dass unser Staat normal funktionierte.

Ich vertraute darauf, dass die Floridianer ihre eigenen Entscheidungen bezüglich ihrer persönlichen Risikobewertung treffen würden. Ein Weg, Florida zurück zur Normalität zu führen, war die Förderung der Rückkehr des Profisports: Alle Sportligen setzten im März 2020 den Spielbetrieb aus, und die Amerikaner saßen, ohne Live-Sport im Fernsehen schauen zu können, herum. Im April 2020 schlug der Präsident der Ultimate Fighting Championship, Dana White, vor, die UFC-Kämpfe auf einer Privatinsel auszutragen, um von den COVID-19-Lockdowns verschont zu bleiben. Ich schätzte das Vorhaben von Dana, denn kaum eine andere Sportliga hätte den Mut gehabt, so etwas zu tun. Ich sah dies als eine Gelegenheit, die UFC nach Florida zu holen; und um die Rückkehr zur Normalität zu erleichtern, rief ich Dana an und bot ihm einen Veranstaltungsort in Florida an.

»Kommen Sie her und machen Sie die Kämpfe«, sagte ich ihm. »Wir sind gerne bereit, Sie zu empfangen, und ich denke, die Menschen in unserem Land müssen wieder einen echten Wettkampf sehen.«

»Welche Städte kämen infrage?«, fragte er mich.

»Ehrlich gesagt, können wir es überall machen, wo Sie wollen«, sagte ich ihm.

»Ja, aber ich will mich nicht mit einem trotteligen Bürgermeister herumschlagen«, sagte er mir.

»O nein, keine Sorge«, antwortete ich. »Ich werde jeden Bürgermeister überstimmen, der Ihnen das Leben schwer macht.«

»Ich weiß das zu schätzen, aber ich möchte dort sein, wo man uns haben will«, sagte er.

Also haben wir uns die Bürgermeister einiger der größten Städte Floridas angeschaut. Dana mochte Jacksonville, weil es einen republikanischen Bürgermeister hatte, der eher mit dem Staat zusammenarbeiten würde, als Politik zu machen, und der darauf erpicht wäre, eine erfolgreiche Veranstaltung zu organisieren. Das bedeutete unter anderem, dass die UFC ihr eigenes COVID-19-Sicherheitskonzept umsetzen durfte, dass sie nicht gezwungen war, willkürlichen oder unvernünftigen Richtlinien zu folgen. Am 9. Mai 2020 fand in Jacksonville die UFC 249 statt, das erste professionelle Sportereignis seit Ausbruch der Corona-Pandemie. Dana White wählte Jacksonville als Austragungsort für die erste Post-COVID-Indoor-Sportveranstaltung mit voller Halle im darauffolgenden Jahr.

Ich setzte mich auch für die Rückkehr des Live-Golfsports ein. Ein paar Wochen nachdem der PGA Tour seine Saison aussetzte und Augusta National das Masters-Turnier verschob, begann Phil Mickelson, ein Match gegen Tiger Woods zu arrangieren, wie 2018 in Las Vegas. Ich wollte, dass das Match, Teil II, in Florida stattfand.

»Sie werden keine Probleme haben, wenn Sie die Veranstaltung in Florida durchführen«, sagte ich zu Phil, »ich werde dafür sorgen, dass die Veranstaltung, ohne Probleme mit den örtlichen Politikern zu haben, stattfinden kann.«

»Großartig, das hängt davon ab, was Tiger will«, sagte Phil zu mir. »Aber wir haben auch Tom Brady und Peyton Manning dabei, es sollte also großartig werden.«

Sie entschieden sich schließlich für den Medalist Golf Club in Hobe Sound, Florida, für das Spiel, das im Fernsehen auf Turner Sports übertragen wurde. Und das Ereignis zog fast sechs Millionen Zuschauer auf den Plattformen von Turner Sports an – ein Zeichen dafür, wie sehr sich die Sportfans wieder nach Live-Action sehnten.

Florida war auch Gastgeber für die Rückkehr von NASCAR in Homestead und diente als Heimat der sogenannten NBA Bubble, in der die Liga ihre Saison 2019/20 in einem Resort in Walt Disney World beendete.

Ich wollte auch erreichen, dass die Freizeitparks in Florida, die nach der Ankündigung der »15 Tage zur Eindämmung der Ausbreitung« freiwillig geschlossen wurden, so schnell wie möglich wieder geöffnet werden. Tatsächlich nahmen im Mai 2020 alle Freizeitparks mit Ausnahme von Disney World, das mehr Zeit für die Vorbereitung seiner Wiedereröffnung benötigte, den Betrieb wieder auf. In Kalifornien waren die Freizeitparks mehr als ein Jahr lang zwangsweise geschlossen, was Zehntausende von Menschen um ihren Arbeitsplatz brachte.

Während all dies geschah, waren die Medien und die Expertenklasse außer sich. Die Kritiker behaupteten, Florida sei »rücksichtslos«, weil es das normale Funktionieren der Gesellschaft in den Vordergrund stellte.

Das war eine Selbstverständlichkeit. Es überrascht vielleicht nicht, dass die Medienkonzerne von Pandemiebeginn an unfähig schienen, sich in einer Weise zu verhalten, die für das Land angesichts der Krise konstruktiv wäre. Anstatt zu versuchen, die Zuschauer in aller Ruhe über die Fakten zu informieren, haben die etablierten Medien die Pandemie schnell politisiert und versucht, sie als Knüppel gegen ihre politischen Gegner zu benutzen.

Ich war auch eines ihrer Hauptziele. Ihr erster Angriff auf mich rührte daher, dass ich nicht angeordnet hatte, alle Strände in Florida im März 2020 zu schließen. Aber Strände sind keine Gefahr für Atemwegsviren, und ihre Schließung hätte die Menschen nur in die Häuser getrieben, was eine risikoreichere Umgebung gewesen wäre. Die Medien ignorierten, was wir zum Schutz der Pflegeheime getan hatten, und stellten Gouverneure wie Andrew Cuomo als Helden hin, obwohl diese Gouverneure ansteckende Senioren zurück in die Pflegeheime schickten. Doch obwohl die etablierten Medien ihr Bestes taten, um sich über Florida lustig zu machen, hatten sie in jenen ersten Wochen nicht genügend Munition, weil Florida noch keine COVID-19-Welle erlebt hatte. Das sollte sich ändern – und ich wurde zum Mittelpunkt unerbittlicher Angriffe, als der Sommer kam.

Als Florida Mitte Juni 2020 seine erste große COVID-19-Welle erlebte, löste dies eine massive Medienhysterie aus. Die Medien stellten einen Zusammenhang zwischen Floridas fehlenden Restriktionen und der COVID-19-Welle her. Wäre Florida nicht so rücksichtslos gewesen, so die Behauptung, würde es diese Welle nicht erleben.

Die sommerliche COVID-19-Welle traf die meisten Bundesstaaten des Sun Belt, darunter neben Florida auch Arizona und Texas. Dies war die Art und Weise, wie COVID-19-Wellen abliefen: auf regionaler und saisonaler Basis. Aus welchem Grund auch immer, in Florida stieg die COVID-19-Welle im Sommer am stärksten an, während es im Frühjahr und Herbst nur wenige Infektionsperioden gab.

Damals war ich neugierig auf die Ähnlichkeiten der Wellen in der Region. Nachdem ich gesehen hatte, dass andere Staaten in ähnlicher geografischer Lage im Herbst und Winter ähnliche COVID-19-Wellen erlebten, wusste ich, dass COVID einem saisonalen Muster folgte. Ich überwachte die Daten jedoch täglich und war mir sicher, dass die Sommerwelle einem ähnlichen Muster folgen würde, wie es Dr. Michael Levitt bei früheren Wellen festgestellt hatte, und dass sie nicht einfach exponentiell ansteigen würde, ohne dass es zu einem Shutdown käme.

Der Druck auf mich, den Bundesstaat Florida zu »schließen«, um die COVID-19-Welle abzumildern, kam nicht nur von den Medien, sondern auch von Experten wie Dr. Anthony Fauci und parteiischen Gegnern. Am 8. Juli 2020 riet Dr. Fauci, dass Staaten wie Florida »ernsthaft über eine Schließung nachdenken sollten«. Denn, so Fauci, »wir sehen ein exponentielles Wachstum«.

Alle demokratischen Abgeordneten des US-Repräsentantenhauses aus Florida – mit einer Ausnahme – schrieben mir einen Brief, in dem sie mich aufforderten, den Sunshine State zu schließen und eine Maskenpflicht einzuführen. Der Brief wurde am 17. Juli 2020 geschrieben.

Die Kritik und die Angriffe waren unerbittlich, und ich nahm an, dass sie sich auf mein politisches Ansehen auswirkten, obwohl ich, da ich keine Umfragen durchführte, keine Daten hatte, um dies zu bestätigen. Einige meiner Freunde und Verbündeten waren besorgt über die negative Aufmerksamkeit und drängten mich, einige Verpflichtungen und Einschränkungen einzuführen, um den Druck von mir zu nehmen.

Für mich war es wichtig, die Freiheit, den Lebensunterhalt und das Business der Menschen zu schützen, wofür ich gewählt worden war. Wenn ich dadurch politischen Schaden erlitt und sogar mein Amt als Gouverneur verlor, dann sollte es so sein. Es ist einfach, das Richtige zu tun, wenn es populär ist, aber bei

Führung geht es darum, das Richtige zu tun, wenn man politisch angegriffen wird.

Rückblickend habe ich die richtige Entscheidung getroffen, dass die Schließung unseres Staates einen erheblichen Schaden verursacht hätte, ohne einen entsprechenden Nutzen für die Eindämmung der Seuche. Ich war bereit, jeden politischen Preis für das, was ich glaubte, dass es die richtige Entscheidung für Florida war, zu zahlen.

Ich wusste auch, dass Fauci und die Demokraten im Repräsentantenhaus sich nicht an die Daten hielten. Am 8. Juli 2020 – dem Tag, an dem Fauci sagte, Florida solle den Lockdown anordnen – hatten die Infektionen in unserem Bundesstaat bereits ihren Höhepunkt erreicht. Ich wusste das, weil die Besuche in den Notaufnahmen wegen COVID-19-ähnlicher Erkrankungen, die der beste Frühindikator für den Infektionsverlauf waren, ihren Höhepunkt am 7. Juli. Sobald die Besuche in der COVID-19-Notaufnahme ihren Höhepunkt erreicht hatten, folgten die Fälle (die Infektionen dokumentieren, aber in der Regel etwa zehn Tage nach der Erstinfektion gemeldet wurden) in der Regel innerhalb einer Woche. Was Fauci und insbesondere die Demokraten im Repräsentantenhaus in Washington, D.C., forderten, war ein Shutdown nach dem Höhepunkt, was völlig kontraproduktiv gewesen wäre und den Bürgern von Florida geschadet hätte. Außerdem war der Zweck der »Milderung« die Erhaltung der Krankenhauskapazitäten und nicht die Erreichung von Null-COVID, was unmöglich war. Wie sich herausstellte, war die Kapazität unserer Krankenhäuser trotz des Anstiegs der COVID-Patienten während der Sommerwelle in Florida mehr als ausreichend, um das höhere Patientenaufkommen zu bewältigen, genau wie im Lockdownfreien Schweden im Frühjahr.

Außerdem wurde ich in der Presse dafür attackiert, dass ich kein Mandat für das Tragen von Masken in der Öffentlichkeit erlassen hatte. Damals versprachen sich die sogenannten Gesundheitsexperten außerordentliche Vorteile von der Verwendung von Stoffmasken, obwohl noch nie bewiesen worden war, dass solche Masken einen Atemwegsvirus stoppen können. Als Dr. Fauci im März 2020 das Tragen von Masken in der Öffentlichkeit ablehnte, sprach er lediglich aus, was seit mehr als hundert Jahren allgemein bekannt war.

Ich war skeptisch, dass die Masken den Schutz bieten würden, den die Vertreter des öffentlichen Gesundheitssystems behaupteten, aber ich war unnachgiebig, dass eine Maskenpflicht kein angemessener Gebrauch der Regierungsgewalt war. Wenn die Masken so wirksam wären wie behauptet, dann würden die Menschen sie auch ohne staatlichen Zwang tragen. So wie ich es abgelehnt habe, einen Shutdown zu verhängen, habe ich auch die Einführung einer Maskenpflicht abgelehnt.

Am Ende des Sommers 2020 konnte ich feststellen, dass immer mehr Floridianer dankbar dafür waren, dass ich bereit war, den Beschuss zu erdulden, um den Staat offen und unsere Bürger frei zu halten. Nachdem ich die Daten von März bis April 2020 überprüft hatte, kam ich zu dem Schluss, dass drakonische Maßnahmen der Wirtschaft und der Gesellschaft großen Schaden zufügen würden, während sie nur wenig bis gar keinen Einfluss auf den Verlauf der Krankheit hätten, während Experten behaupteten, Florida müsse seinen Staat zusperren, um das »exponentielle« Wachstum zu stoppen, sah ich nur Hinweise darauf, dass die Welle einen ähnlichen Weg nehmen würde wie die Wellen in anderen Regionen.

Die Bewältigung der ersten COVID-19-Welle bei gleichzeitiger Aufrechterhaltung der Funktionsfähigkeit der Gesellschaft war die Voraussetzung dafür, dass Florida durchstarten und die anderen Bundesstaaten in Bezug auf Beschäftigung, Unternehmensgründungen und Tourismus übertreffen konnte.

Wir waren die Zitadelle der Freiheit in den Vereinigten Staaten geworden.

★ ★ ★

Zur gleichen Zeit, als ich meinen Kampf um die Offenhaltung Floridas und den Widerstand gegen Vorschriften führte, vertrat ich meinen vielleicht wichtigsten Standpunkt: die Forderung, dass alle Schulbezirke in Florida fünf Tage in der Woche für den Unterricht geöffnet sein müssen. Wie andere Bundesstaaten auch, hatten die Bezirke in Florida während der anfänglichen Hysterie über das Coronavirus im Frühjahr nicht geöffnet.

Ich hatte die Performance Schwedens beobachtet, wo die Schulen für die Klassen K-to-8 geöffnet blieben, und die Ergebnisse zeigten, dass die Schulen keine großen COVID-19-Fabriken waren und dass die Kinder in Präsenz lernen mussten. Mitte April 2020 erklärte ich öffentlich, dass die Rückkehr der Kinder in die Schule eine Priorität sei, was Fauci kritisierte.

Ich habe nicht angeordnet, dass die Schulen im Frühjahr 2020 geschlossen werden; das war eine Entscheidung, die jeder Bezirk für sich getroffen hat. Richard Corcoran, der Bildungsminister, empfahl den Übergang zum »Fernunterricht«, und ich stimmte ihm zu, unsere traditionellen Schülerbeurteilungen am Schuljahresende wegen der Unterbrechung während des Schuljahres zu streichen, aber als die Daten aus Ländern wie Schweden und Südkorea eintrafen, hielt ich es für wichtig, entsprechend zu reagieren, und ich drängte Corcoran, aggressiver vorzugehen, um die Kinder wieder in die Schule zu bekommen.

»Können wir die Kinder bis Mai wieder in die Schule schicken?«, fragte ich Corcoran.

»Nun, alles, was sie im Mai tun, ist, sich auf Prüfungen vorzubereiten und die zu absolvieren, die wir bereits ausgesetzt
haben«, erklärte er mir. »Ich glaube nicht, dass das Ergebnis
den Aufwand rechtfertigt. Wir sollten besser für die Rückkehr
der Schüler im Sommer planen.«

»O.k.«, sagte ich ihm. »Aber wir müssen dafür sorgen, dass
die Kinder in der Schule bleiben können. In der Zwischenzeit
habe ich dafür gesorgt, dass alle Jugendaktivitäten wie Sommer-
lager und Sportvereine geschützt werden, damit die Kinder nach
Schulschluss etwas zu tun haben. Die Kinder hatten ein geringes
Risiko für schwere Corona-Erkrankungen und mussten ein normales Leben führen können. Außerdem war der Fernunterricht
eine große Belastung für die Eltern; das Letzte, was sie brauchten, war, dass ihren Kindern Aktivitäten vorenthalten wurden.

Gerade als sich die COVID-19-Welle im Sommer erhitzte
und die Medienhysterie ihren Siedepunkt erreichte, kündigte
ich eine Executive Order, eine Verfügung ohne parlamenta-
rische Zustimmung, an, die anordnete, dass alle Schulbezirke
in Florida im Schuljahr 2020/21 an fünf Tagen in der Woche
für den Unterricht geöffnet sein mussten. Die Medien und die
politische Linke reagierten auf diese Ankündigung mit einem
großen Krampfanfall, den ich erwartet hatte.

Die größte Bildungsgewerkschaft in Florida, die Florida
Education Association (FEA), verklagte mich und den Bildungsminister, um unseren Plan zu vereiteln. Die Gewerkschaft wollte, dass Kinder von der Schule ausgesperrt werden, was die
Gewerkschaften in anderen Bundesstaaten bereits erfolgreich
erreicht hatten. Der Unterschied bestand darin, dass wir in Florida keine Marschbefehle von der Gewerkschaft entgegennah-
men; wir taten das, was im besten Interesse der Schulkinder in
Florida war, und waren bereit zu kämpfen.

»Wir sind der Meinung, dass dies rücksichtslos ist«, sagte
der Chef der Gewerkschaft FEA, Fedrick Ingram, über mei-

ne Verordnung. »Wir glauben, dass es skrupellos ist, und wir glauben auch, dass die Verfügung verfassungswidrig ist.« Die Präsidentin der American Federation of Teachers, Randi Weingarten, die maßgeblich dazu beigetragen hat, dass im gesamten Land im Schuljahr 2020/21 lange Schulschließungen durchgeführt werden, ließ sich nicht lumpen und erklärte, dass Florida durch die Öffnung der Schulen »eine Generation von Kindern durch die Verweigerung und Rücksichtslosigkeit verlieren würde«.

Die »Verweigerung« und »Rücksichtslosigkeit«, die den Kindern während der gesamten Pandemie geschadet haben, war die von Leuten wie Weingarten, die Machtpolitik über das Wohl der Kinder stellen und dabei die eindeutigen Daten, die für den Verbleib der Kinder in der Schule sprechen, ignorieren. Sie und ihresgleichen sind verantwortlich für massive Lernverluste, psychische Probleme und viele andere dauerhafte Leiden für Millionen von Kindern im ganzen Land.

Als ich Floridas Politik der Rückkehr zur Schule ankündigte, gab es – vielleicht weil ich dies während des Höhepunkts der COVID-19-Welle im Sommer tat – erheblichen öffentlichen Widerstand gegen meine Entscheidung, insbesondere befürchteten viele ältere Bürger, dass Schulen als Raketentreibstoff für die Verbreitung von Viren dienen und ihr Infektionsrisiko erhöhen könnten.

Ich glaubte, dass die Welle ihren Höhepunkt erreicht hatte und dass die Zahlen im August viel niedriger sein würden, und genau das ist auch eingetreten. Trotz aller Kontroversen, die sich um meine Entscheidung rankten, und trotz des Beschusses, den ich durch meine Entscheidung aushalten musste, bestand für mich nie ein Zweifel daran, dass es für unseren Staat richtig war, die Schulen offen zu halten. Wir haben uns in dem Rechtsstreit auch gegen die Florida Education Association durchgesetzt.

Ich bin stolz darauf, dass Florida das Schuljahr 2020/21 als einer der besten Staaten der Nation in Bezug auf den Präsenzunterricht abgeschlossen hat, und als der beste unter den großen Staaten. Die Schüler in Florida sind heute aufgrund unserer Politik besser dran, und wir haben massive Schäden vermieden, die Millionen von Schülern betroffen hätten, wenn ihnen der Zugang zum Klassenzimmer verwehrt worden wäre, wie es in den Lockdown-Staaten im ganzen Land der Fall war.

★ ★ ★

Nachdem die COVID-19-Welle im Sommer abgeklungen war, beschloss ich, mich dafür einzusetzen, dass Florida frei bleibt. Menschen aus dem ganzen Land hatten beobachtet, was während des Sommers in Florida geschah, und als wir das Ende des Sommers erreichten, bemerkte ich, wie sich die Stimmung änderte. Die Menschen begannen, Florida als Beispiel für den Umgang mit der Pandemie heranzuziehen, der Tourismus nahm zu, Menschen zogen immer häufiger in unseren Bundesstaat, und ich glaube, die Menschen verstanden intuitiv, dass die von den Gesundheitsexperten geforderten Restriktionen wenig oder gar nichts brachten, da sich COVID-19 bereits im ganzen Land verbreitet hatte. Die Menschen wussten es zu schätzen, dass Florida standhaft blieb – dem allgemeinen Rausch zum Trotz –, um den Staat offen zu halten und auf unsere Kinder aufzupassen.

Das Erste, was ich tat, war, die von den Kommunalverwaltungen auferlegten Auflagen und Einschränkungen zurückzufahren. Am Ende des Sommers erließ ich eine Executive Order, die – unabhängig davon, was die Kommunalverwaltungen anordneten – das Recht auf Arbeit, das Recht der Unternehmen auf Geschäftstätigkeit und das Recht auf Straffreiheit bei Verstößen gegen Pandemieverordnungen wie die Maskenpflicht garantierte. Die Kommunalverwaltungen konnten zwar Gesundheitsrichtlinien erlassen, diese sollten jedoch nur beratenden Charakter haben und nicht verbindlich sein. Später ergänzte ich dies, indem ich Begnadigungen für alle Verstöße gegen pandemiebedingte Einschränkungen gewährte, die von lokalen Regierungen auferlegt worden waren.

Dies war wichtig für die Gemeinden in Südflorida, wo das Gespenst der lokal erlassenen Lockdowns wie ein Damoklesschwert über den Köpfen von Einzelpersonen und Unternehmen hing. Indem wir garantierten, dass diese Gemeinden offen sein würden und dass Einzelpersonen nicht mit Geldstrafen belegt werden konnten, wenn sie gegen Verordnungen wie die Maskenpflicht verstießen, haben wir die Voraussetzungen dafür geschaffen, dass Städte wie Miami wie nie zuvor boomen.

Als Florida zum vielleicht begehrtesten Reiseziel der Welt wurde, wollte ich sicherstellen, dass wir unseren Schwung beibehalten konnten, insbesondere den starken Tourismus, den wir erlebten. Zu diesem Zweck arbeitete ich mit der Legislative von Florida zusammen, um ein gesetzliches Verbot der sogenannten Impfpässe zu erlassen, kurz nachdem die mRNA-Spritzen von der FDA die Zulassung für den Notfall erhalten hatten.

Das System der Impfpässe ist ein Grundpfeiler des biomedizinischen Sicherheitsstaates. Es verlangt von den Bürgern den Nachweis, dass sie geimpft sind als Voraussetzung für die Teilhabe an der Gesellschaft – Restaurantbesuche, Sportveranstaltungen, Kinobesuche und so weiter. Florida würde ein solches System nicht vorschreiben, aber es wäre möglich, dass eine lokale Regierung dies versuchen könnte, und einige private Unternehmen könnten versuchen, Pässe zu verlangen, wenn es keine Vorschrift gibt.

Das Verbot für lokale Regierungen, ein Impfpasssystem einzuführen, war kaum umstritten, da es den Einzelnen vor einer weitreichenden Übervorteilung schützte. Das Verbot für private Unternehmen, einen Nachweis über die COVID-19-Impfung zu verlangen, war umstrittener, auch bei einigen Konservativen. Wenn ein privates Unternehmen Pässe einführen will, warum sollte sich der Staat Florida darum kümmern? Zum einen hat der Staat Florida ein Interesse daran, dass große Teile seiner Bürger nicht an der vollen Teilhabe an unserer Gesellschaft gehindert werden. Da ich wusste, dass das COVID-19-Sterberisiko in den jüngeren Altersgruppen gering ist, wusste ich, dass ein großer Prozentsatz der Floridianer unter fünfzig Jahren sich gegen die mRNA-Impfung entscheiden würde, und mir lag mehr daran, die Freiheit des Einzelnen zu schützen, an der Gesellschaft teilzuhaben, als die Fähigkeit von Unternehmen zu schützen, um Menschen auszuschließen.

Zweitens hatte sich Florida den Ruf erarbeitet, der Staat zu sein, den man besuchen muss, wenn man frei von COVID-19-Einschränkungen sein will, und ich wusste, dass, wenn auch nur eine kleine Anzahl von Unternehmen Impfpässe einführen würde – und einige hätten dies vielleicht nur auf Geheiß der Unternehmensführung oder von Aktivisten außerhalb des Staates getan –, die Leute dann sagen würden, dass Florida Impfpässe hat. Dies hätte eine der Hauptattraktionen unseres Staates untergraben. Ich glaube, dass einer der Gründe, warum Florida im Jahr 2021 einen Rekord im Inlandstourismus aufstellte, darin liegt, dass wir die Einführung des Impfpasses im Keim erstickt haben. Dies gipfelte in der Bewegung, die COVID-19-Impfungen als Bedingung für eine Beschäftigung vorzuschreiben. Die Vorschrift der Impfungen war etwas, was sowohl Fauci als auch Biden früher als eine Möglichkeit verworfen hatten. Aber als sich die Delta-Variante anschickte, im Herbst 2021 die nördlichen Staaten zu befallen, versuchte das medizinische Establishment, die Schuld auf die Ungeimpften zu schieben, obwohl klar war, dass die Impfungen keine Immunität bewirkten.

Mein Standpunkt war einfach: Kein Floridianer sollte zwischen einem Job, den er braucht, und einer Spritze, die er nicht will, wählen müssen. Besonders ärgerlich fand ich, dass Biden und seinesgleichen bereit waren, Polizisten, Feuerwehrleute und Krankenschwestern wegen der Impfungen ihren Arbeitsplatz verlieren zu lassen. Das sind Menschen, die während der gesamten Pandemie an vorderster Front gearbeitet haben – viele von ihnen hatten bereits COVID –, und nun wollte Biden sie beiseiteschieben, weil sie nicht in die Knie gehen wollten.

Um dem entgegenzuwirken, was Biden und auch einige große Unternehmen zu tun versuchten, berief ich eine Sondersitzung der Legislative von Florida ein, damit wir Schutzmaßnahmen für Arbeitnehmer erlassen konnten, die sich nicht impfen lassen wollten. Es machte keinen Sinn, die Beschäftigung von einer Impfung abhängig zu machen, die nicht verhindert, dass man sich infiziert oder das Virus überträgt. Die Unterzeichnung dieser Schutzmaßnahmen hat die Arbeitsplätze von Zehntausenden von Floridianern gerettet.

Wenn es einen Grund gab, warum die Leute begannen, uns den »Free State of Florida« zu nennen, dann war es, weil wir uns für den Einzelnen gegen den medizinischen Autoritarismus einsetzten. Florida hob sich ab, weil andere große Staaten wie Kalifornien und New York sich pflichtbewusst dem biomedizinischen Sicherheitsstaat beugten. Ich wollte nicht zulassen, dass unser Staat in eine Fauci'sche Dystopie abglitt, in der die Freiheiten der Menschen beschnitten und ihre Lebensgrundlagen zerstört wurden. Florida hat die individuelle Freiheit, die wirtschaftlichen Möglichkeiten und den Zugang zu Bildung geschützt – und unser Staat ist dadurch viel besser geworden.

★ ★ ★

Niemals können wir so etwas wieder in unserem Land zulassen. Der Kongress muss eine gründliche Aufarbeitung vornehmen und eine unvoreingenommene Untersuchung aller Aspekte der Pandemie durchführen – die Ursprünge des Virus, das Verhalten von Bürokraten wie Dr. Fauci, der Schaden, der durch das Aussperren von Kindern aus der Schule angerichtet wurde, der Schaden, der durch das Herunterfahren der Wirtschaft verursacht wurde, das Versagen der sogenannten Experten für öffentliche Gesundheit, die Rolle der Pharmaunternehmen und die Aktionen der Kommunistischen Partei Chinas. Ausnahmsweise muss der Kongress die ungeschminkte Wahrheit ans Licht bringen.

Präsident Eisenhower hatte recht mit den Gefahren, die entstehen, wenn man die Politik einer wissenschaftlich-technologischen Elite überlässt. Als sich der Eiserne Vorhang des Faucismus über unseren Kontinent senkte, stellte sich der Staat Florida entschlossen in den Weg. Wir haben dazu beigetragen, die Freiheit zu bewahren und das Land vor dem Abgrund zu bewahren. Ohne Floridas Führungsstärke und Mut, so fürchte ich, hätten Dr. Fauci und seine Lockdowners gewonnen. Unser Land wäre nie dasselbe geblieben.

Kapitel 12

Das magische Königreich der woken Großunternehmen

Am 26. September 2009 traten Casey und ich vor den Trau-
altar. Ich war immer noch aktiver Offizier in der Navy, also
trug ich meine weiße Uniform mit all den Auszeichnungen, die
ich mir im Laufe der Zeit verdient hatte. Casey arbeitete als
Moderatorin in der Morgensendung von Channel 4 und war
in ihrem Hochzeitskleid umwerfend. Sie sah weniger wie eine
Fernsehmoderatorin und mehr wie eine Prinzessin aus. Unsere
ganze Hochzeit war märchenhaft.

Das passte, denn wir haben in Lake Buena Vista, Florida,
geheiratet.

Unsere Hochzeit fand sogar in Walt Disney World statt.

Das war nicht meine Idee. Caseys Familie war das, was man
eine Familie von Disney-Fans nennen könnte. Sie liebten es,
nach Disney World zu fahren. Casey und ich sahen uns verschiedene Hochzeitslocations im Nordosten Floridas an, wo
wir beide arbeiteten, und ich nahm an, dass dies das Einfachste wäre. Aber es war ihr großer Tag, und als pflichtbewusster
Bräutigam habe ich mich ihr untergeordnet.

Als Casey zum ersten Mal von der Idee sprach, in Disney
World zu heiraten, war ich überrascht, denn ich wusste nicht,
dass man dort überhaupt heiraten kann. Wie sich herausstellte,
gibt es in Disney World eine schöne Hochzeitskapelle, die an
das Grand Floridian angeschlossen ist, das viktorianisch ange-
hauchte Hotel in der Nähe des Magic Kingdom. Meine einzige
Bedingung war, dass keine Disney-Figuren an unserer Hochzeit teilnahmen. Ich wollte, dass unser besonderer Tag wie eine
traditionelle Hochzeit aussah und sich auch so anfühlte. Ich

wollte keine Mickey Mouse oder Donald Duck auf unseren Hochzeitsfotos.

Es war eine wunderschöne Zeremonie. Wir dachten beide, dass wir wieder nach Disney World fahren würden, um unsere Kinder in die Themenparks zu bringen, so wie wir als Kinder dorthin gefahren waren.

Ich ahnte nicht, dass ich Jahre später gegen Disney in einer politischen Schlacht in Kampfstellung gehen würde, die landesweit Widerhall finden würde.

Während meiner Zeit als Gouverneur hatte ich ein gutes Verhältnis zu Disney und seinen Führungskräften. Das Unternehmen ist ein wichtiger Arbeitgeber in Zentralflorida und eine Quelle wirtschaftlicher Vitalität für die Region. Viele kleine, familiengeführte Unternehmen erbringen Dienstleistungen, die den Betrieb von Disney unterstützen, sodass die Auswirkungen von Disney auf die Beschäftigung weit über die Angestellten des Unternehmens hinausgehen.

Während der Corona-Pandemie schätzten die in Kalifornien ansässigen Disney-Führungskräfte meinen Führungsstil und meine Politik. Im März 2020, als die Hysterie über die Pandemie zum ersten Mal aufkochte, unternahm Disney den außergewöhnlichen Schritt, seine Themenparks zu schließen. Anders als in Kalifornien, das Disneyland für mehr als ein Jahr geschlossen hielt, wollte ich, dass sich das Leben in Florida so schnell wie möglich wieder normalisierte. Den Führungskräften bei Disney war wohl nicht entgangen, wie lächerlich es war, dass Disney World in Florida in Betrieb war, während Disneyland in Kalifornien zwangsweise geschlossen war.

Es wurde auch deutlich, dass Florida ein viel gastfreundlicheres Geschäftsumfeld besaß, was einer der Gründe dafür war, dass Disney Pläne zur Versetzung von weiteren Mitarbeitern von Burbank nach Orlando angekündigt hatte.

Im Laufe der Sitzungsperiode 2022 wurde ich auf meinen Pressekonferenzen immer wieder auf einen Gesetzentwurf angesprochen, den die Legislative in Erwägung zog und den die Medien fälschlicherweise »Don't Say Gay«-Gesetzentwurf nannten. Da es keine Gesetzesvorlage mit diesem Namen gab, war es ziemlich klar, dass die Medien einen Begriff wiedergaben, der von der politischen Linken kam, um eine Gesetzesvorlage mit dem Namen »Parental Rights in Education« (Elternrechte in der Bildung) zu bekämpfen, in der das Wort »gay« nicht vorkam, die aber mehrere substanzielle Schutzmaßnahmen für Eltern von Grundschulkindern enthielt, die sich gegen einen Pflichtunterricht in Sexualität und Geschlechterideologie in den unteren Grundschulklassen wehrten.

Wenn die Legislative tagt, gibt es Hunderte von Gesetzesentwürfen, die das Gesetzgebungsverfahren durchlaufen, und ich verfolge den täglichen Fortschritt jedes einzelnen Entwurfs nicht genau, bis er meinem Schreibtisch näherkommt. Zu dieser Zeit war ich mit den Feinheiten des Gesetzesentwurfs über Elternrechte in der Bildung nicht vollständig vertraut, aber ich sah, wie die Medien und die politische Linke zusammenarbeiteten, um ein falsches Narrativ über den Entwurf zu kreieren und zu verbreiten. Ich erkannte, was sie taten, und ich wusste, dass sie die Öffentlichkeit belogen.

Als ich anfing, die jüngste Fassung des Gesetzesentwurfs über die Rechte der Eltern in der Erziehung zu prüfen, war ich überrascht, dass die Linke und ihre Freunde in den Medien dachten, dies sei ein guter Hügel zum Sterben. Der Gesetzesentwurf sah ein pauschales Verbot des Unterrichts über Sexualität und Geschlechterideologie in den unteren Klassenstufen der Grundschule vor und verlangte, dass der Sexualkundeunterricht in den anderen Klassenstufen alters- und entwicklungsgerecht sein sollte. Das war sehr sinnvoll, denn die meisten Floridianer wollen, dass sich unsere Schulen darauf konzentrieren, Kindern Lesen, Schreiben, Addieren und Subtrahieren beizubringen. Es war beunruhigend, dass die Linke schon sehr junge Schüler die woke Gendertheorie aufoktroyieren wollte.

Diese Gesetzgebung war eine Reaktion auf die Bemühungen der Linken im ganzen Land, diese sexuellen Konzepte den Schülern schon in sehr jungen Jahren aufzuzwingen.

In New Jersey beispielsweise schreiben die Lehrpläne die Unterrichtung der Ideologie des Geschlechts in der zweiten Klasse vor. »Du könntest dich als Junge fühlen, auch wenn du Körperteile hast, von denen manche Leute sagen, dass sie ›Mädchen‹ sind«, heißt es in einem Unterrichtsplan. »Du könntest dich als Mädchen fühlen, auch wenn du Körperteile hast, von denen manche Leute sagen, dass sie ›Jungen‹-Teile sind.«

Neben der Einführung der Genderideologie in den Dritte-Klasse-Zimmern des Kindergartens gingen einige Lehrer sogar so weit, ohne Wissen oder Zustimmung der Eltern der Schüler eine »Gendertransition« vorzunehmen. In der Tat, einer der Anstöße für das Parental Rights im Education-Gesetz war die Geschichte einer Mutter aus Tallahassee namens January Littlejohn, die ihren Bezirk verklagte, weil er einen »Transgender/Gender Nonconforming Student Support Plan« für ihre Tochter erstellt und sich angeblich geweigert hat, ihn mit ihr zu teilen. Dementsprechend schützt der Gesetzesentwurf auch die Eltern vor Schulbezirken, die eine solch persönliche und außergewöhnliche Maßnahme gegen ihre schutzbedürftigen Kinder ergreifen.

Nachdem ich mich auf den neuesten Stand der Gesetzgebung gebracht hatte, begann ich, mich öffentlich gegen die Lügen der Medien zu wehren. Auf einer Pressekonferenz auf dem Florida Strawberry Festival in Plant City hatte ich den folgenden Austausch mit einem Reporter:

REPORTER: Was Kritiker als »Don't Say Gay«-Gesetzentwurf bezeichnen, liegt dem Senat vor …

GOV. DESANTIS: Steht das in der Vorlage?

REPORTER: [unverständliches Gerede]

GOV. DESANTIS: Ich bitte Sie, mir zu sagen, was in dem Gesetzesentwurf steht, denn Sie verbreiten falsche Behauptungen. Es ist egal, was die Kritiker sagen!

REPORTER: Nun, es verbietet den Unterricht über sexuelle Identität und geschlechtliche Orientierung.

GOV. DESANTIS: Für wen?

REPORTER: Klassenstufen K to 3.

GOV. DESANTIS: Für die Klassenstufen K to 3, also Fünfjährige, Sechsjährige, Siebenjährige, und die Vorstellung, dass Sie nicht ehrlich sind und den Leuten sagen, was da wirklich steht, ist der Grund, warum die Leute Leuten wie Ihnen nicht trauen, weil Sie mit falschen Geschichten hausieren gehen.

(Das Publikum, das hauptsächlich aus Erdbeerbauern bestand, brach in Beifall aus, ich fuhr fort.]

GOV. DESANTIS: Wir werden dafür sorgen, dass die Eltern ihr Kind in den Kindergarten schicken können, ohne dass etwas von diesem Zeug in den Lehrplan der Schule aufgenommen wird.

Warum die Medienkonzerne der Meinung waren, dass die Indoktrination kleiner Kinder mit der Politik der Geschlechteridentität ein gutes Thema sei, um mich anzugreifen, ist mir schleierhaft. Vielleicht spiegelt es nur wider, dass die Medienkonzerne – die größtenteils in linken Enklaven wie New York, DC und Los Angeles beheimatet sind – sich so weit von den Durchschnittsamerikanern entfernt haben, dass sie nicht über den Rand ihrer eigenen woken Blase hinausschauen können. Aber ich habe beschlossen, dass ich jedem Gegner der Gesetze unterstellen werde, dass er versucht, sehr junge Kinder zu indoktrinieren.

Linke Aktivisten arbeiteten hart daran, Druck auf die amerikanischen Unternehmen auszuüben, damit sie sich dem Gesetz widersetzten. Dies war eine vorsätzliche Strategie, die größtenteils aus der Notwendigkeit heraus geschah, denn die Eltern lehnen mit überwältigender Mehrheit die Unterrichtung junger Kinder in Geschlechterideologie ab, und sie sind dagegen, dass die Schulen Maßnahmen ergreifen, um die Geschlechtsidentität eines Schülers gegen den Willen seiner Eltern zu »ändern«.

Die politische Linke war sich darüber im Klaren, dass ein Wahlkampf in Florida mit Transgenderideologie in Grundschulen ein Rohrkrepierer war. Aber wenn sie große, mächtige Unternehmen dazu bringen konnte, sich gegen den Gesetzesentwurf zu stellen, würden die Republikaner in der Legislative vielleicht dem Druck der Unternehmen nachgeben: Das war nicht unbedingt eine schlechte Wette, da republikanische Abgeordnete in konservativen Staaten oft den Forderungen großer Unternehmen, ungeachtet ihrer Wahlversprechen, wie zu Themen wie

Einwanderung, nachgegeben haben.

Das Hauptziel der Linken war Disney, das einen riesigen Standort in Florida hat, aber seinen Hauptsitz in der linken Enklave Burbank, Kalifornien. Schon bald begann ein Kader von woken, in Burbank ansässigen Disney-Mitarbeitern zu fordern, dass sich das Unternehmen gegen das Parental Rights in Education-Gesetz ausspricht. Aktivisten und ihre Verbündeten in den Medien außerhalb des Unternehmens setzten dann noch einen drauf und forderten, dass Disney sich entschieden gegen das Elternrecht und für den Unterricht in Sexualität und Geschlechterideologie für Kinder im Kindergarten bis zur dritten Klasse ausspricht.

Rückblickend war dies ein Paradebeispiel dafür, dass sich ein Unternehmen aus der Politik heraushalten sollte. Dieses Gesetz hatte nichts mit den Geschäftsinteressen von Disney in Florida zu tun. Darüber hinaus widersprach die Haltung, zu der linke Aktivisten Disney drängten, den Interessen vieler Eltern und Kinder – dem Kernmarkt für Disney-Produkte und -Dienstleistungen –, insbesondere denen, die die Themenparks des Unternehmens in Florida lieben. Warum sollte man riskieren, seine Kunden zu verprellen, indem man sich in eine politische Schlacht stürzte, die nicht im Interesse des Unternehmens oder seiner Aktionäre war?

Fairerweise muss man sagen, dass die Führungsspitze von Disney, insbesondere der damalige CEO Bob Chapek, das Risiko, dem sich das Unternehmen in diesem aussichtslosen Streit gegenübersah, zunächst verstanden hat. »Chapek lehnt es entschieden ab, Disney in Themen einzubringen, die er als irrelevant für das Unternehmen und seine Geschäfte ansieht«, berichtete die *New York Post* vor der Verabschiedung des Gesetzes. Aber Chapeks mächtiger Vorgänger Robert Iger hatte sich gerade gegen das Gesetz ausgesprochen und das Gegenteil getan und behauptet, dass ein Verbot des Unterrichts in Sexualität und Geschlechterideologie im Kindergarten bis zur dritten Klasse »verletzliche, junge LGBTQ-Menschen in Gefahr bringen« würde. Der Druck auf die Disney-Führungskräfte nahm weiter zu, wahrscheinlich von einigen im Vorstand des Unternehmens, die wahrscheinlich ihre liberalen Mitarbeiter in Burbank beruhigen wollten.

Als sich die Kontroverse um das Parental Rights in Education-Gesetz zuspitzte, rief mich Chapek an, der nicht wollte, dass Disney involviert wurde.

»Wir werden immer wieder unter Druck gesetzt«, sagte er mir. »Aber dieses Mal ist es anders. So etwas habe ich noch nicht erlebt.«

»Lassen Sie sich nicht auf diese Gesetzgebung ein«, riet ich ihm, »Sie werden sich damit in eine unhaltbare Lage bringen?« Ich fuhr fort: »Das Gesetz wird verabschiedet, und es wird achtundvierzig Stunden lang Empörung über Disney geben, weil es neutral geblieben ist. Dann wird die Legislative mir das Gesetz ein paar Wochen später schicken, und wenn ich es unterschreibe, wird es weitere achtundvierzig Stunden Empörung geben, vor allem online. Dann wird es eine neue Empörung geben, auf die sich der woke Mob konzentrieren wird, und die Leute werden dieses Thema vergessen, vor allem, wenn man bedenkt, dass sich die Empörung auf ein politisch-mediales Narrativ richtet und nicht auf den eigentlichen Gesetzestext selbst.«

Zu Beginn meiner Amtszeit als Gouverneur nahmen linke Aktivisten mithilfe parteiischer Medien Unternehmen ins Visier, die zu Floridas Tax Credit Scholarship Program beigesteuert hatten, das rund hunderttausend private Ausbildungsbeihilfen einkommensschwachen Familien für ihre Kinder zum Besuch einer Schule ihrer Wahl zur Verfügung gestellt hatten. Warum? Weil einige Eltern die Gelder nutzten, um ihre Kinder auf religiöse Schulen zu schicken, deren biblische Werte mit der säkularen Agenda der modernen Linken nicht übereinstimmen. Die Linke hat sogar eine Privatschule geteert und gefedert, die einer überwiegend afroamerikanischen Baptistenkirche angegliedert und die ich am Martin Luther King Jr. Day während meines ersten Monats im Amt besucht hatte.

Dies war ein großartiges Programm. Ich habe während dieses Kampfes mit mehreren CEOs gesprochen und sie gebeten, dass ihre Unternehmen weiterhin einen Beitrag zu dem Programm leisten. Es war natürlich ungerecht, arme Kinder zu bestrafen, nur weil einige Linke keine religiösen Schulen unterstützen wollten. Aber der Punkt, den ich betonte, war, dass ein Nachgeben gegenüber dem wütenden Mob nur dazu führen würde, dass die Unternehmen mehr Proteste ernten würden. Die professionelle Linke wird niemals zufrieden sein, also ist es viel besser, diesen Leuten zu sagen, dass sie einem den Buckel runterrutschen sollen. Die Aktivisten werden sich vielleicht in den sozialen Medien zu Wort melden, und es wird einige Medienberichte geben, die die Entscheidung kritisieren werden, aber in ein paar Tagen wird es vorbei sein – und die Aktivisten werden wissen, dass sie einen nicht einschüchtern konnten.

Als die Kontroverse um das Gesetz über die elterlichen Rechte in der Bildung ausbrach, hatten viele Amerikaner genug vom politischen Getue einiger amerikanischer Unternehmen, vor allem, wenn diese einfach nur die von den etablierten Medien und der politischen Linken verbreiteten falschen Darstellungen wiederholten.

Im Jahr 2021 verabschiedete Georgia relativ standardmäßige Reformen zur Stärkung der Wahlintegrität – etwas, das nach der katastrophalen Durchführung der Wahlen im November 2020 in diesem Bundesstaat dringend notwendig war. Diese Reformen umfassten die Verschärfung des Wählerausweises, der von einer großen Mehrheit der Amerikaner über das gesamte politische Spektrum hinweg befürwortet wird, sowie die Begrenzung der sogenannten Wahlurnen. Die Linke und die Medien schmähten diese vernünftigen Reformen fälschlicherweise al »Jim Crow 2.0« und setzten dann große Unternehmen in Georgia unter Druck, gegen das Gesetz zu opponieren, von denen sich viele pflichtbewusst anschlossen.

Sogar CNN sah sich veranlasst, die Kritiker zu überprüfen, und erklärte, dass das Gesetz »tatsächlich auf eine Ausweitung der vorzeitigen Stimmabgabe hinausläuft«, dass jeder Bezirk eine Dropbox für die Briefwahlzettel haben muss und dass es nicht verboten ist, »dass die Wähler in der Schlange Essen und Getränke für sich kaufen«.

Der Vorstandsvorsitzende von Coca-Cola wollte »glasklar und unmissverständlich zum Ausdruck bringen, dass wir vom Ergebnis des Wahlgesetzes in Georgia enttäuscht sind«, während er gleichzeitig »Bundesgesetze unterstützt, die den Zugang zur Wahl schützen und gegen die Unterdrückung von Wählern im ganzen Land vorgehen« – ein gar nicht so versteckter Hinweis auf die Bemühungen der Demokraten, staatliche Wahlvorschriften wie die Wähleridentifikation außer Kraft zu setzen und unsere Wahlen zu ihren Gunsten zu föderalisieren. Der Chef von Delta Airlines, einem weiteren großen Arbeitgeber in Georgia, sagte, es sei »glasklar, dass das endgültige Gesetz inakzeptabel ist und nicht den Werten von Delta entspricht«, und behauptete, dass dieses Gesetz, auch wenn es rassenneutral ist, »wird es vielen unterrepräsentierten Wählern, insbesondere schwarzen Wählern, schwerer machen, ihr verfassungsmäßiges Recht auf die Wahl ihrer Vertreter wahrzunehmen«. Die Major League Baseball hat sogar den drastischen Schritt unternommen, das All-Star-Spiel 2021 von Atlanta nach Denver zu verlegen und damit dem »majority black Atlanta«, dem mehrheitlich schwarzen Atlanta, die massiven wirtschaftlichen Vorteile der Austragung des Spiels zugunsten einer Stadt vorzuenthalten, in der nur 9,2 Prozent Schwarze leben.

Nichts von dem, was die Linke und ihre korporativen Bittsteller behauptet haben, ist tatsächlich eingetreten. Bei der ersten großen Wahl nach dem Inkrafttreten des Wahlgesetzes in Georgia, der Vorwahl im Mai 2022, stieg die Wahlbeteiligung im Vergleich zur Vorwahl im Jahr 2018, dem vorangegangenen Zwischenwahljahr, um 168 Prozent an, einschließlich eines Anstiegs von 100 000 schwarzen Wählern. Diese Ergebnisse entlarven das falsche Narrativ, dass das Gesetz von Georgia die Wiederkehr von Jim Crow darstellt.

Die Episode mit dem Wahlgesetz in Georgia zeigt, welche Gefahren für Unternehmensführer bestehen, die sich den von der Linken und ihren Freunden in den etablierten Medien verbreiteten parteiischen Narrativen beugen. Es ist eine Sache, zu einem politischen Thema Stellung zu beziehen, das sich auf ein Unternehmen auswirkt, wie z. B. Steuern und Regulierung; ^eine ganz andere Sache ist es, sich mit linken Aktivisten zusammenzutun und die Unterschrift ihres Unternehmens unter Erzählungen zu setzen, die nicht der Wahrheit entsprechen.

Obwohl Disney-CEO Bob Chapek anfänglich geneigt war, sich aus der Gesetzgebung in Florida über die Rechte der Eltern herauszuhalten, gab sein Unternehmen schließlich dem Druck der linken Medien und Aktivisten nach und verbreitete ein falsches Narrativ über das Gesetz. Obwohl ich nicht überrascht war, wusste ich, dass das Unternehmen einen großen Fehler gemacht hatte. Die Linke dachte, dass Disneys Opposition mich unter Druck setzen würde, ein Veto gegen das Gesetz einzulegen, aber das würde nicht passieren.

Ich antwortete am nächsten Tag. »Unternehmen, die ein Vermögen damit gemacht haben, familienfreundlich zu sein und Familien mit kleinen Kindern zu bedienen«, erklärte ich, »sollten verstehen, dass Eltern kleiner Kinder dies nicht wollen, in den Kindergarten ihrer Kinder injiziert bekommen wollten. In Florida muss sich unsere Politik also an den Interessen der Bürger Floridas orientieren und nicht an den Überlegungen woker Konzerne.«

Ich hielt es für wichtig, bei dem Gesetz zu den elterlichen Rechten in der Bildung sofort ein Zeichen zu setzen. Ich hatte nicht vor, mich mit falschen Erzählungen oder dem Druck von Unternehmen einschüchtern zu lassen. Diese Taktiken funktionieren bei mir nicht. Es war auch wichtig klarzustellen, dass Florida nicht einfach tut, was ein mächtiges Unternehmen wie Disney will. Allzu oft haben sich GOP-Gouverneure dem Druck von Unternehmen gebeugt, vor allem bei nicht-wirtschaftlichen Themen; ich wollte die Rechte von Eltern und das Wohlergehen unserer Schulkinder entschlossen verteidigen.

Zu diesem Zeitpunkt dachte ich, die Auseinandersetzung mit Disney sei vorbei. Das Unternehmen hatte versucht, neutral zu bleiben, aber schließlich öffentlich gegen das Gesetz opponiert. Disney musste einen Schlag in der Öffentlichkeitsarbeit einstecken, weil seine Position vielen als den Interessen von Eltern und Kindern zuwiderlaufend erschien.

Als es einige Wochen später an der Zeit war, das Gesetz zu unterzeichnen, rechnete ich damit, dass die Linken einen Krampf bekommen würden, aber ich glaubte nicht, dass Unternehmen wie Disney etwas anderes tun würden. Sie hatten die Anweisungen der Linken pflichtbewusst befolgt, aber ich wollte das Gesetz unterzeichnen.

Nach der Unterzeichnung des Gesetzes gab die Walt Disney Company eine Erklärung ab, in der sie die Argumentation der Linken weiterverfolgte und erklärte, dass das Gesetz »niemals hätte verabschiedet werden dürfen und niemals hätte unterzeichnet werden dürfen. Unser Ziel als Unternehmen ist es, dass dieses Gesetz von der Legislative aufgehoben oder von den Gerichten gekippt wird«.

Es ist eine Sache, eine Position gegen das Gesetz einzunehmen, selbst wenn das Unternehmen damit die falschen Erzählungen der Linken aufrechterhält, aber es ist etwas ganz anderes, wenn Disney sich verpflichtet, sich für die Aufhebung eines Gesetzes einzusetzen, das das Recht von Eltern, zu sagen, was ihren beeindruckbaren Kindern über Sexualität und Genderidentität im Klassenraum erzählt wird, schützt.

Mit dem Versprechen, sich für die Aufhebung des Gesetzes einzusetzen, hat das angeblich so familienfreundliche Unternehmen Disney den liberalen Aktivisten mehr als nur Tugendhaftigkeit signalisiert. Stattdessen versprach das Unternehmen einen Frontalangriff auf ein ordnungsgemäß erlassenes Gesetz des Staates Florida.

Für Disney kam es noch schlimmer. Fast unmittelbar nachdem das Unternehmen seine Kriegserklärung abgegeben hatte, sickerte bemerkenswertes Material von einer Videokonferenz durch, in der Disney-Führungskräfte versprachen, Sexualität in Programme für kleine Kinder einzubauen. Ein Sprecher sagte, dass Disney einen »Tracker« führen würde, um zu überwachen, dass das Unternehmen eine ausreichende Anzahl von »kanonischen Trans-Charakteren, kanonischen asexuellen Charakteren [und] kanonischen bisexuellen Charakteren« in sein Programm aufnehme, und dass Disney, um sich der Woke-Agenda zu beugen, bereits, wie ein Sprecher stolz betonte, die Verwendung von »Damen«, »Herren«, »Jungen« und »Mädchen« aus seinen Themenparks gestrichen habe.

Diese Aufnahmen waren verblüffend, denn sie bestätigten Disneys Entwicklung von einem Unternehmen, das Generationen von Amerikanern familienfreundliche Unterhaltung bot, zu einem Unternehmen, das versprach, seine enorme Macht in der Unterhaltungsbranche zu nutzen, um linke Sexualpolitik in sein Programm für kleine Kinder einzubauen. Walt Disney wäre darüber nicht erfreut gewesen.

Die Kombination aus Disneys Selbstverpflichtung, die Aufhebung der Elternrechte zu inszenieren, und den Videos, die zeigen, dass das Unternehmen bei seinem angeblich »familienfreundlichen« Programmangebot vom Weg abgekommen ist, machte aus dem politischen Scharmützel zwischen Florida und Disney etwas anderes als die typische Episode des Großunternehmens, das sich in woken Tugendsignalen ergeht.

Disney erkannte zu diesem Zeitpunkt vielleicht noch nicht, wie anders es war, aber sie sollten es bald herausfinden.

★ ★ ★

The Walt Disney Company ist vielleicht die mächtigste Kraft in der Politik Floridas, die bis in die späten 1960er-Jahre zurückreicht. Jahrzehntelang hat Disney von den Gouverneuren und der Legislative Floridas fast immer bekommen, was es wollte. Wann immer Disney sich zu Gesetzesvorschlägen äußerte, gab seine Macht den Ausschlag in die von den Führungskräften des Unternehmens gewünschte Richtung.

Aber Disneys Macht beruhte auf der fast einhelligen Überzeugung, dass es sich um ein rein amerikanisches Unternehmen handelte, das der Staat Florida mit Stolz auf ein Podest gestellt hatte. Aus diesem Grund wurden Disneys politische Schwachstellen weitgehend überspielt.

Nachdem Disney den Familien in Florida den Krieg erklärt hatte, war mir klar, dass die Führungskräfte des Unternehmens in Burbank nicht bedacht hatten, dass Disney keinen wirklichen Einfluss auf den Staat Florida hat. Zum einen kann Disney seinen riesigen Standort in Zentralflorida nicht einfach in einen anderen Bundesstaat verlegen. Dies würde mindestens Hunderte von Milliarden Dollar kosten, wenn nicht noch mehr, wenn man die Kosten für den Landerwerb mit einbezieht. Und wohin sollten die Führungskräfte Walt Disney World verlegen? Praktisch jeder Staat mit dem ganzjährig guten Wetter in Zentralflorida – im Wesentlichen der Sunbelt – hätte wahrscheinlich eine ähnliche Politik wie Florida. Und Disney hatte bereits Disneyland im woken, aber warmen Südkalifornien.

Der andere Knackpunkt war, dass Disney besondere, vom Staat gewährte rechtliche Privilegien genoss, die kein anderes Unternehmen in der Geschichte Floridas, wenn nicht sogar der USA, je hatte. Um Disney zum Bau von Walt Disney World in Zentralflorida zu bewegen, schuf die Legislative Floridas für Disney den Reedy Creek Improvement District, der Disney effektiv eine eigene Regierung gewährte, Disney von vielen Gesetzen befreite und Disney eine günstige steuerliche Behandlung gewährte, einschließlich der Möglichkeit, seine eigenen Grundstücke zu bewerten. Der Bezirk gewährte Disney sogar die beispiellose Befugnis, ein Kernkraftwerk zu bauen und Privatgrundstücke außerhalb der Grenzen des Reedy Creek Districts für eine weitere Expansion zu enteignen.

Sonderbezirke sind in Florida zwar üblich, aber Disneys Sondervereinbarung war auffallend durch die massiven Vorteile, die einem bevorzugten Unternehmen zugutekamen. Niemand hat so etwas je gesehen, weder vorher noch nachher.

Nach dem Streit um das Parental Rights in Education-Gesetz gab es weitere Gerüchte über die Fortführung von Disneys besonderem Selbstverwaltungsstatus. Ich machte öffentlich deutlich, dass eine solche Regelung ungeachtet von Disneys politischen Eskapaden ein anachronistisches Beispiel für Unternehmensfürsorge sei, und kündigte an, dass ich bereit sei, Disneys Sondervereinbarung neu zu bewerten und sogar abzuschaffen, obwohl eine Zustimmung der Legislative nur wenige Wochen vor der verhängnisvollen Entscheidung der Disney-Führungskräfte, in den woken Kulturkämpfen Partei zu ergreifen, unvorstellbar gewesen wäre.

Hinter den Kulissen fühlte ich mich als Vater von Kindern im Alter von fünf, vier und zwei Jahren nicht wohl mit der Fortführung von Disneys Sondervereinbarung. Die Walt Disney Company und ihre Führungskräfte hatten zwar das Recht, ihrem Aktivismus zu frönen, aber Florida musste das Unternehmen dabei nicht auf ein Podest stellen – vor allem dann nicht, wenn der Aktivismus des Unternehmens die Rechte von Eltern und das Wohlergehen von Kindern beeinträchtigte. Ursprünglich beruhte Disneys Sonderregelung auf der Vorstellung, dass das Unternehmen im besten Interesse des Staates Florida handeln würde, was leider nicht mehr der Fall war. Die Walt Disney Company hatte beschlossen, die Hand zu beißen, die sie mehr als fünfzig Jahre lang gefüttert hatte.

Ich wusste, wenn wir handeln wollten, mussten wir zuschlagen, während das Eisen heiß war. Die Sitzungsperiode 2022 war jedoch bereits zu Ende gegangen, sodass die Legislative, wenn sie etwas tun wollte, dies in einer Sondersitzung tun müsste.

Das Problem dabei ist, dass die Legislative, wenn sie zu einer Sondersitzung zusammentritt, nur Themen behandeln kann, die in der »Einberufung« der Sondersitzung enthalten sind, die entweder vom Gouverneur allein oder gemeinsam von den Führern des Repräsentantenhauses und des Senats vorgenommen werden kann. Ob ich oder die Führer der Legislative eine Sondersitzung einberiefen, um sich mit der Selbstverwaltung von Disney zu befassen, Disney würde seine Flotte hochpreisiger Lobbyisten mobilisieren, um zu versuchen, die besonderen Vergünstigungen des Unternehmens zu retten.

Es gab auch keine drohende Deadline, wie zum Beispiel, als ich eine Sondersitzung einberief, um Floridianer vor dem drohenden Verlust ihres Arbeitsplatzes aufgrund der vom Arbeitgeber vorgeschriebenen COVID-19-Impfung zu schützen, was eine Sondersitzung erforderlich gemacht hätte. Schließlich gibt es viele Themen, die ich gerne angehen würde, aber normale politische Reformen warten normalerweise bis zur regulären Sitzungsperiode.

Die Gelegenheit bot sich tatsächlich. Während der regulären Sitzungsperiode legte ich mein Veto gegen die von der Legislative verabschiedete Karte zur Neuaufteilung der Wahlbezirke für die Abgeordneten des Repräsentantenhauses ein. Da Florida aufgrund des Bevölkerungswachstums einen Sitz hinzugewonnen hatte, mussten wir einer Karte Gesetzeskraft verleihen, damit ein Gericht dem Staat nicht einfach eine Karte per Gerichtsbeschluss aufzwingen konnte. Nachdem ich mein Veto gegen die Karte eingelegt hatte, berief ich für Mitte April eine Sondersitzung der Legislative ein, die sich auf die Verabschiedung einer neuen Karte beschränkte. Gleichzeitig war es möglich, die »Einberufung« auf Sonderbezirke auszuweiten. Ich musste jedoch sicher sein, dass die Legislative bereit sein würde, das potenziell heikle Thema, das das mächtigste Unternehmen des Staates betrifft, in Angriff zu nehmen. Ich fragte den Speaker des Repräsentantenhauses, Chris Sprowls, ob er dazu bereit wäre, und Chris war interessiert.

»Okay, so sieht's aus«, sagte ich ihm. »Wir müssen in einem sehr kleinen Kreis daran arbeiten, und es darf nichts durchsickern. Wir brauchen das Überraschungsmoment – niemand darf das kommen sehen.«

In den Wochen vor der Sondersitzung zur Neueinteilung der Bezirke arbeiteten meine Mitarbeiter mit den Mitarbeitern im Repräsentantenhaus zusammen, um einen Vorschlag auszuarbeiten. Bei der Untersuchung von Disneys Reedy Creek Distrikt stellten wir fest, dass es eine Handvoll anderer Distrikte gab, die vor der Ratifizierung der aktuellen Verfassung Floridas im Jahr 1968 festgelegt wurden und die ebenfalls eine Überprüfung verdienten. Dies war wichtig, weil die Änderung des Reedy Creek Districts nach der Verfassung von Florida als »Sonderrecht« hätte gelten können, das verlangte, dass das eingebrachte Gesetz dreißig Tage vor der Beratung veröffentlicht werden muss. Wir hatten jedoch keine dreißig Tage Zeit, da die Sondersitzung zu diesem Zeitpunkt erst in etwa einer Woche stattfand.

Nach Abwägung aller Optionen bestand die beste Lösung darin, die wenigen Sonderbezirke, die vor 1968 eingerichtet worden waren, per Gesetz außer Kraft zu setzen, um der Legislative Zeit zu geben, weitere Gesetze zu verabschieden – falls erforderlich –, um noch offene Fragen zu klären, wie zum Beispiel die Lösung der ausstehenden, nicht getilgten Schulden von Reedy Creek in Höhe von über 700 Millionen Dollar.

Als die Sondersitzung zur Neueinteilung der Bezirke näher rückte, traf ich mich mit dem Führer des Senats von Florida,

Wilton Simpson, um ihn darüber zu informieren, woran wir mit dem Repräsentantenhaus gearbeitet hatten. In Anbetracht von Disneys Einfluss auf die Politik in Florida war ich mir nicht sicher, wie er reagieren würde. Aber er war unmissverständlich: Er würde im Senat ein Gesetz zur Abschaffung der Sonderbezirke verabschieden.

Ich sagte ihm dasselbe, was ich dem Speaker des Repräsentantenhauses gesagt hatte: Behalten Sie die Sache für sich. Keine undichten Stellen. Mein Plan war, am Dienstagmorgen die Ausweitung der Sondersitzung zur Neueinteilung der Bezirke auf die Sonderbezirke anzukündigen, nur wenige Stunden vor dem geplanten Beginn der Sitzung.

Ein paar Tage später kamen die Präsidenten beider Kammern zu mir in die Villages Retirement Community, als ich das Gesetz zur Reform der Hochschulbildung in Florida unterzeichnete. Nachdem ich das Gesetz unterzeichnet hatte, kehrte ich auf das Podium zurück, um zu verkünden, dass ich soeben den Kompetenzbereich der Sondersitzung auf die Sonderbezirke von vor 1968 wie Disneys Reedy Creek ausgeweitet hatte. Die Fortsetzung von Disneys Privilegien überschattete sofort die Erstellung von Floridas neuer Kongresskarte. Niemand hatte damit gerechnet, und Disney hatte nicht genug Zeit, um sein Heer von hochrangigen Lobbyisten einzusetzen, um das Gesetz zu Fall zu bringen. Dass die Legislative dem Gesetz zustimmte, wäre nur wenige Monate zuvor undenkbar gewesen. Disney hatte eindeutig eine Grenze überschritten, als es die Indoktrination von Kindergartenkindern mit der woken Geschlechteridentitätspolitik unterstützte.

Obwohl die Demokraten oft über die schändliche Macht der Großkonzerne über die Politik schimpfen und sich angeblich gegen besondere Ausnahmeregelungen für große Unternehmen aussprechen, haben sie sich alle pflichtbewusst für die Beibehaltung des besonderen Selbstverwaltungsstatus von

Disney eingesetzt. Dies bestätigte, wie sehr die moderne Linke Prinzipien zugunsten von Macht über Bord geworfen hat – solange diese Unternehmen ihre Macht nutzen, um die Agenda der Linken voranzutreiben, ist die Linke durchaus bereit, den Wünschen der großen Unternehmen nachzukommen.

Innerhalb weniger Tage hatte die Legislative von Florida ein Gesetz verabschiedet, das das Unvorstellbare bewirkte: die Aufhebung des besonderen Selbstverwaltungsstatus von Disney, und ich unterzeichnete das Gesetz, sobald es auf meinem Schreibtisch lag.

Dies war das Florida-Äquivalent des Schusses, der in der ganzen Welt gehört wurde.

Innerhalb sechs Wochen, nachdem Disney sich für die Einführung von Sexualitäts- und Genderideologie in den Kindergärten bis zur dritten Klasse ausgesprochen hatte, stürzte der Börsenwert des Unternehmens um mehr als 63 Milliarden Dollar – der größte Absturz in seiner Geschichte. Eine Umfrage ergab, dass die Nettowahrscheinlichkeit des Unternehmens von +56 vor der Entscheidung des Unternehmens, Partei zu ergreifen, auf +3 nach der Entscheidung fiel. Dieser verblüffende Rückgang um 53 Prozentpunkte muss in der Disney-Zentrale in Burbank Schockwellen ausgelöst haben.

Die Frage, die mir viele Leute nach dem Disney-Face-Off gestellt haben, war: Warum? Warum sollte ein Unternehmen wie Disney seine familienfreundliche Marke, die es in fast hundert Jahren aufgebaut hatte, in Mitleidenschaft ziehen, indem es sich öffentlich mit der Agenda der linken Randgruppen verbündete, die das Recht der Eltern auf Mitsprache bei der Vermittlung von Sexualität an sehr junge und verletzliche Kinder einschränken wollen? Warum sollten Führungskräfte eine der wertvollsten Marken der Welt riskieren, indem sie Sexualpolitik in ihr Programm für Kinder einbringen? Warum haben die hochbezahlten Führungskräfte von Disney nicht erkannt, wie sich die Teilnahme an den Kulturkämpfen negativ auf den Gewinn des Unternehmens auswirken und den Aktionären schaden würde? Warum hat der Vorstand von Disney das wertvollste Gut des Unternehmens nicht geschützt – seinen Ruf als familienfreundlichstes Unternehmen der Welt?

Die Antwort liegt in der Art und Weise, wie die Linke große Unternehmen wie Disney unter Druck gesetzt hat, ihre enorme Macht für ihre politischen Ziele einzusetzen. Grundsätzlich ist die treuhänderische Pflicht, die der CEO und der Vorstand eines börsennotierten Unternehmens den Aktionären des Unternehmens schuldet, nicht damit vereinbar, dass das Unternehmen zu einer parteipolitischen Kampfmaschine gemacht wird. Abgesehen von der treuhänderischen Pflicht sind sich die meisten Vorstandsvorsitzenden und Direktoren wahrscheinlich darüber im Klaren, dass es für große Unternehmen aus Gründen der Vorsicht wenig vorteilhaft ist, zu umstrittenen politischen Themen Stellung zu nehmen, insbesondere zu solchen, die keine Einwirkung auf ihr Geschäft haben.

In den letzten Jahren haben sich zwei Dinge gewandelt, die diese Einschätzung ändern. Erstens ist eine kritische Masse von Arbeitnehmern der Meinung, dass ihr Arbeitgeber ihre politischen Werte widerspiegeln sollte. Diese Arbeitnehmer stellen sicherlich nicht die Mehrheit dar, aber sie sind laut und militant, da die linke Politik praktisch ihre Religion ist. Wie die Hochschulverwaltungen in den 1960er-Jahren versuchen auch die Führungskräfte von Unternehmen oft, ihre linksgerichteten Mitarbeiter zu beschwichtigen, was jedoch zur Folge hat, dass sie diese Lautsprecher in der Annahme bestärken, dass ihr Arbeitgeber in der nächsten politischen Schlacht auf Linie gehen wird. Die Insassen haben bald das Sagen.

Der andere Impuls, der zum Aufstieg des »Woke Capital« beigetragen hat, ist Macht. Ein traditioneller Unternehmensführer mag zwar Macht innerhalb des Unternehmens haben, aber ein Woke-CEO kann seine oder ihre »Bully Kanzel« und Macht nutzen, um seinen oder ihren Einfluss auf die Gesellschaft selbst auszuüben.

Dies gilt umso mehr, als die Bewegung für Umwelt-, Sozial- und Governance-Verantwortung (ESG) in den amerikanischen Unternehmen an Boden gewonnen hat. ESG bietet CEOs einen Vorwand, um das Vermögen der Aktionäre für Themen wie die Reduzierung der Nutzung fossiler Brennstoffe und die Einschränkung der Rechte des Zweiten Verfassungszusatzes zu nutzen. Es ist in der Tat ein Weg für die politische Linke, durch Unternehmensmacht das zu erreichen, was sie an den Wahlurnen nicht erreichen kann.

Leider ist das traurige Ergebnis dieser Veränderungen, dass Corporate America zu einem der Hauptakteure in den Kämpfen um Amerikas Politik und Kultur geworden ist. Es ist undenkbar, dass sich diese großen Unternehmen in Fragen wie dem Zweiten Verfassungszusatz, dem Recht auf Leben, der Wahlintegrität und der Religionsfreiheit auf die Seite der konservativen Amerikaner stellen würden.

In diesem Umfeld ist der Corporate Republicanism der alten Garde der Aufgabe nicht gewachsen. Jahrzehntelang hat ein großer Teil der gewählten GOP-Amtsträger mit den Grundsätzen der freien Marktwirtschaft geworben, aber als Korporatisten (von Konzernen bestimmt) regiert – sie haben Subventionen, Steuererleichterungen und Ausnahmeregelungen in der Gesetzgebung unterstützt, um den etablierten Unternehmensinteressen besondere Vorteile zu verschaffen.

Was im nationalen Interesse liegt, ist nicht unbedingt dasselbe wie die Interessen großer Unternehmen. Und wenn große Unternehmen versuchen, ihre wirtschaftliche Macht zu nutzen, um die politische Agenda der Linken voranzutreiben, sind sie zu politischen und nicht nur zu wirtschaftlichen Akteuren geworden.

In einem Umfeld, in dem große Unternehmen aggressive politische Akteure sind, überlässt die reflexartige Nachgiebigkeit gegenüber dem Großkapital das politische Schlachtfeld der militanten Linken. Als Reaktion darauf ist es nicht nur klug, sondern auch notwendig, den Bemühungen großer Unternehmen entgegenzuwirken, dem Rest von uns eine Agenda des Erwachens aufzuzwingen.

Tatsache ist jedoch, dass private Unternehmen, die de facto öffentliche Macht ausüben, nicht im Interesse der meisten Amerikaner sind. Politische Führer müssen bereit sein, sich zu wehren, wenn große Unternehmen den Fehler begehen, ihre wirtschaftliche Macht zu nutzen, um eine politische Agenda voranzutreiben, wie es Disney getan hat.

Kapitel 13

Die Prätorianergarde der liberalen Elite

»Die Fake-News-Medien sind nicht mein Feind«, twitterte Präsident Donald Trump einen Monat nach Beginn seiner Präsidentschaft: »Sie sind der Feind des amerikanischen Volkes!«

Die Vertreter der nationalen Legacy-Press, der alten Medien, waren schnell über Trumps Charakterisierung empört. Doch dann verbrachten sie die nächsten vier Jahre damit, Trump recht zu geben.

Die nationale Legacy-Presse ist die Prätorianergarde der gescheiterten herrschenden Klasse der Nation, mischt sich wohlwollend für die ein, die ihre Vision teilen, und verleumdet die, die es wagen, sich zu widersetzen. Allzu oft agiert die etablierte Presse in böser Absicht, stellt ihre bevorzugten Narrative über die Fakten und gibt sich einer unüberlegten Parteinahme hin.

Zu sagen, dass die Amerikaner die Presse geringschätzen, wäre eine Untertreibung: In einer Gallup-Umfrage vom September 2021 gaben 63 Prozent der Amerikaner an, dass sie nur sehr wenig oder gar kein Vertrauen in die Medien haben, darunter 31 Prozent der Demokraten!

Dies ist nicht überraschend, da die nationale Presse immer parteiischer geworden ist und sich immer mehr darauf konzentriert, ihre bevorzugten Geschichten zu verbreiten – ohne Rücksicht auf die Fakten. Wenn sich herausstellt, dass diese Erzählungen so offensichtlich und wiederholt von den Fakten abweichen, verlieren die Amerikaner das Vertrauen.

★★★

Anfang 2021 erfuhr mein Amt, dass die Viacom-eigene CBS-Sendung *60 Minutes* in Florida nach Dreck gräbt. Es schien keinen anderen Ansatzpunkt zu geben, als etwas zu finden, mit dem man mich wegen meiner COVID-19-Politik angreifen konnte.

Schließlich stürmte ein Team von *60 Minutes* mit der Kamera im Schlepptau eine meiner Pressekonferenzen, um ihre Verschwörungserzählung über die Verteilung von COVID-19-Impfstoffen in Florida zu verbreiten. Als die FDA im Dezember 2020 erstmals eine Notfallzulassung für Impfstoffe erteilte, beauftragte der Bund die Regierungen der Bundesstaaten mit der Verteilung der begrenzten Vorräte an die Bevölkerung.

Ich lehnte es zwar ab, jeden Floridianer zur Impfung zu verpflichten, doch hoffte ich damals, dass die Impfungen Immunität erzeugen würden, sodass diejenigen, die sich impfen ließen, nicht mit dem Coronavirus infiziert würden. Dies war natürlich nicht der Fall, und die mRNA-Impfstoffe wurden zu einem wichtigen Siedepunkt im Kampf gegen den biomedizinischen Sicherheitsstaat. Als sich die Beweise häuften, dass die Impfungen die Erwartungen nicht erfüllten, griffen die Lockdowners zunehmend zu weiteren Zwangsmechanismen – von Arbeitsverpflichtungen bis hin zu Impfpässen –, um diejenigen auszugrenzen, die die Impfung ablehnten.

Dennoch gab es damals eine massive Nachfrage in der Bevölkerung nach den mRNA-Impfstoffen, und es oblag den einzelnen Staaten, diese zuzuteilen.

Um die Verfügbarkeit des Impfstoffs zu gewährleisten, habe ich mich gegen die CDC gestellt, indem ich unsere Senioren – die durch COVID-19 am meisten gefährdete Bevölkerungsgruppe – bevorzugt geimpft habe, anstatt die Kriterien der »sozialen Verwundbarkeit« anzuwenden. Da die Nachfrage nach den Impfungen bei den Senioren Floridas die wöchentliche Menge, die die Bundesbehörden unserem Staat zugewiesen hatten, bei weitem überstieg, wollten wir die Apotheken mit den Impfungen beauftragen, die schnell Termine vereinbaren und die Impfungen verabreichen konnten.

Da Florida den Senioren Priorität einräumte, teilten wir sowohl CVS als auch Walgreens sofort Impfungen zu, um sie den Bewohnern von Langzeitpflegeeinrichtungen in ganz Florida anzubieten. Unser Bundesstaat verteilte den Impfstoff auch an Krankenhäuser, Gesundheitsämter und an kommunale Einrichtungen, die die Impfungen im Auto durchführten.

Als sturmgefährdeter Bundesstaat verfügt Florida über eine starke Infrastruktur für die Reaktion auf Notfälle, die wir während COVID-19 nutzten, um praktisch alle wichtigen logistischen Aufgaben zu bewältigen, von der Einrichtung von Drive-Through-Teststellen in den ersten Tagen der Pandemie bis zur Einrichtung von Frühbehandlungsstellen im ganzen Bundesstaat. Für die COVID-19-Impfungen arbeitete die Florida Division of Emergency Management daran, mehr Anbieter online zu stellen, um die Impfstoffe für die Öffentlichkeit leicht erreichbar zu machen. Wir gewannen große Handelsketten mit Pharmazieabteilungen wie Walmart und Publix, die beliebteste Lebensmittelkette des Staates.

Einige Wochen, nachdem der Bund die ersten Impfstoffe an die Bundesstaaten verschickt hatte, teilte Publix der Katastrophenschutzbehörde Floridas mit, dass es die Impfungen in seinen Apotheken anbieten könne, aber mit einer relativ kleinen Menge beginnen wolle, um sicherzugehen, dass es richtig gehandhabt würde. Schließlich müsste das Apothekenpersonal sein Arbeitspensum deutlich erhöhen, ohne die Zahl der Apotheker zu erhöhen.

Der Staat stellte Publix genügend Impfstoff zur Verfügung, damit die Kette die Impfungen in ihren Geschäften in den Bezirken Citrus, Hernando und Marion als Pilotprojekt anbieten konnte.

Ich besuchte an diesem Wochenende mehrere Geschäfte, um ihre Durchführung zu bewerten und mit Senioren über ihre Erfahrungen zu sprechen. Es war klar, dass Publix eine professionelle und effiziente Arbeit leistete und dass unsere Senioren es zu schätzen wussten, dass die Impfungen in ihrem örtlichen Lebensmittelgeschäft möglich waren. Dies war für unsere Senioren besonders hilfreich, denn selbst von denjenigen, die sich wegen des Coronavirus nur eingeschränkt in der Öffentlichkeit aufhielten, gingen praktisch alle weiterhin in den Lebensmittelladen.

Nachdem sich herumgesprochen hatte, dass Publix die Impfungen anbot, wollten die Floridianer, dass wir die Verteilung über die drei Pilotbezirke hinaus ausweiteten, was wir auch taten. Wir konzentrierten uns auf Gemeinden, die eine kritische Masse an Senioren aufwiesen.

Während dieser Zeit traf ich mich mit lokalen Beamten in Palm Beach County, darunter mit dem Bürgermeister der Hauptstadt Dave Kerner, einem Demokraten. Ziel unseres Treffens war es, die Verfügbarkeit der Impfungen für Senioren in diesem Bezirk zu verbessern, in dem es zwar viele Senioren gab, der aber nicht über die umfangreiche Gesundheitsinfrastruktur eines Bezirks wie Miami-Dade verfügte. Wir hatten bereits ein Programm zur Verabreichung von Impfungen vor Ort in Seniorengemeinschaften ins Leben gerufen, wobei der erste Durchgang in der Kings Point Retirement Community in Delray Beach stattfand.

Bürgermeister Kerner erzählte mir, dass Palm Beach County die Impfstoffe über Publix verteilen wollte, weil etwa 90 Prozent der Senioren im County in einem Umkreis von ein paar Meilen von einem Publix lebten. Unsere Senioren waren begeistert.

60 Minutes war es nicht.

Die Reporterin Sharyn Alfonsi beschuldigte mich, mich mit Publix verschworen zu haben, um der Lebensmittelkette das

»Exklusivrecht« für die Verteilung der Spritzen in Palm Beach County zu verschaffen, und berief sich dabei auf eine Publix-Spende in Höhe von 100 000 Dollar an mein politisches Aktionskomitee (das letztlich mehr als 150 Millionen Dollar von allen aufbrachte). Die Reporterin warf mir vor, eine Straftat zu begehen. Aber hatte sie echte Beweise, um eine solche diffamierende Anschuldigung zu erhärten? Natürlich nicht. *60 Minutes* war nicht an echten Fakten oder Beweisen interessiert, sondern daran, Andeutungen als Waffe zu benutzen, um die parteiische Agenda von CBS voranzutreiben.

In meiner Antwort habe ich diese Anschuldigung entkräftet. Publix hatte kein ausschließliches Recht, den Impfstoff zu verteilen; tatsächlich hatten CVS und Walgreens ihn schon Wochen vor Publix erhalten. Der Staat hatte sich auch bemüht, andere Apotheken wie Walmart zu gewinnen, aber diese Apotheken waren noch nicht bereit, als Publix die Hand hob; sie kamen erst kurz danach dazu. Dies alles zusätzlich zu den Krankenhäusern und kommunalen Einrichtungen, die den Senioren die ganze Zeit über Impfungen verabreicht hatten. Darüber hinaus erklärte ich, wie ich mich mit den lokalen Beamten in Palm Beach getroffen hatte und wie sie den Staat gebeten hatten, den Impfstoff zu Publix zu bringen, weil so viele ihrer Senioren in der Nähe eines Publix wohnten.

Zu diesem Zeitpunkt dachte ich, dass ich diese falsche Geschichte entlarvt hatte. CBS hatte nichts mehr gegen mich in der Hand und würde einer so leicht zu widerlegenden Anschuldigung keinen Beitrag in *60 Minutes* widmen. In den Wochen nach der Pressekonferenz schien CBS zu verschwinden, aber ich unterschätzte den parteiischen Eifer von *60 Minutes*.

Schließlich erhielt mein Büro eine Reihe von feindseligen schriftlichen Anfragen zu Floridas Verteilungsbemühungen. CBS ging schließlich mit ihrer Müll-Geschichte aufs Ganze.

60 Minutes versuchte auch zu unterstellen, dass der Einsatz von Publix für die Verteilung von Medikamenten rassistisch sei, und verwies auf eine überwiegend schwarze Gemeinde in der Nähe des Okeechobee-Sees, die weit entfernt von den Ballungszentren von Palm Beach County liegt und daher keinen Publix im Umkreis von zwei Meilen hatte.

Der Beitrag war so offensichtlich darauf ausgelegt, die von *60 Minutes* vorgegebene Geschichte zu unterstützen, dass er schnell eine Gegenreaktion auslöste. Selbst einige meiner Kritiker waren empört darüber, dass *60 Minutes* die Antwort, die ich auf meiner Pressekonferenz gegeben hatte, irreführend bearbeitet hatte.

Nachfolgend findet sich mein vollständiger Austausch mit Sharyn Alfonsi von CBS. Der fettgedruckte Text ist das, was *60 Minutes* selektiv aus seinem Beitrag herausgeschnitten hat.

SHARYN ALFONSI: Publix hat, wie Sie wissen, 100 000 Dollar für Ihre Kampagne gespendet, und Sie haben sie dann mit den Exklusivrechten für die Verteilung des Impfstoffs in Palm Beach belohnt.

RON DESANTIS: Also, erstens ist das, was Sie sagen, falsch. Das ist …

SHARYN ALFONSI: Wieso ist das kein Pay-to-Play?

RON DESANTIS: Das ist eine erfundene Geschichte. *Als wir das taten, waren die ersten Unternehmen, die sich darum kümmerten, CVS und Walgreens. Und sie hatten eine Langzeitpflege-Mission. Sie gingen also zu den Langzeitpflegeeinrichtungen. Sie bekamen den Impfstoff Mitte Dezember. In der dritten Dezemberwoche fingen sie an, die Langzeitpflegeeinrichtungen aufzusuchen, um LTCs durchzuführen. Das war also ihre Mission. Das war mir sehr wichtig. Und ich habe ihnen vertraut, dass sie es tun. Als wir im Januar ankamen, wollten wir die Verteilungsstellen ausweiten. Ja, es gab die Bezirke, es gab einige Drive-Through-Stellen, es gab Krankenhäuser, die eine Menge taten, aber wir wollten mehr Stellen in den Gemeinden. Also wandten wir uns an andere Einzelhändler – Publix, Walmart – und natürlich CVS und Walgreens. Und sie sagten, wir nutzen euch, sobald ihr fertig seid. Publix war die erste Kette, die die Hand hob, sagte, wir sind bereit. Ich hatte drei Bezirke. Ich bin an diesem Wochenende einfach aufgetaucht und sprach mit den Senioren quer durch vier verschiedene Publix-Läden. Was war das Ergebnis? Funktioniert das? Wird das gehen? Und es war zu 100 Prozent positiv. Also gab ich sie aus, und die Leute fanden es gut. Und ich kann euch sagen, wenn ihr euch einen Ort wie Palm Beech County anschaut, die haben das zuerst gemacht, was die Anzahl der Senioren angeht.* Ich fuhr hin, traf mich mit dem Bürgermeister von Palm Beach und dem Administrator des Bezirks. Ich traf mich mit allen Leuten in Palm Beach County und sagte: »Hier sind einige der Optionen: Wir können mehr Drive-Throughs machen, wir können den Krankenhäusern mehr Geld geben, wir können das Publix machen, *wir können das hier machen.« Sie berechneten, dass 90 Prozent ihrer Senioren in einem Umkreis von einer Meile um das Publix leben.* Und sie sagten: »Wir denken, das wäre das Einfachste für unsere Bewohner.« *Also haben wir das gemacht, und am Ende gab es fünfundsechzig Publix in Palm Beach. Palm Beach ist einer der am stärksten besiedelten Bezirke, einer der ältesten Bezirke, wir haben fast 75 Prozent der Senioren in Palm Beach, und der Grund dafür ist, dass wir den starken Einzelhandel-Fußabdruck haben. Also wurde unsere Arbeit mehrfach optimiert. Es hat funktioniert. Und wir haben jetzt auch sehr viel Erfahrung mit CVS und Walgreens, und sie haben die Lanzeitpflege-Mission komplettiert.*

SHARYN ALFONSI: Die Kritik ist, dass es ein Pay-to-Play-System ist, Gouverneur.

RON DESANTIS: Und das ist falsch. Es ist falsch. Es ist ein falsches Narrativ. Ich habe Sie gerade von dieser Darstellung abgebracht. Und Sie interessieren sich nicht für die Fakten. Denn offensichtlich habe ich sie Ihnen auf unwiderlegbare Weise dargelegt.

60 Minutes wusste, dass seine falsche Erzählung einer Überprüfung nicht standhalten würde, und beschloss daher, meine Dekonstruktion seiner Erzählung auf dem Boden des Schneideraums zu lassen. Dies ist ein Beispiel für den allzu häufigen Impuls in modernen Medienunternehmen, Fakten, die der gewünschten Darstellung widersprechen, zu ignorieren. Warum sollten die Fakten einer gewünschten Erzählung im Weg stehen?

Fast unmittelbar nach der Ausstrahlung des *60-Minutes*-Beitrags meldeten sich sogar Demokraten in Florida zu Wort. Jared Moskowitz, ein Demokrat und damaliger Direktor der Katastrophenschutzbehörde Floridas, reagierte mit einem Tweet, dass er *60 Minutes* gesagt habe, dass die @publix-Geschichte ›Bulls‹ sei, und sie durch den ganzen Prozess geführt habe«. Tatsächlich wies Moskowitz darauf hin, dass »Publix von @FLSERT [State Emergency Response Team] und @HealthyFla [Florida Department of Health] empfohlen wurde, während die anderen Apotheken nicht bereit waren, mit der Arbeit zu beginnen. Punkt! Punkt und aus! Niemand aus dem Amt des Gouverneurs hat Publix vorgeschlagen. Das ist einfach absoluter Blödsinn.«

Auch der demokratische Bürgermeister von Palm Beach, Dave Kerner, verurteilte in einer Erklärung den Beitrag von *60 Minutes.* »Die Berichterstattung basierte nicht nur auf falschen Informationen – sie war absichtlich falsch«, sagte er. »Sie wissen, dass der Gouverneur nach Palm Beach County kam und sich mit mir und dem County Administrator traf und wir darum baten, die Partnerschaft des Staates mit Publix auf Palm Beach County auszuweiten.«

60 Minutes hätte Moskowitz und/oder Kerner in die Sendung einladen können, aber das hätte das Narrativ zerstört. CBS hat sicherlich erkannt, dass die Tatsache, dass zwei Demokraten die tatsächlichen Gründe für den Einsatz von Publix erläutern durften, die gesamte Prämisse des Beitrags zunichte gemacht hätte. Also ignorierte *60 Minutes* die Wahrheit, um seine Verleumdung aufrechtzuerhalten.

Der Versuch von *60 Minutes*, das Publix-Problem als rassistische Kontroverse darzustellen, war ebenso absurd – und CBS ignorierte einmal mehr Beweise, die seine Darstellung widerlegten. Es stimmte zwar, dass über 90 Prozent der Senioren in Palm Beach in der Nähe eines Publix lebten, aber einige der kleinen, ländlichen Gemeinden im östlichsten Teil des Bezirks hatten keinen so engen Zugang. *60 Minutes* versuchte, es so aussehen zu lassen, als ob Floridas Programm diese überwiegend schwarzen Gemeinden absichtlich ausschließen würde.

Was *60 Minutes* seinen Zuschauern nicht erzählte, war, dass ich volle zwei Monate vor der Ausstrahlung des Beitrags einen Standort an der örtlichen High School einer überwiegend afroamerikanischen Stadt namens Pahokee im östlichen Teil des County eröffnet hatte. Im Jahr zuvor hatte ich John Davis, einen ehemaligen Football-Star der Florida State University aus Pahokee, zum Sekretär der Lotterie in Florida ernannt. Unmittelbar nachdem die Publix-Standorte in Palm Beach County eröffnet worden waren, kam John zu mir und fragte, ob wir einen Standort im ländlichen Teil des County eröffnen könnten. Ich stimmte zu, und der Standort wurde kurz darauf in Betrieb genommen.

Natürlich hat *60 Minutes* auch ignoriert, dass der Staat Florida ein Programm gleich zu Beginn der Vertriebsbemühungen (und bevor Publix irgendwelche Vakzine erhielt) startete, um mit überwiegend afroamerikanischen Kirchen und anderen religiösen Organisationen zusammenzuarbeiten. Unglaub-

lich, dass *60 Minutes* sich auf einen linksgerichteten Staatsver-
treter stützte, um ihre rassistische Erzählung zu lancieren, aber
nicht zur Kenntnis nahm, dass der Staat mehr als zweieinhalb
Monate vor der Ausstrahlung des *60-Minutes*-Beitrags eine
Veranstaltung für COVID-19-Spritzen in einer überwiegend
schwarzen Kirche in Palm Beach County, dem Bezirk dieses
Vertreters, durchgeführt hatte.

CBS und *60 Minutes* sahen sich einer berechtigten Gegenreaktion gegenüber, weil sie eine so unehrliche, schlecht ausge-
führte Verleumdung gemacht hatten. Wenn selbst prominente
Demokraten ein Medienunternehmen wegen einer Lüge über
einen prominenten Republikaner anprangern, dann muss das
Magazin wirklich ins Fettnäpfchen getreten sein. Obwohl ich
immer *60 Minutes* für überbewertet hielt und das Programm
als Wegbereiter für unsaubere Redaktion, waren viele Amerikaner überrascht und empört über den Angriff von CBS auf
mich. *60 Minutes* wollte meinen Charakter anzweifeln, aber
stattdessen hat der Beitrag dem Ruf von *60 Minutes* erheblich
geschadet.

★ ★ ★

Eines der eklatantesten Versäumnisse des medizinischen Establishments bei der Antwort auf COVID-19 war sein Desinte-
resse an der Behandlung der Krankheit und der Wiederherstellung eines normalen Lebens. Die vorherrschende Meinung der
Elite war, dass Lockdowns, Masken und Impfstoff das gesamte
Spektrum der COVID-19-Reaktion darstellten. Als klar wurde, dass die COVID-Impfungen keine Immunität bewirkten,
erwies sich diese Weigerung, die Krankheit zu behandeln, als
kostspielig.

Bis zum Sommer 2021 hatten mehr als 80 Prozent der Senioren und 50 Prozent der Floridianer eine COVID-19-Impfung

erhalten – ein Niveau, von dem Dr. Anthony Fauci versprach, es würde ausreichen, um weitere »Wellen« von COVID-19 zu verhindern. Doch dann breitete sich die sogenannte COVID-19-Delta-Variante in Florida und anderen Staaten des Sunbelt aus und erreichte ein Infektionsniveau, das die Werte des vorangegangenen Sommers übertraf, als es weit weniger natürliche Immunität gab und keine Impfstoffe verfügbar waren.

Als die Zahl der Krankenhauseinweisungen dramatisch anstieg, wurde deutlich, dass diejenigen, die an schweren COVID-19-Erkrankungen litten, nicht frühzeitig behandelt wurden. Ich habe mit Familienangehörigen von COVID-19-Patienten gesprochen, die bestürzt darüber waren, dass die Standardreaktion der Ärzte darin bestand, dass gefährdete Personen, die sich infiziert hatten, einfach nach Hause gingen und hofften, dass sich ihre Krankheit nicht verschlimmerte. Wenn die Infektion so weit fortgeschritten war, dass der Patient ins Krankenhaus eingeliefert werden musste, war es für eine Behandlung wahrscheinlich schon zu spät.

Zu diesem Zeitpunkt standen bereits mehrere Optionen für eine frühzeitige Behandlung zur Verfügung, darunter ein monoklonaler Antikörper von Regeneron, der etwa zur gleichen Zeit (Dezember 2020) wie die mRNA-Impfstoffe eine Notfallzulassung (EUA) erhielt und daher nicht so viel Aufsehen erregte.

Als sich Präsident Trump im Oktober 2020 mit dem Coronavirus infizierte, hatte der monoklonale Antikörper von Regeneron noch keine EU-Zulassung erhalten, aber der Präsident bekam ihn versuchsweise. »Ron, das Ding ist ein Heilmittel«, sagte Trump Monate später zu mir.

Ich hatte in den vergangenen Monaten auch anekdotische Berichte erhalten, dass das monoklonale Präparat von Regeneron bei Patienten in Florida wirksam war.

Das Problem war, dass die meisten Menschen und sogar viele, wenn nicht sogar die meisten Ärzte, nichts über die

Regeneron-Behandlung wussten. Zumindest war es offensichtlich, dass die monoklonalen Medikamente in der amerikanischen Ärzteschaft, auch in Florida, viel zu wenig genutzt wurden.

Deshalb glaubte ich, dass wir Leben retten könnten, indem wir Behandlungszentren einrichteten, in denen Patienten Zugang zu Regeneron hatten. Ein Teil des Nutzens würde darin bestehen, die Behandlung leichter zugänglich zu machen, aber der andere, ebenso entscheidende Teil war die Bekanntmachung der Verfügbarkeit einer frühzeitigen Behandlung, damit die Floridianer – vor allem diejenigen, die ein hohes Risiko für schwere COVID-19-Verläufe hatten – wüssten, dass sie die Regeneron-Behandlung in Anspruch nehmen müssen, wenn sie infiziert sind. Wenn der Gesundheitsminister von Florida eine Dauerregelung treffen würde, die Hochrisikopatienten den Zugang zu den Behandlungen erlaubt, könnten wir den Patienten die Notwendigkeit ersparen, ein Rezept von ihrem Arzt einzuholen, wodurch die Behandlung auch früher zur Verfügung stünde, und die Wahrscheinlichkeit, dass sie wirksam wäre, würde sich erhöhen.

Unser Programm war ein großer Erfolg. Ein Patient nach dem anderen berichtete, dass die Regeneron-Behandlung ihn vor dem Krankenhaus bewahrt und sogar sein Leben gerettet hat. »Ich war auf dem Weg in die Intensivstation«, sagte mir einer der Patienten. »Aber nachdem ich vierundzwanzig Stunden Regeneron bekommen hatte, ging es mir viel besser. Ohne die Behandlung wäre ich wahrscheinlich tot.«

Insgesamt verabreichte der Staat Florida innerhalb von zwei Monaten über 150 000 Mal Regeneron, was Zehntausende von Menschen vor dem Krankenhaus bewahrte und Tausende von Leben rettete, und es kamen sogar Leute aus dem ganzen Land in mein Amt, um mir dafür zu danken, was Florida getan hatte. Warum? Weil sie nichts von Monoclonals wussten. Nachdem sie einige meiner Pressekonferenzen im Internet gesehen hatten, baten sie später ihre Ärzte, gefährdeten Familienmitgliedern, die infiziert waren, Regeneron zu geben. Sie glaubten, dass Regeneron das Leben ihrer Familienmitglieder rettete.

Da ich die Führung bei der Frühbehandlung übernommen hatte, taten die etablierten Medien ihr Bestes, um unser Programm zu diskreditieren, bis hin zu dem Punkt, dass sie die Menschen davon abhielten, sich überhaupt mit monoklonalen Antikörpern behandeln zu lassen. Das war falsch.

Ein Teil der Feindseligkeit der Medien gegenüber den Monoklonalen rührte von der Verwendung von Regeneron zur Behandlung von Präsident Trump her. Als ich unser Programm ins Leben rief, sprach ich mit dem CEO von Regeneron darüber, warum die Medien Monoklonale wie die Regeneron-Behandlung so negativ sehen. Er erzählte mir, dass die etablierte Presse während der gesamten klinischen Testphase sehr ermutigend über die Möglichkeit berichtet hatte, das Arzneimittel auf den Markt zu bringen. Als Präsident Trump es jedoch bekam, nahm die Haltung der Medien gegenüber Regeneron eine Form an, die mir wie ein klinischer Fall von Trump-Derangement-Syndrom erschien.

Die Medienkonzerne griffen auch frühe Behandlungen als impfgegnerisch an. Dieser Vorwurf ist jedoch in mehrfacher Hinsicht unsinnig. Erstens ist diese Behandlungsform nicht dasselbe wie die mit einem Vakzin; wenn jemand erkrankt ist, braucht er eine Behandlung, aber für eine übliche Impfung ist es zu spät. Zweitens war klar, dass die COVID-Impfungen die Infektion nicht wie versprochen verhinderten, so dass geimpfte, gefährdete Menschen immer noch behandelt werden mussten. Und schließlich war ich kein Vertreter von Pfizer und wollte eine frühzeitige Behandlung nicht ignorieren, nur weil dadurch vielleicht die COVID-19-Impfungen reduziert werden könnten.

Die *Associated Press* versuchte, mich zu verleumden, indem sie mir unterstellte, ich würde Kliniken für monoklonale Antikörper einrichten, um die Gewinne von Regeneron zu steigern. Unter der Überschrift »DeSantis Top Donor Invests in COVID Drug Governor Promotes« (DeSantis Top-Spender investiert in COVID-Medikament, das der Gouverneur bewirbt) wurde in dem Artikel unterstellt, dass ich die Antikörper-Behandlung COVID-19 fördere, weil der Leiter eines Investmentfonds, der an ein politisches Pro-DeSantis-Aktionskomitee spendete, Aktien von Regeneron hielt. Durch die Verwendung des Monoklonals von Regeneron, so die Theorie, würde ich dazu beitragen, die Gewinne von Regeneron zu steigern und damit auch den Investmentfonds unterstützen.

Dies war eine unbegründete Verschwörungstheorie. In ihrem Artikel räumte die *Associated Press* sogar ein, dass sich die Behandlung als wirksam erwiesen hatte und von der Regierung Biden empfohlen wurde. Die *Associated Press* räumte zwar ein, dass die Regeneron-Aktien des Investmentfonds nur einen verschwindend geringen Teil des gesamten Fonds ausmachten, räumte aber nicht ein, dass das Arzneimittel bereits vom Bund gekauft worden war, sodass ein Bundesstaat wie Florida die Behandlungen kostenlos von den Bundesbehörden erhielt. Keine der in Florida verabreichten Infusionen und Injektionen hatte irgendeine Auswirkung auf die Geschäftszahlen von Regeneron, da der Staat einfach aus dem im Voraus gekauften Vorrat schöpfte. Natürlich produzierte die *Associated Press* null Beweise dafür, dass Florida bei der Behandlung mit monoklonalen Antikörpern von Regeneron irgendwelche Hintergedanken hatte; das Ganze war eine absolut unbegründete Andeutung.

Als Reaktion darauf schrieb mir die *AP* einen Brief, in dem sie sich bitter darüber beschwerte, dass mein Pressesprecher den Reporter »schikaniert« und »einen Online-Mob aktiviert« habe, indem er sich gegen die Verleumdung gewehrt habe.

Ich habe den Versuch der *AP* zurückgewiesen, energische Gegenwehr mit Schikane in Verbindung zu bringen.

»Sie können nicht rücksichtslos Ihre politischen Gegner verleumden und dann vorgeben, gegen Kritik immun zu sein«, schrieb ich an die *AP*. »Die journalistische Herangehensweise der Medienunternehmen – erst Klicks, dann Fakten – schadet unserem Land. Sie haben es geschafft, eine irreführende Schlagzeile über einen Ihrer politischen Gegner zu veröffentlichen, aber auf Kosten von Menschen, die mit COVID-19 infiziert sind, eine lebensrettende Behandlung zu verweigern, was Leben kosten wird, war es das wert?«

Der Unterschied besteht darin, dass der *60-Minutes*-Beitrag ein Versuch war, mich wegen etwas zu diffamieren, was Monate zuvor passiert war. Die *AP*-Story wurde geschrieben, als wir in Florida täglich Tausende von potenziell lebensrettenden Behandlungen durchführten. Die Unterstellung der *AP* hat wahrscheinlich zumindest einige Menschen veranlasst, auf eine Behandlung zu verzichten, und könnte Leben kosten.

Dies war ein klassischer Fall dafür, wie die alten Medien heute arbeiten: erst verleumden, dann Fragen stellen, ohne Rücksicht auf die Konsequenzen.

★★★

Ich erinnere mich, dass ich eines Tages im Mai 2020 in meinem Büro in unserem Kongressgebäude ankam, nachdem ich einen obskuren Nachrichtenartikel über einen entlassenen Beamten unseres Gesundheitsministeriums (Florida Department of Health, DOH) gesehen hatte. Die Mitarbeiterin, eine Analytikerin für geografische Informationssysteme (GIS), die COVID-19-Daten in ein Online-Dashboard eingab, behauptete, dass ihr gekündigt wurde, weil sie sich weigerte, COVID-19-Daten auf Anweisung von Epidemiologen des Florida DOH zu manipulieren.

»Was hat es damit auf sich?«, fragte ich meine Mitarbeiter.

Man versicherte mir, dass es sich um eine Bagatelle handelte, dass die Angestellte keine Epidemiologin sei und dass sie wegen Ungehorsamkeit entlassen worden sei. Es handelte sich um eine routinemäßige Personalentscheidung einer staatlichen Behörde; das Büro des Gouverneurs war daran nicht beteiligt. Mir wurde gesagt, dass die Angelegenheit möglicherweise nicht einmal die Ebene des Secretary des DOH erreicht hat.

Aber ich wusste, dass die Fakten für die Medien letztendlich keine Rolle spielen würden, wenn diese unbegründete Anschuldigung als Grundlage für eine Geschichte dienen könnte.

Zu diesem Zeitpunkt hatten die Medien bereits Überstunden gemacht, um Floridas gezielte COVID-Maßnahmen zu kritisieren, bei denen der Schutz älterer Menschen und das weitere Funktionieren der Gesellschaft im Vordergrund standen, während Staaten wie New York und sein Gouverneur Andrew Cuomo für ihre drakonischen Lockdownmaßnahmen gelobt wurden, die ihre Gesellschaft dezimierten. Das Problem für die Medien war, dass im Mai 2020 die kumulativen COVID-19-Zahlen in New York dramatisch schlechter waren als in Florida, obwohl wir eine große ältere Bevölkerung hatten.

Die fiktive Behauptung der Datenmanipulation bot der Presse eine Möglichkeit, ihre Angriffe auf Floridas Vorgehen bei COVID-19 zu begründen. »Was Sie sagen, mag ja alles wahr sein«, sagte ich meinen Mitarbeitern. »Ich wette, dass es innerhalb der nächsten achtundvierzig Stunden auf CNN und NBC erscheinen wird. Es ist ihnen egal, ob das wahr ist. Sie werden es einfach aufgreifen, um mich anzugreifen und damit Floridas COVID-19-Politik in Misskredit zu bringen.«

Dies war ein weiterer Test dafür, ob sich die alten Medien überhaupt für Fakten interessierten oder ob sie nichts weiter als Parteigänger waren, die Geschichten erzählten, um ihre politischen Gegner zu attackieren.

Ich habe auf Letzteres gesetzt.

Auf den ersten Blick war die Kontroverse absurd. Die entlassene GIS-Analytikerin Rebekah Jones behauptete, dass sie von Vorgesetzten im Gesundheitsministerium von Florida angewiesen worden war, »rohe« (unbearbeitete) COVID-19-Daten zu verändern, damit unsere Antwort besser aussah. Wie die *Associated Press* kurz nach ihrer Entlassung einräumte, »hat Jones keine Manipulation von Daten über Todesfälle, die Überwachung von Symptomen in Krankenhäusern, Krankenhausaufenthalte für COVID-19, die Anzahl neuer bestätigter Fälle oder allgemeine Testraten behauptet«. Stattdessen erhob sie bizarre Vorwürfe hinsichtlich der Berechnung der Raten für positive Tests und beschuldigte den angesehenen Epidemiologen und stellvertretenden Secretary des Gesundheitsministeriums, Shamarial Roberson, sie angewiesen zu haben, die Daten zu manipulieren.

In der Tat bestätigte eine gründliche Untersuchung später, dass ihre Behauptungen über Datenmanipulationen falsch waren.

Dennoch griffen die üblichen Verdächtigen in den Medien Jones' unbewiesene Behauptungen auf, um Floridas COVID-19-Antwort zu verunglimpfen. Da die Medien sie mit Sauerstoff versorgten, übertrieb Jones später ihre Behauptungen, indem sie vorgab, Dr. Roberson habe ihr befohlen, COVID-19-»Fälle und Todesfälle« zu löschen, und »sie gebeten, die Rohdaten einzusehen und die Zahlen manuell zu ändern«. Jones war eine Befürworterin von Lockdowns und eine große Befürworterin von langen Schulschließungen; sie war verärgert darüber, dass Florida sich gegen drakonische Verbote und Vorschriften wehrte und als Vorreiter für die freien Staaten diente. Diese neuen, noch haarsträubenderen Behauptungen waren eindeutig politisch motiviert.

Die Meldung von COVID-19-Daten ist dezentralisiert, sodass eine »Manipulation« der Daten durch das Florida DOH unmöglich ist. Wenn positive COVID-19-Tests gemeldet werden, werden sie von den Testanbietern, einschließlich Krankenhäusern, Ärzten, Testfirmen und Bezirksgesundheitsämtern, direkt in ein System eingegeben. Sie können vom DOH nicht mehr geändert werden, nachdem die Daten importiert wurden. Das Gleiche gilt für COVID-19-Todesfälle, die auf Bezirksebene gemeldet und dann vom DOH aggregiert werden. Sie müssten nur die lokalen Nummern miteinander vergleichen, um die Diskrepanz festzustellen.

Jones hatte auch nicht die Möglichkeit, die Rohdaten zu ändern. Ihre Aufgabe war es, eine Kopie der von den Epidemiologen des DOH kuratierten Daten zu nehmen und sie in das System hochzuladen, damit die Öffentlichkeit sie sehen konnte. Hätte sie die Daten auf dem Dashboard bearbeitet, hätte dies zu einer Diskrepanz mit den ursprünglichen Rohdaten geführt, die die Epidemiologen gesammelt hatten.

Die Medienkonzerne werden schnell diejenigen verleumden, die ihren bevorzugten Narrativen widersprechen, aber sie werden eklatante Glaubwürdigkeitsprobleme bei jemandem wie Jones ignorieren, um ihr Narrativ am Leben zu erhalten. Wären sie auf der Suche nach der Wahrheit, hätten sie nicht implizit die Integrität der Beamten des Gesundheitsministeriums von Florida angezweifelt, was sie taten, indem sie die haltlosen Behauptungen von Jones nachplapperten.

Diese Kontroverse bestätigt, dass die Medien unbegründete Verschwörungstheorien verbreiten, solange diese Theorien in das von den Medien bevorzugte Narrativ passen. Dies geht über bloße ideologische Voreingenommenheit hinaus – es spiegelt das aktive Bemühen wider, klare Fakten und die offensichtliche Wahrheit zu ignorieren. Dass die alten Medien ihr Los mit einer entlassenen Angestellten mit einer schlechten Erfolgsbilanz gegen ehrenwerte Beamte wie Dr. Roberson aufteilen, nur um politische Punkte gegen mich zu sammeln, ist ein Beweis für den Bankrott eines Großteils der Branche.

Wenn eine mit Trump verbündete Person mit einem so zwielichtigen Hintergrund wie Jones ähnliche unbegründete Anschuldigungen gegen einen Liebling der Demokraten erhoben hätte, können Sie darauf wetten, dass die Reaktion der Medien darin bestanden hätte, Jones auszuweiden und die Anschuldigungen als Erfindung der Republikaner hinzustellen. Die Presse hätte einen Staatsbeamten wie Dr. Roberson als über jeden Zweifel erhaben dargestellt.

Das Verhalten der etablierten Medien vorherzusagen, ist so, als würde man vorhersagen, dass die Sonne im Osten aufgehen wird. Es geht nur darum, ein parteiisches Narrativ voranzutreiben.

★★★

Corporate Media ist zu einer traurigen und vorhersehbaren Branche geworden. Diese Medien greifen immer wieder auf die gleichen bewährten Techniken zurück, um ihre bevorzugten Erzählungen in ihre Berichte einzuschmuggeln.

Die gängige Technik zur Einbindung von Erzählungen in »Nachrichten«-Berichte ist die Verwendung von anonymen oder ungenannten Quellen. Dies ist unter den Medienunternehmen zu einer Art Heimindustrie geworden, auch wenn die Verwendung anonymer Quellen traditionell als schlechter Journalismus galt.

Der legendäre Nachrichtensprecher und häufige Moderator von Präsidentschaftsdebatten Jim Lehrer hatte eine Reihe von Regeln, die er zur Wahrung der journalistischen Integrität befolgte. Dazu gehörte auch eine Regel, die die Verwendung anonymer Quellen ablehnte: »Verwenden Sie keine anonymen Quellen oder blinde Zitate, außer bei seltenen und monumentalen Anlässen. Niemandem sollte es jemals erlaubt sein, einen anderen anonym anzugreifen.«

Würden die großen Nachrichtenorganisationen Lehrers Regel treu befolgen, würden viele würden viele einfach ihr Geschäft aufgeben. Der Erfolg ihres Geschäftsmodells hängt von der Verwendung anonymer Quellen ab, mit denen sie unbewiesenen politischen Klatsch und Andeutungen in vermeintlich unvoreingenommene Nachrichten schmuggeln.

Der Mount Everest der von anonymen Quellen gestützten politischen Erzählungen war die Trump-Russland-Kollusionstheorie, ein von den Medien betriebener Schwindel, mit dem das Ergebnis der Präsidentschaftswahlen 2016 in Zweifel gezogen und die Präsidentschaft Trumps zu Fall gebracht werden sollte. Die Theorie, dass Donald Trumps Wahlkampf mit der russischen Regierung zusammenarbeitete, um die Präsidentschaftswahlen 2016 zu stehlen, war vielleicht die schwerwiegendste Anklage, die jemals gegen einen amerikanischen Präsidenten erhoben wurde.

Das Problem war, dass es keine Beweise für diese Anschuldigung gab. Aber die Fakten hielten die Medienkonzerne nicht davon ab, sich mit abtrünnigen Elementen der Bundesbürokratie zusammenzutun, um eine massive Hysterie zu erzeugen, die Trump den größten Teil seiner Präsidentschaft lang begleitete. Als damaliges Mitglied des Kongresses kann ich sagen, dass ich nie auch nur annähernd so etwas wie die Raserei erlebt habe, mit der die etablierten Presseorgane an das Trump-Russland-Narrativ herangegangen sind. Sie verließen sich auf Schlagzeilen, die so taten, als seien alltägliche Vorkommnisse ungewöhnlich und ließ durchsickern, dass Ermittlungen im Gange waren. Die Leser kannten das Narrativ, aber wenn sie sich die richtigen Verschwörungen nicht vorstellen konnten, waren die Kolumnisten und Talkmaster zur Stelle, um sie aufzudecken.

Um die Hysterie aufrechtzuerhalten, produzierten die großen Medien wie CNN, NBC, die *New York Times*, die *Washington Post* und andere linke Medien standardmäßig sogenannte Bombenberichte, die sich viel zu oft auf anonyme Quellen stützten und sich als falsch herausstellten.

Einer der einschneidendsten war der im Februar 2017 von der *New York Times* veröffentlichte Artikel »Trump Campaign Aides Had Repeated Contacts with Russian Intelligence«: »Telefonaufzeichnungen und abgefangene Anrufe zeigen, dass Mitglieder von Donald J. Trumps Präsidentschaftswahlkampf 2016 und andere Trump-Mitarbeiter im Jahr vor der Wahl wiederholt Kontakt zu hochrangigen russischen Geheimdienstmitarbeitern hatten, so vier aktuelle und ehemalige amerikanische Beamte«, berichtete die *Times*.

Wer waren diese »gegenwärtigen und ehemaligen amerikanischen Beamten «? Es könnte sich um hochgradig parteiische Quellen handeln, die eine klare Agenda verfolgten oder ein Hühnchen mit ihnen zu rupfen hatten, wie akkurat waren die Informationen, die diesen Beamten zugespielt wurden? Reporter können alles, was eine Quelle liefert, in ihre Erzählung einbauen, sind diese Quellen überhaupt real? Wir sollten den Medien bei der Verwendung anonymer Quellen nicht den Vorzug des Zweifels geben; tatsächlich könnten einige dieser Quellen gefälscht oder aus mehreren »Quellen« zusammengesetzt sein.

Der damalige FBI-Direktor und Trump-Kritiker James Comey hatte keine andere Wahl, als die zentrale Behauptung des Artikels in einer Kongressanhörung zu entkräften: Der Bericht des Sonderberaters Robert Mueller hat keine Beweise für Kontakte zwischen russischen Geheimdienstmitarbeitern und Mitgliedern von Trumps Wahlkampf geliefert. Und selbst Peter

Strzok, der Anti-Trump-FBI-Agent, der die Trump-Russland-Ermittlungen leitete, gab privat zu, dass der Artikel »irreführend und ungenau ist ... uns ist nicht bekannt, dass Trump-Berater Gespräche mit russischen Geheimdienstmitarbeitern geführt haben«.

Diese Art von Berichten wurde von den Medienkonzernen ständig nachgeplappert. Sie stützten sich fast immer auf anonyme Quellen und waren fast immer falsch.

Bemerkenswert ist, dass sowohl Reporter der *New York Times* als auch der *Washington Post* Pulitzer-Preise für Artikel erhielten, die als »gründlich recherchierte, schonungslose Berichterstattung im öffentlichen Interesse beschrieben wurden, die das Verständnis der Nation für die russische Einmischung in die Präsidentschaftswahlen 2016 und ihre Verbindungen zur Trump-Kampagne, zum Übergangsteam des gewählten Präsidenten und zu seiner späteren Regierung dramatisch gefördert hat«.

Es ist schon schlimm genug, dass die großen Medien eine Verschwörungstheorie gegen einen amtierenden amerikanischen Präsidenten verbreiten, aber sich selbst dafür auch noch Auszeichnungen zu verleihen, braucht man der Öffentlichkeit nicht unter die Nase zu reiben. Sie wissen, dass wir wissen, dass sie Dinge erfinden – und es ist ihnen egal.

★ ★ ★

Die großen Medienhäuser haben sich zu etwas entwickelt, das Staatsmedien gleicht. Sie versuchen nicht, die Mächtigen zur Rechenschaft zu ziehen, sondern schützen die linksgerichtete herrschende Klasse der Nation, einschließlich der ständigen Bürokratie in Washington und der demokratischen Mandatsträger.

Anstatt »der Macht die Wahrheit zu sagen«, machen die Pressekonzerne denjenigen in Machtpositionen, die zu ihrem

»Team« gehören, den Hof. Als die *New York Post* im letzten Monat vor den Präsidentschaftswahlen 2020 über den belastenden Inhalt von Hunter Bidens Laptop berichtete, lehnten die Regime-Medien die Geschichte als »russische Desinformation« ab, und Big-Tech-Plattformen zensierten den Artikel der *Post*. Als der Republikaner Mitt Romney während der Präsidentschaftswahlen 2012 Präsident Barack Obama dafür kritisierte, dass er zwei Wochen brauchte, um den Angriff auf die amerikanische diplomatische Einrichtung in Benghasi als »terroristischen Akt« zu bezeichnen, unterbrach der Moderator Candy Crowley von CNN Romney sofort, um Obama zu verteidigen. »Das hat er in der Tat getan, Sir«, warf Crowley ein. »Können Sie das etwas lauter sagen, Candy?«, rief Obama. Crowley willigte ein: »Er hat es einen terroristischen Akt genannt – es hat ja auch zwei Wochen oder so gedauert, bis die ganze Idee, dass es einen Aufstand wegen dieses Bandes gibt, herauskam.«

Romney-Anhänger empörten sich über Crowleys Einmischung, und selbst Reporter der etablierten Medien räumten ein, dass Obamas anfänglicher Kommentar, in dem er von einem »terroristischen Akt« sprach, eine allgemeine Aussage war, die sich nicht eindeutig auf den Angriff in Benghasi bezog. Abgesehen von den Vorzügen der Kontroverse gibt es keine Chance, dass ein Debattenmoderator der etablierten Medien auf die gleiche Weise gegen Obama interveniert hätte – und jeder wusste das.

Die Eskapaden der Medien sind vorhersehbar und ermüdend. Die alteingesessene Presse lügt und verleumdet einen republikanischen Mandatsträger jahrelang, aber wenn dieser Beamte nützlich wird, um ein neues Narrativ voranzutreiben, werden sie ihm »seltsamen neuen Respekt« zollen.

Wenn ein republikanischer Mandatsträger etwas Schlechtes tut, wird er von den Medien in Grund und Boden gestampft. Wenn ein gewählter Demokrat dasselbe tut, wird die Geschichte von den Regime-Medien oft als etwas dargestellt, das von den Republikanern »aufgegriffen« wird, und nicht als das eigentliche Fehlverhalten des Demokraten.

Wenn die Medien über ein bestimmtes Thema berichten wollen, verstecken sie sich hinter den Aussagen von »Experten«, indem sie jemanden finden, der bereit ist, die von ihnen bevorzugte Sichtweise zu bestätigen.

Die Medien stellen diejenigen auf ein Podest, die ihr bevorzugtes Narrativ vorantreiben, während sie diejenigen verleumden, die dieses Narrativ infrage stellen. Gegensätzliche Fakten spielen keine Rolle; es geht nur darum, das Team zu schützen und diejenigen anzugreifen, die den Status quo bedrohen.

Wie sollen diejenigen von uns, die Zielscheibe von Regime-Medien sind, mit diesen Medien umgehen? Zum einen dürfen republikanische Kandidaten und gewählte Vertreter diese alten Medien nicht als überparteiliche Torwächter behandeln, sondern müssen erkennen, dass sie politische Parteigänger sind.

Im Laufe der amerikanischen Geschichte sind die Presseorgane traditionell offen parteiisch gewesen. Es ist nichts Falsches daran, wenn ein Presseorgan eine bestimmte politische Perspektive aggressiv nachplappern will. Aber die Republikaner können sich nicht dem Glauben hingeben, dass diese Presseorgane irgendwie unparteiische Wahrheitssucher sind.

Als die Republikanische Partei Floridas im Vorfeld der Zwischenwahlen 2022 ihren »Sunshine Summit« abhielt, empfahl ich, dass die Partei Debatten für die Vorwahlkandidaten, die in vier neu festgelegten Bezirken antreten, sponsert, aber dass konservative Medien die Debatten moderieren. Dies diente nicht nur dazu, die Debatten informativ zu gestalten, sondern es wurde auch vermieden, dass die Journalisten der Unternehmen die Debatten in Beschlag nahmen, indem sie die Kandidaten mit uninformativen »Fangfragen« belästigen.

Wir haben als Gesellschaft echte Probleme zu bewältigen, und die Wähler verdienen ein Forum, das dazu beiträgt, Lösungen für diese Probleme zu beleuchten, und die GOP sollte ihre Parteifeinde nicht als Schiedsrichter für unsere Vorwahldebatten einsetzen.

Bedauerlicherweise haben die Republikaner keine andere Wahl, als anzunehmen, dass korporative Journalisten in böser Absicht handeln. Wenn diese angeblichen Journalisten eine Geschichte besser erzählen können, indem sie einen Republikaner falsch zitieren, werden sie es tun. Wenn sie ein Interview mit einem Republikaner aufzeichnen, werden sie es wie *60 Minutes* so bearbeiten, dass der Republikaner schlecht dasteht. Und wenn sie wirklich gute Arbeit leisten, werden sie den Pulitzer-Preis erhalten.

Die jüngere Generation von Unternehmensjournalisten, die an unseren Eliteuniversitäten ausgebildet wird, ist in jeder Hinsicht noch stärker von der Agenda gesteuert als ihre Vorgänger. Durchdrungen von der »woke«-Ideologie und in dem Glauben, dass es ihre Aufgabe ist, Amerika in eine fortschrittliche Utopie zu verwandeln, werden diese parteiischen Journalisten versuchen, durch die Schaffung fabrizierter Narrative das zu tun, was sie niemals erreichen könnten, wenn sie für ein Amt kandidieren würden, da sie nicht wählbar wären. Die Ausarbeitung dieser Narrative ist der einzige Weg, wie sie echte Macht ausüben können. Angesichts des massiven Misstrauens, das die Amerikaner gegenüber den etablierten Medien hegen, würde man erwarten, dass zumindest einige dieser Medien versuchen würden, sich zu reformieren und mehr Zuschauer und Leser zu gewinnen. Aus rein finanzieller Sicht macht es keinen Sinn, so viele Medienunternehmen zu haben, die ihre Produkte an den linken Teil der amerikanischen Öffentlichkeit richten.

Selbst wenn eine Unternehmensleitung eine Reform anstreben würde, müsste sie fast alle Mitarbeiter austauschen, da diese Organisationen aus Parteigängern bestehen, die aus philosophischen Gründen einen ausgewogeneren Journalismus ablehnen. Hinzu kommt, dass Online-Medien, die sich an die linke Elite wenden, ihre Berichterstattung nicht neu ausrichten können, ohne Abonnenten zu verlieren, da diese Abonnenten wollen, dass die Medien ihre ideologische Weltsicht unterstützen und nicht infrage stellen.

Vorbei sind die Zeiten, in denen die Amerikaner ihre Nachrichten über drei nächtliche Nachrichtensendungen erhielten und Walter Cronkite von CBS der vertrauenswürdigste Mann in Amerika war. Um zu überleben, brauchen die großen Unternehmen, denen CBS, NBC, MSNBC, ABC und CNN gehören, konservative Zuschauer und republikanisch orientierte Zuhörer mehr als republikanische Mandatsträger Zugang zu ihnen brauchen. Je mehr konservative Mandatsträger diese wirtschaftliche Realität erkennen, desto besser können wir unsere Botschaft direkt an die Wähler ohne parteiische Einmischung vermitteln.

Kapitel 14

Macht in einer postkonstitutionellen Ordnung

»Wo immer die wirkliche Macht in einer Regierung liegt«, schrieb James Madison nach der Ausarbeitung der Verfassung an Thomas Jefferson, »besteht die Gefahr der Unterdrückung … Wo immer es ein Interesse und die Macht gibt, Unrecht zu tun, wird im Allgemeinen Unrecht getan, und zwar nicht weniger bereitwillig von einer mächtigen und interessierten Partei als von einem mächtigen und interessierten Fürsten.«

Madisons Einsicht ergab sich aus der Erkenntnis der Gründer über die Fehlerhaftigkeit der menschlichen Natur – »Wenn die Menschen Engel wären«, so Madison in *The Federalist* Nr. 51, »wäre keine Regierung notwendig« – und aus der Erfahrung der Regierungen der Bundesstaaten nach der Revolution, in denen die gesetzgebende Gewalt auf Kosten der individuellen Rechte dominierte.

Die Gestalter der Verfassung haben die Verfassung so formuliert, dass eine Machtkonsolidierung verhindert wird. Sie teilten die Macht zwischen drei verschiedenen Regierungszweigen auf und statteten jeden Zweig mit der Fähigkeit zur Kontrolle und zum Ausgleich der anderen aus und behielten die meisten Befugnisse den Regierungen der Bundesstaaten vor, die bereits vor der Schaffung der Verfassung bestanden hatten.

Diese Struktur wurde im Laufe der Jahre ausgehöhlt, sodass es jetzt eine massive Machtkonzentration in einem faktisch nicht rechenschaftspflichtigen vierten Zweig der Regierung gibt: dem Bundesverwaltungsstaat. Erschwerend kommt hinzu, dass der Aufstieg des »woken« Kapitalismus dazu geführt hat, dass sich große, mächtige Unternehmen in einem solchen Ausmaß politisch engagieren, dass einige von ihnen quasi öffentliche Gewalt ausüben. Das Ergebnis ist, dass eine enorme Menge an Macht auf eine Art und Weise konzentriert wurde, die dem Volk gegenüber nicht ohne weiteres rechenschaftspflichtig ist.

Genau das haben James Madison und andere Gründerväter befürchtet. Die Machtkonzentration in diesem postkonstitutionellen Arrangement hat den Einzelnen weniger frei gemacht, Eliten gestärkt, die grundlegende amerikanische Werte ablehnen, und die Spaltung unserer Gesellschaft verschärft.

Die Wiederbelebung einer freien Gesellschaft, die auf dem Fundament amerikanischer Grundprinzipien beruht, setzt voraus, dass man erkennt, was falsch gelaufen ist, aber auch, wie man die Gesellschaft auf einen besseren Kurs bringen kann.

Die Begrenzung der Größe und des Umfangs der Regierung und die Eindämmung des Verwaltungsstaates erfordern den umsichtigen Einsatz der politischen Macht. Dies gilt sowohl für den Kongress, der seine Befugnisse nach Artikel I voll ausschöpft, wie z. B. die Macht der Geldbörse, als auch für eine energische Exekutive, die sich voll und ganz dafür einsetzt, die Exekutivgewalt nach Artikel II neu zu konstituieren.

Auch die Konzentration von privater Macht muss kontrolliert werden. Von Big Tech bis hin zu traditionellen Unternehmen üben diese privaten Institutionen eine enorme Macht über die Gesellschaft aus – und manchmal arbeiten sie dabei sogar mit der Regierung zusammen. Daher müssen gewählte Beamte ihre Autorität so ausüben, dass sie den Einzelnen vor diesen mächtigen Institutionen schützen.

Jahrelang erschöpfte sich die konservative Standardhaltung darin, die Regierung zu begrenzen und sich dann aus dem Weg zu gehen. Das ist zweifellos sehr zu empfehlen – wenn die gesellschaftlichen Institutionen gesund sind.

Aber wir haben erlebt, wie eine Institution nach der anderen durch und durch politisiert wurde. Viele versuchen aktiv, der Gesellschaft eine ideologische Agenda aufzuzwingen. In diesem Zusammenhang geben gewählte Beamte, die nichts weiter tun, als aus dem Weg zu gehen, diesen Institutionen im Wesentlichen grünes Licht, damit sie ihren ungehinderten Marsch durch die Gesellschaft fortsetzen können.

In einer freien Gesellschaft wird der Einzelne weder von der Machtkonzentration in der Regierung noch in der Zivilgesellschaft überwältigt.

★ ★ ★

Die gesetzgebende Gewalt ist die wichtigste Macht in einem republikanischen Regierungssystem, vor allem, weil sie die Macht hat, Steuern zu erheben und Geld auszugeben. In *The Federalist* Nr. 58 bezeichnete James Madison die Macht des Geldbeutels als »das mächtige Instrument ... [zur Verringerung] ... aller übertriebenen Vorrechte der anderen Regierungszweige. Diese Macht des Geldbeutels kann in der Tat als die vollständigste und wirksamste Waffe angesehen werden, mit der jede Verfassung die unmittelbaren Vertreter des Volkes ausstatten kann, um Abhilfe für jeden Missstand zu schaffen und jede gerechte und heilsame Maßnahme zu verwirklichen.«

Wenn die Regierung ihre Befugnisse missbraucht, kann das Repräsentantenhaus den betreffenden Departments der Exekutive die Mittel vorenthalten, bis der Missbrauch behoben ist. Da die Departments der Exekutive für die Aufrechterhaltung ihrer Tätigkeit vom Kongress (Repräsentantenhaus und Senat) abhängig sind, verfügt der Kongress über einen großen Einfluss, um das Verhalten der Exekutive zu beeinflussen, indem er die Finanzierung von dem gewünschten Verhalten abhängig macht. Die Gründer haben die Verfassung klugerweise so

strukturiert, dass diese wichtigste Befugnis in dem Legislativ-
organ angesiedelt ist, das dem Volk am nächsten steht und in
dem am häufigsten gewählt wird.

Die Instrumente, mit denen Madison und seine Brüder die
Legislative ausstatteten, sind in der Arbeit des modernen Kongresses auf der Strecke geblieben. Anstatt die Macht des Geldbeutels zu nutzen, um die Verwaltung zur Rechenschaft zu ziehen und ihren Handlungsspielraum einzuschränken, hat der
Kongress die Regierung durch die routinemäßige Verwendung
von sogenannten fortlaufenden Resolutionen und Sammel-
bewilligungsgesetzen auf Autopilot gestellt.

Eine fortlaufende Resolution verlängert lediglich die aktuellen Mittel bis zu einem bestimmten Datum in der Zukunft,
aber sie unternimmt nichts, um missratene Behörden zu zügeln. Selbst wenn der Kongress Bewilligungsgesetze verabschiedet, geschieht dies in der Regel in Form eines einzigen
Sammelgesetzes, das in der Regel mehr als zweitausend Seiten umfasst und nichts zur Neugestaltung des föderalen Leviathans beiträgt. Beide Mechanismen führen dazu, dass der
Kongress seine Kontrollbefugnis verliert, weil diejenigen, die
Bundesbehörden führen, wissen, dass eine solche Kontrolle
nicht durch die Bereitschaft gestützt wird, die Macht des Geldbeutels zu nutzen, um sie zur Rechenschaft zu ziehen.

Der Grund, warum sich fortlaufende Resolutionen und
Sammelgesetze als unzureichend erwiesen haben, um Bundesbehörden zu disziplinieren, liegt darin, dass die Führer des
Kongresses vermeiden wollten, »die Regierung stillzulegen«.
Kommt es im Kongress zu einem Patt bei einer Bestimmung
in einer fortlaufenden Resolution oder einem Sammelgesetz,
die eine Bundesbehörde zur Rechenschaft zieht, dann werden
die Mittel für die gesamte Regierung gestrichen, da die gesamte
Regierung durch ein einziges Gesetz finanziert wird. Das Ergebnis ist, dass die Führer des Kongresses, insbesondere die

GOP-Führer, nicht bereit waren, einen »Shutdown« zu riskieren, um die Exekutive mit der Macht des Geldbeutels zu disziplinieren.

Als ich im US-Repräsentantenhaus saß, habe ich mich mit anderen GOP-Mitgliedern zusammengetan, um die verfassungswidrige Amnestie von Präsident Barack Obama zu stoppen. Dazu musste eine Bestimmung an eine fortlaufende Resolution angehängt werden, die es dem Heimatschutzministerium (Department of Homeland Security) untersagte, Mittel für die Umsetzung des Amnestieprogramms zu verwenden – ein Musterbeispiel dafür, wie man die Macht des Geldbeutels nutzt, um die Exekutive zu zügeln, aber die GOP-Führer hatten keine Lust auf ein Patt in dieser Frage und beendeten die Verhandlungen, indem sie sich mit den Demokraten zusammentaten, um eine Resolution zu verabschieden, die die Exekutivamnestie gegen die Einwände von Republikanern wie mir finanzierte.

Durch den Verzicht auf die robuste Nutzung der Macht des Geldbeutels hat sich der moderne Kongress seiner Verantwortung entzogen, die Missstände der Menschen gegenüber der Bundesbürokratie zu beheben. Dies hat es dem Verwaltungsstaat ermöglicht, sich ohne angemessene Rechenschaftspflicht zu verfestige.

Als Mitglied des Kongresses fand ich es bemerkenswert – und ein Beweis für die Abkopplung des föderalen Leviathans von der amerikanischen Verfassung –, dass sich meine Wähler oft viel mehr Sorgen über die anstehenden Vorschriften der Verwaltungsstellen machten als über die vom Kongress vorgeschlagenen Gesetze.

Dies war keine Überraschung, denn der Kongress hat es nicht nur versäumt, die Macht der Bürokratie zu kontrollieren, sondern ist auch seiner Verantwortung als Gesetzgeber nicht nachgekommen. Anstatt schwierige politische Fragen gesetzlich zu regeln, verabschiedet der Kongress üblicherweise Gesetze, die die wichtigsten politischen Fragen an die Verwaltungsstellen delegieren. Diese Praxis, die mit dem überlegenen »Fachwissen« der Mitarbeiter in den Bundesbehörden begründet wird, bietet den Kongressabgeordneten auch politische Rückendeckung, da sie nicht direkt dafür verantwortlich sind, was eine Behörde später auf der Grundlage eines bestimmten Gesetzes tut.

Die Auslagerung der Selbstverwaltung an einen elitären Kader von Bürokraten in einer weit entfernten Hauptstadt ist nicht mit der Struktur und dem Zweck der Verfassung vereinbar. Die Gründer wollten, dass diejenigen, die die Macht in den politischen Zweigen ausüben, direkt oder indirekt dem Volk gegenüber rechenschaftspflichtig sind, doch die Konzentration der Macht in den Händen sogenannter Experten stellt diese Vision auf den Kopf. Wenn man sich die Leistungen so vieler Bundesbehörden in den letzten Jahren ansieht, auf welcher Grundlage kann man dann behaupten, dass Experten in der Regierung über eine höhere Weisheit und ein besseres Urteilsvermögen verfügen?

Die Bürokratie soll zwar politisch neutral sein, ist aber eindeutig parteiisch geworden. Wenn ein Republikaner zum Präsidenten gewählt wird, nimmt er mehrere tausend politische Ernennungen vor, aber die Demokratische Partei behält die Kontrolle über den wichtigsten Regierungsapparat: die riesige Bundesadministration. Dieser sogenannte tiefe Staat untergräbt die verfassungsmäßige Struktur und behindert die Fähigkeit eines republikanischen Präsidenten, »dafür zu sorgen, dass die Gesetze treu vollstreckt werden«.

Dies ist keine Verschwörungstheorie, sondern das logische Ergebnis eines föderalen Apparats, der außerhalb der Grenzen der verfassungsmäßigen Rechenschaftspflicht existiert und sich fast ausschließlich aus der an der Küste lebenden, an der Universität ausgebildeten und selbst ernannten Elite speist.

Das Ergebnis ist eine Bürokratie, die eine bestimmte Sichtweise der Gesellschaft widerspiegelt und nicht die Gesellschaft als Ganzes – unabhängig vom Ausgang der Wahlen. Diese bürokratischen Eliten genießen es auch, Macht über andere Menschen auszuüben; das Ergebnis ist ein unbehaglicher Zustand, in dem eine politisch nicht repräsentative Bürokratie ihren Willen einem großen Teil der Gesellschaft aufzwingt, für den sie keine Achtung hatte.

Die Macht des Verwaltungsstaates hat sich in den letzten Jahrzehnten qualitativ verändert. Ronald Reagan bemerkte bekanntlich, dass die neun furchterregendsten Worte in der englischen Sprache »I'm from the government and I'm here to help« (Ich bin von der Regierung und ich bin hier, um zu helfen) lauten. Zu Reagans Zeiten lief das föderale Establishment aufgrund der »Pie-in-the-sky designs« liberaler Zentralplaner zunehmend Amok. Diese Eliten saßen in einer weit entfernten Hauptstadt, verfügten nicht über die nötige Erfahrung in der realen Welt und vertrauten voll und ganz auf ihre Fähigkeit, die Gesellschaft im Kleinen zu steuern. Dies führte zu katastrophalen Ergebnissen, die soziale Pathologien begünstigten und die wirtschaftliche Dynamik bremsten.

In den letzten Jahren hat sich eine Bürokratie entwickelt, die sich durch ein gescheitertes Sozial-Engineering auszeichnet und zum Durchsetzungsinstrument einer bestimmten Gruppe der Gesellschaft umfunktioniert wurde. Als Donald Trump sich auf seinen Amtsantritt im Januar 2017 vorbereitete, wurde er vor möglichen Repressalien gegen ihn durch US-Geheimdienste gewarnt. »Ich sage Ihnen«, so US-Senator Chuck Schumer, »wenn Sie sich mit den Geheimdiensten anlegen, haben sie sechs Möglichkeiten, es Ihnen heimzuzahlen.«

Die Tatsache, dass sich die Exekutivorgane an einem gewählten Präsidenten der Vereinigten Staaten »rächen« würden, stellte eine Abweichung von der Art und Weise dar, wie ein verfassungsmäßig rechenschaftspflichtiges System funktionieren sollte. Aber es war auch keine Überraschung. Schließlich war es nur fünf Jahre her, dass die Obama-Administration den IRS als Waffe einsetzte, um konservative gemeinnützige Gruppen ins Visier zu nehmen, um abweichende Meinungen zu unterdrücken, und es wäre undenkbar, dass eine solche Aktion gegen linke gemeinnützige Gruppen unternommen worden wäre.

Die Untersuchung der Kollusion mit Russland, Crossfire Hurricane, enthüllte eine ausgeprägte Parteilichkeit in den oberen Rängen der Strafverfolgungs- und Geheimdienstbehörden des Bundes. Diese Behörden sollten über der Politik stehen, aber die Handlungen von FBI-Mitarbeitern wie Peter Strzok (der seiner Geliebten schrieb, dass das FBI Trump davon abhalten würde, Präsident zu werden) und Kevin Clinesmith (der einen Antrag auf Überwachung von Carter Page fälschte) sowie das Verhalten von Geheimdienstmitarbeitern wie James Clapper und John Brennan zeigten, dass sie alle wild entschlossen waren, Donald Trump zu stürzen.

Die Verschwörungstheorie, die sie aufstellten – dass Donald Trump mit Russland unter einer Decke steckte, um die Wahl 2016 zu stehlen – war ebenso brisant wie unbelegt. Während die Hysterie über die geheimen Absprachen mit Russland einen Großteil von Trumps Präsidentschaft in Anspruch nahm, war die Russland-Kollusion letzten Endes nicht viel mehr als ein Ammenmärchen, voll von Lärm und Wut, das nichts aussagte.

Dass diese Behörden politisiert sind, beweisen die zahlreichen Durchstechereien an die alten Medien. Es ist zum Standardverfahren geworden, dass Behörden wie das Justizministerium und das FBI Informationen an die Medien weitergeben – insbesondere an die *New York Times*, die *Washington Post*, CNN und NBC –, um ihr Narrativ voranzutreiben. Dies geschah am deutlichsten während der Ermittlungen zur Russland-Kollusion, als anonyme Quellen einen Rausch der Berichterstattung auslösten – eine Berichterstattung, die sich fast immer als nicht durch Fakten gestützt herausstellte. Diese Behörden arbeiten zum Teil deshalb eng mit den etablierten Presseorganen zusammen, weil sie beide Teil desselben herrschenden Systems sind und ihre politischen Ziele oft übereinstimmen.

Da die Rhetorik der Linken dazu übergegangen ist, diejenigen, die von den Erzählungen des Regimes abweichen, als »Bedrohung für die Demokratie« zu betrachten, ist es nur folgerichtig, dass die Abweichler für diese bewaffneten Behörden ein geeignetes Ziel sind. In der Tat haben wir gesehen, wie der Eifer der Strafverfolgungsbehörden von der Zielperson abzuhängen scheint. Immerhin hat das Justizministerium das FBI eingesetzt, um Eltern zu überwachen, die auf Schulausschusssitzungen sprachen, während es viele Randalierer des Sommers 2020 mit Samthandschuhen anfasste.

Angesichts des Mangels an Rechenschaftspflicht, dem die Bürokratie ausgesetzt ist, ist es nicht überraschend, dass sich die Macht innerhalb des Verwaltungsstaates angesammelt hat. Angesichts der menschlichen Natur ist es auch nicht verwunderlich, dass diese Macht ausgeübt wird, nicht um das nationale Interesse zu fördern, sondern um die spezifischen Interessen der herrschenden Klasse zu verteidigen. Angesichts der Verzerrung der verfassungsmäßigen Ordnung, die dies darstellt, ist es nicht überraschend, dass unsere föderalen Institutionen einer grundlegenden Überarbeitung bedürfen.

★ ★ ★

Florida hat bei der Förderung der Rechenschaftspflicht in der Regierung viel bessere Arbeit geleistet als Washington. Zum einen ist die Legislative von Florida viel eher bereit, die Macht des Geldbeutels zu nutzen, um die Bürokratie zur Rechenschaft zu ziehen. Als meine Regierung erfuhr, dass einer der Anbieter von Dienstleistungen für Opfer häuslicher Gewalt große Mengen an Steuergeldern verschwendet hatte, arbeitete ich mit der Legislative zusammen, um dem ein Ende zu setzen.

Im Jahr 2012 erließen die beiden Kammern eine Bestimmung, die die Floridian Coalition Against Domestic Violence (FCADV) zum einzigen Anbieter von Dienstleistungen für Opfer häuslicher Gewalt durch Floridas Department of Children and Families (DCF) machte. Normalerweise werden solche Dienste im Rahmen von Ausschreibungen vergeben, aber diese Organisation hatte eine breite Unterstützung in der Legislative und bot schon seit geraumer Zeit Dienste an.

Als ich mein Amt antrat, begannen Fragen über die Verwendung von Steuergeldern durch das FCADV aufzutauchen. Wie sich herausstellte, hatte das Unternehmen seiner Geschäftsführerin Tiffany Carr über drei Jahre hinweg eine Vergütung von mehr als 7 Millionen Dollar gezahlt sowie jährlich Hunderte von bezahlten Urlaubstagen, darunter ein Jahr, in dem sie insgesamt 465 Tage bezahlten Urlaub erhielt.

Ich verlangte Antworten. Die Legislative hielt Anhörungen ab. Und innerhalb weniger Wochen verabschiedete die Legislative ein Gesetz, das den FCADV als alleinigen Anbieter für DCF ausschloss. Ich unterzeichnete das Gesetz, und der FCADV erhielt keine Steuergelder mehr. So nutzt der Gesetzgeber seine Befugnisse, um die Bürger vor Verschwendung in der Regierung zu schützen.

Um sicherzustellen, dass die Regierung im besten Interesse der Steuerzahler arbeitet, habe ich Instrumente wie das Einzelposten-Veto eingesetzt, das dem Gouverneur die Befugnis gibt, einzelne Posten in einem Haushaltsgesetz zu streichen. Bevor ich Gouverneur wurde, belief sich der Rekord für Einzelposten-Vetos auf 800 Millionen Dollar, den ich in meinem zweiten Amtsjahr übertraf, als ich als erster Gouverneur überhaupt ein Veto gegen eine Milliarde Dollar im Haushalt einlegte. In meinem vierten Amtsjahr stellte ich mit 3,1 Milliarden Dollar einen neuen Rekord für Haushaltsvetos auf – fast das Vierfache des ursprünglichen Rekords und etwa 2,5 Prozent des gesamten Haushalts.

Das Einzelposten-Veto gibt dem Gouverneur die Möglichkeit, für Disziplin in den Regierungsstellen und bei privaten Auftragnehmern, die Dienstleistungen für die Regierung erbringen, zu sorgen. Die Finanzierung, die Programme von der Legislative erhalten, spiegelt manchmal eher das Vorhandensein einer eingefleischten Wählerschaft wider als einen redlichen Erfolg. Der Einsatz des Einzelposten-Vetos macht Behörden und Anbieter, die Steuergelder erhalten, darauf aufmerksam, dass Floridas Regierung nicht auf Autopilot läuft – dass sie in einer Weise zur Rechenschaft gezogen wird, die die Bundesbehörden und Auftragnehmer nicht kennen.

Außerdem hat der Gouverneur mit dem Einzelposten-Veto ein Druckmittel gegen die Legislative. Während einige Mittel eindeutig gerechtfertigt sind und andere eindeutig nicht, gibt es einige Haushaltsposten, für die es auf beiden Seiten gute Argumente gibt. Eine Legislative, die die Prioritäten des Gouverneurs unterstützt, hat in der Regel bessere Karten, wenn es um das Haushaltsveto geht.

Ich hatte auch die Befugnis, ein Veto gegen Gesetze einzulegen, um die Einhaltung der Verfassung zu gewährleisten. Die Staaten sind alle zehn Jahre aufgefordert, die zensusbasierten Wahlkreise neu zu bestimmen und auf einer Karte zu verzeichnen. In Florida ist die Legislative mit der Erstellung dieser Karte beauftragt, die jedoch die Unterschrift des Gouverneurs erfordert, bevor sie Gesetz wird (im Gegensatz zu den normalen Landkarten, die nicht vom Gouverneur genehmigt werden müssen).

Für die Kongresskarte 2022–32 machten die Republikaner in Floridas Legislative Wahlkreisschiebungen, die auch Wähler bestimmter Ethnien zusammenballten.

Ein solcher Bezirk umfasste die überwiegend schwarzen Gemeinden im Norden von Jacksonville und erstreckte sich über die Grenze zwischen Florida und Georgia bis hin zum ländlichen Gadsden County, das westlich von Tallahassee liegt und fast zweihundert Meilen vom Stadtzentrum Jacksonvilles entfernt ist. Der Bezirk wurde strategisch so angelegt, dass er auch die schwarzen Gemeinden in Tallahassee einschloss, um die Zahl der schwarzen Wähler im Bezirk zu erhöhen.

Es handelte sich nicht um einen kompakten, sogenannten Mehrheits-Minoritäts-Bezirk Distrikt, in dem die Berücksichtigung der Rasse bei der Ziehung der Bezirksgrenzen durch das Bundesgesetz geschützt sein könnte. Stattdessen handelte es sich um einen weitläufigen Bezirk, der vielfältig war, aber nicht mehrheitlich schwarz und der aus keinem anderen Grund als der Rasse gerechtfertigt war. Die jüngsten Änderungen der Verfassung Floridas verlangten, dass die Bezirke so bestimmt werden, dass sie geografisch kompakt waren und den politischen Grenzen folgten.

Der Gesetzgeber wollte nicht nur den Einfluss einer bestimmten Partei oder eines bestimmten Kandidaten stärken, sondern auch den Einfluss einer rassischen Minderheit nicht »schmälern«, weshalb der Gesetzgeber das »Gerrymandering« (Wahlkreisschiebungen) einführte. Diese Bestimmung hat jedoch keinen Einfluss auf den vierzehnten Zusatzartikel der US-Verfassung.

Ich habe deutlich gemacht, dass ich gegen die Vorschläge zur Neueinteilung der Bezirke, die von der Legislative geprüft wurden, mein Veto einlegen würde. Aus welchen Gründen auch immer, die Legislative machte weiter und schickte mir Karten, die eine verfassungswidrige rassistische Gliederung enthielten. Ich legte mein Veto gegen den Vorschlag ein und berief für den folgenden Monat eine Sondersitzung des Parlaments ein.

Das Vetorecht gab mir die formale Befugnis, den Vorschlag abzulehnen, aber ich erkannte auch, dass ich die Oberhand hatte, wenn es um die politische Einflussnahme gegenüber der Legislative ging. Die Führer von Repräsentantenhaus und Senat konnten entweder versuchen, sich mit den Demokraten zusammenzuschließen, um mein Veto zu überstimmen, oder sich den in meiner Veto-Botschaft festgelegten Kriterien anschließen. Ersteres wäre politischer Selbstmord für die Mitglieder in den republikanischen Vorwahlen; sich aber mit den Demokraten zusammenzutun, um mich im Dienste der rassischen Aufteilung zu bekämpfen, wäre ein schlechtes politisches Terrain. Also entschieden sie sich klugerweise für Letzteres. Kurz darauf unterzeichnete ich die überarbeitete Karte als Gesetz.

Die Regierungen der Bundesstaaten sind die wichtigste Quelle der Autorität im politischen System der USA. Die US-Verfassung und der Bund wurden von den Bundesstaaten geschaffen, und die lokalen Regierungen sind den Staaten untergeordnet. In Florida haben wir kräftige Schritte unternommen, um die Interessen des Staates gegen eine Übervorteilung durch den Bund und gegen Amok laufende lokale Beamte und Regierungen zu schützen.

Als die Regierung Biden versuchte, die COVID-Impfung per Verwaltungsakt durchzusetzen, was die Arbeitsplätze von Hunderttausenden von Floridianern gefährdet hätte, wehrten wir uns mit unserer rechtlichen, politischen und administrativen Autorität. Florida schloss sich einer Reihe von republikanisch geführten Bundesstaaten an und reichte eine Klage ein, mit der die Verfassungsmäßigkeit der von der OSHA (Occupational Safety and Health Administration) und der medizinischen Fachleute von den Centers for Medicare & Madicaid Services (CMS) erlassenen Vorschriften für Arbeitgeber und für die medizinische Versorgung angefochten wurde.

Während diese Fälle anhängig waren, berief ich die Legislative zu einer Sondersitzung ein, damit Florida den Schutz von Arbeitsplätzen vor den Bundesvorschriften, aber auch vor eigenständigen Unternehmensvorschriften, die von großen Unternehmen wie Disney umgesetzt werden, kodifizieren konnte. Da wir noch nicht wussten, wie der Oberste Gerichtshof der USA entscheiden würde, gestaltete die Legislative die Maßnahme so, dass sie auch dann verbindlichen Schutz bot, wenn die Mandate aufrechterhalten wurden. Es ist inakzeptabel, Menschen zu zwingen, zwischen einem Job, den sie brauchen, und einer Chance zu wählen, die sie nicht wollen.

Der Oberste Gerichtshof entschied schließlich zugunsten der Bundesstaaten in Bezug auf das OSHA-Mandat, bestätigte jedoch das CMS-Mandat, wodurch die Arbeitsplätze von Krankenschwestern und anderen medizinischen Fachkräften gefährdet wurden. Das Gesetz in Florida gab den medizinischen Fachkräften die Möglichkeit, sich von jeglichen Bundesmandaten zu befreien, aber die Bundesregierung war drauf und dran, den Schutz unseres Staates abzulehnen und den Krankenhäusern und anderen Gesundheitsdienstleistern die Mittel zu entziehen, was ein verheerender Schlag für deren Betrieb gewesen wäre.

Das CMS verließ sich jedoch darauf, dass die Gesundheitsbehörden jeden Gesundheitsdienstleister »prüften«, ob seinen Leuten eine mRNA-Spritze verabreicht worden war oder nicht. Da wir der Meinung waren, dass dies einen föderalen Übergriff darstellte, lehnte es der Staat Florida ab, unsere Gesundheitsdienstleister zu kontrollieren. Das war kein Problem, denn es gab viele Krankenschwestern, von denen sich die meisten bereits von COVID-19 erholt hatten, die sich nicht impfen lassen wollten, und wenn auch nur einige ihren Arbeitsplatz verloren hätten, wäre das eine Ungerechtigkeit für sie gewesen und hätte das Gesundheitssystem unseres Staates beeinträchtigt.

Genauso wie die Staaten die Übergriffe des Bundes eindämmen müssen, müssen sie auch die lokalen Beamten und die lokalen Regierungen zur Verantwortung ziehen. Das war während der Corona-Pandemie sehr dringlich, als lokale Regierungen im ganzen Land ihre Befugnisse missbrauchten. In Florida unterzeichnete ich im Sommer 2020 eine Executive Order, mit der ich die auf lokaler Ebene auferlegten Coronavirus-Einschränkungen aufhob und später alle Floridianer begnadigte, gegen die wegen der Verletzung von Coronavirus-Bestimmungen Geldstrafen verhängt worden waren. Einige versuchten, mich mit der Begründung zu kritisieren, dass es »nicht konservativ« sei, wenn man sich über lokale Behörden hinwegsetzte, aber das ist eine bizarre Auffassung von konservativer Philosophie, mit der ich nicht vertraut bin. Mein Ziel war es, die Rechte, die Arbeitsplätze und den Lebensunterhalt der Floridianer zu schützen; dies wäre nicht möglich gewesen, wenn ich mich einfach den lokalen Regierungen gebeugt und nichts getan hätte, während ihre Vorschriften den Menschen schadeten.

Ich hatte auch die Pflicht, lokale Beamte für ihr Verhalten im Amt zur Rechenschaft zu ziehen. Die Verfassung Floridas gibt dem Gouverneur die Befugnis, jeden »Distriktsbeamten wegen Amtsvergehen, Amtsmissbrauch, Pflichtverletzung, Trunkenheit, Inkompetenz, ständiger Unfähigkeit zur Ausübung der Amtspflichten oder Begehung eines Verbrechens zu suspendieren und das Amt für die Dauer der Suspendierung durch Ernennung neu zu besetzen«. Gegen diese lokalen Beamten kann kein Amtsenthebungsverfahren eingeleitet werden, sodass der Gouverneur dafür verantwortlich ist, dass sie ihren Amtseid erfüllen.

Als sich die Trümmer in der ganzen Nation aufgrund der rücksichtslosen Politik sogenannter progressiver Staatsanwälte in Städten wie San Francisco, Los Angeles und New York häuften, bat ich meine Mitarbeiter, die Arbeit der zwanzig gewählten Staatsanwälte in Florida zu überprüfen. Die Staatsanwälte im ganzen Land, die so viel Schaden anrichteten, hatten fast alle Kampagnen geführt, die von George Soros' Open Society Foundations mit Millionenbeträgen unterstützt wurden, und ich wusste, dass es in Florida einige gab, die von Soros unterstützt wurden. Dies steht im Widerspruch zur Pflicht des Staatsanwalts, das Gesetz zu befolgen. Zwar kann ein Staatsanwalt die Verfolgung von Fällen ablehnen, doch muss eine solche Ablehnung das Ergebnis einer individuellen Entscheidung über die Begründetheit des Einzelfalls sein, nicht aufgrund einer generellen Politik der Nichtdurchsetzung. Wenn man bekannt macht, dass bestimmte Straftaten nicht geahndet werden, wird es viel mehr solcher Straftaten geben.

Die Überprüfung durch meine Mitarbeiter ergab, dass der von Soros unterstützte Staatsanwalt von Hillsborough County (zu dem auch Tampa gehört), Andrew Warren, eine Reihe von Maßnahmen zur »mutmaßlichen Nichtdurchsetzung« ergriffen und Briefe unterzeichnet hatte, in denen er sich verpflichtete, Gesetze in Bezug auf Geschlechtsumwandlungen bei Minderjährigen und Abtreibung nicht durchzusetzen. Dies war ein klarer Fall von Inkompetenz und Vernachlässigung der Pflichten, der eine Suspendierung verdiente. Dementsprechend drückte ich den Abzug und gab Warrens Suspendierung bekannt, wobei die Sheriffs der Bezirke Hills, Pasco und Polk sowie der ehemalige Polizeichef der Stadt Tampa hinter mir standen. Alle sprachen auf der Pressekonferenz über Warrens Missachtung der Rechtsstaatlichkeit.

Weil Warren ein progressiver Liebling war, behaupteten die etablierten Medien, ich würde wie ein »Diktator« handeln, indem ich einen demokratisch gewählten Beamten suspendierte. Doch die Bürger Floridas, die 1968 die Verfassung Floridas verabschiedeten, hielten es für angebracht, die Befugnis zur

Suspendierung beim Gouverneur zu belassen – eine Befugnis, die speziell für gewählte Bezirksbeamte gilt. Wenn ein Staatsanwalt das Strafrechtssystem »reformieren« will, ist es angebracht, das Amt niederzulegen und mit einer solchen Plattform für die Legislative zu kandidieren.

Die Suspendierung von Warren war an und für sich angemessen, aber sie schickte auch ein klares Signal an andere Staatsanwälte in Florida, dass das Soros-Modell, nur die Gesetze durchzusetzen, die einem gefallen, im Sunshine State nicht funktionieren würde.

Alles in allem ist die Regierung Floridas den Wählern gegenüber viel stärker rechenschaftspflichtig als der Bund. Die Legislative übt die Macht des Geldbeutels, ihr Budgetrecht, in einer Weise aus, die missratene Akteure zur Verantwortung zieht und es der Bürokratie erschwert, als vierte Gewalt zu agieren. Ich habe von meinem Vetorecht Gebrauch gemacht, meine verfassungsmäßige Befugnis zur Suspendierung lokaler Beamter genutzt und durch meine Bereitschaft zur Verhinderung von Übergriffen des Bundes demonstriert, dass wir die Autorität nutzen werden, um einen gut funktionierenden Staat zu erhalten, der die Freiheiten der Menschen respektiert.

★ ★ ★

In Florida haben wir, vielleicht mehr als jeder andere Staat, die Bedrohung der Freiheit durch den Aufstieg des »woke capital«, die zensorischen Neigungen von Big-Tech-Unternehmen und die Bewegung zur Auferlegung sogenannter Umwelt-, Sozial- und Governance-Kriterien (ESG) für die Gesellschaft durch die Wirtschaft erkannt.

Das woke Kapital übt in mehrfacher Hinsicht einen schädlichen Einfluss auf die Gesellschaft aus. Erstens politisieren die Unternehmen die Wirtschaft, wenn sie ihre ökologische Macht nutzen, um zu Themen Stellung zu nehmen, die ihre Unternehmen nicht direkt betreffen. Natürlich ist dies ein freies Land, und sie haben das Recht, diese Positionen zu vertreten, aber es ist nicht gesund, wenn eine marktwirtschaftliche Wirtschaft zu einem verlängerten Arm der politischen Parteien wird.

Zweitens kann der Aktivismus von Unternehmen eine Umgehung des verfassungsrechtlichen Prozesses darstellen. Wenn Wall-Street-Banken missliebigen Branchen, wie privaten Besserungseinrichtungen, die Finanzierung verweigern oder wenn ESG-Aktivismus Änderungen in der Energiepolitik eines Landes erzwingt, stellt dies die Auferlegung einer Politik mit außerverfassungsmäßigen Mitteln dar, da solchen Maßnahmen die politische Unterstützung fehlt, die für eine formelle Verabschiedung durch gewählte Vertreter erforderlich ist.

Drittens hat die politisierte Kultur, die sich in großen Unternehmen entwickelt hat, den Woke-Impuls normalisiert und den Angestellten aufgezwungen. Es ist jetzt Routine für große Unternehmen, Angestellte zu zwingen, Schulungen zu absolvieren, in denen sie sich über Begriffe wie »weißes Privileg« selbst geißeln müssen.

Da die meisten wichtigen Institutionen des amerikanischen Lebens durch und durch politisiert sind, müssen die Menschen vor der Aufzwingung linksgerichteter Ideologie geschützt werden.

So habe ich beispielsweise in Florida das Gesetz »Stop Wrongs against Our Kids and Employees« (WOKE) unterzeichnet, das unter anderem Mitarbeiter vor DEI-Schulungen in Unternehmen schützt, die eine Rasse als moralisch überlegen ansehen oder jemandem aufgrund seiner Rasse unveränderliche Eigenschaften zuschreiben. Nach unserem Gesetz stellt die Auferlegung einer Woke-Ideologie als Bedingung für die Beschäftigung eine feindliche Arbeitsumgebung dar, und die Arbeitnehmer haben das Recht, sich von solchen Indoktrinationen zu befreien. Natürlich können Unternehmen, unabhängig davon, wie schädlich es sein möge, frei für den Rassenessenzialismus oder jede andere Modeerscheinung eintreten, die sie wollen, aber die Freiheit zu sprechen beinhaltet nicht das Recht, zu indoktrinieren. Letzteres entspricht eher dem kulturellen Maoismus als der amerikanischen Freiheitsidee.

Die großen Technologieunternehmen sind ein wichtiges Rädchen im Getriebe, das sowohl die Politik als auch die Freiheit des Einzelnen in hohem Maße beeinflusst. Diese Unternehmen sind Quasi-Monopole, die mehr Macht über die Gesellschaft ausüben, als es die großen Monopole um die Jahrhundertwende je taten. Sie erhalten Haftungsschutz vom Bund auf der Grundlage, dass sie keine Verleger, sondern lediglich Plattformen sind, doch dann drehen sie sich um und wenden ihre undurchsichtigen Nutzungsbedingungen in einer Weise an, die auf der Grundlage von Standpunkten diskriminiert.

Florida hat ein Gesetz zur Bekämpfung der Zensur durch Big Tech erlassen, das Einzelpersonen das Recht einräumt, eine Klage wegen Verbraucherbetrugs einzureichen, wenn sie auf diskriminierende Weise zensiert oder »deplatformed«, deplattiert, wurden. Eine Handvoll Technologieunternehmen beherbergt den Großteil der politischen Äußerungen der Nation, und sie nutzen diese Macht, um der Gesellschaft ein bestimmtes Narrativ aufzuzwingen, sodass Floridas Gesetz einen Versuch darstellt, das Recht des Einzelnen, an der öffentlichen Debatte teilzunehmen, zu schützen. Big Tech kann nicht den Vorteil von beidem haben: Offene Plattformen, die Haftungsschutz genießen, sollten nicht in der Lage sein, durch die selektive Durchsetzung ihrer Nutzungsbedingungen eine Diskriminierung von Meinungen zu betreiben.

Wenn Big-Tech-Plattformen Erzählungen durch Zensur abweichender Ansichten durchsetzen, führen sie zunehmend den Willen des Regimes aus, wie zum Beispiel die Deplattformierung von Personen, die die Corona-Politik des Bundes kritisieren, und verletzen so die Rechte der Menschen. Vor diesem Hintergrund ist es falsch zu glauben, dass Big-Tech-Unternehmen, weil sie »privat« sind, die Freiheit des Einzelnen nicht beschneiden können.

Das gilt auch für andere Unternehmen. Die Vorstellung, dass die enorme Machtkonzentration in privaten Unternehmen keine Auswirkungen auf die Freiheitsrechte der Menschen hat, ist ein Irrtum. Die ESG-Bewegung beispielsweise stellt einen Versuch dar, die demokratische Debatte zu umgehen, indem sie über große Unternehmen und Vermögensverwalter eine Politik mit enormen Auswirkungen macht. Dies hat das Potenzial, wichtige energiepolitische Maßnahmen auf eine Weise zu verändern, die verheerende wirtschaftliche Auswirkungen haben kann, insbesondere für Menschen mit niedrigem Einkommen.

In Florida haben wir die Auswirkungen der ESG-Bewegung sowohl auf die Politik als auch auf die verfassungsmäßige Rechenschaftspflicht anerkannt, indem wir den Pensionsfondsmanagern des Staates untersagt haben, ESG-Kriterien bei ihren Investitionsentscheidungen zu berücksichtigen. Wir haben auch die Stimmrechte des Staates wiederhergestellt, die es Florida ermöglichen, seine Aktien zur Abstimmung über Unternehmensangelegenheiten zu nutzen, um gegen ESG-Initiativen zu stimmen. Wenn andere Bundesstaaten sich Florida anschließen könnten, wäre es möglich, einen massiven Anti-ESG-Stimmblock zu bilden, der einen Unterschied machen kann, wenn diese Themen vor großen Unternehmen auftauchen.

Es ist ein unzureichender Ansatz, dem Wunschkapital und Big Tech einfach zu erlauben, Amok zu laufen, ohne dass sie zur Rechenschaft gezogen werden.

★ ★ ★

»Eine Wiedergeburt Amerikas« erfordert, dass die Machtverhältnisse in Washington, D.C., so gebändigt werden, dass die Regierung verfassungsmäßig rechenschaftspflichtig ist. Es erfordert auch, dass Unternehmen als politische Akteure behandelt werden, wenn sie ihre wirtschaftliche Macht nutzen, um eine ideologische Agenda voranzutreiben.

Die Verwirrung der verfassungsmäßigen Ordnung ist darauf zurückzuführen, dass es dem Kongress nicht gelungen ist, seine Befugnisse nach Artikel I zu nutzen, um fehlbare Behörden zur Rechenschaft zu ziehen und Gesetze zu erlassen, ohne wichtige politische Entscheidungen an nicht gewählte Bürokraten zu delegieren.

Die Einführung von Amtszeitbeschränkungen für die Mitglieder des Kongresses würde auch dazu beitragen, die verfassungsmäßige Rechenschaftspflicht wiederherzustellen, weil die Mitglieder dann eher bereit sind, die Befugnisse des Kongresses zu nutzen, weil sie nicht in dem Versager-Theater, das der moderne Kongress ist, sozialisiert werden. Darüber hinaus würde ein ausgeglichener Haushalt die herrschende Klasse daran hindern, die Nation in ein schuldengeschütteltes Elend zu stürzen, und den Kongress zwingen, seine Ausgabenbefugnisse ernster zu nehmen.

Die Wiederherstellung einer verfassungsgemäßen Regierung erfordert, dass auch die Exekutive ihren Teil dazu beiträgt. Artikel II der Verfassung sieht vor, dass die »Exekutivgewalt einem Präsidenten der Vereinigten Staaten von Amerika übertragen wird«, doch ein Teil dieser Macht wurde auf Bürokraten übertragen, die angeblich aufgrund des Beamtenrechts gegen die Rechenschaftspflicht des Präsidenten immun sind. Es ist eine Sache, wenn ein Angestellter der unteren Ebene den üblichen Kündigungsschutz genießt; eine ganz andere, wenn Angestellte der Exekutive mit politischen Entscheidungsbefugnissen außerhalb der Reichweite des Chefs der Exekutive stehen.

Viele hatten gehofft, dass die Regierung von Donald Trump dies durch die Umsetzung eines Plans, der als Schedule F bekannt ist, korrigieren würde. Dieser Plan würde etwa fünfzigtausend Bundesbedienstete, die in »politikbestimmenden, politikgestaltenden oder politikbefürwortenden« Bereichen tätig sind, als Angestellte auf Abruf einstufen, die nach Belieben des Präsidenten arbeiten. Auf diese Weise wäre der Präsident in der Lage gewesen, Bundesbedienstete zu entlassen, die seine Politik vereitelten, und damit der Vorstellung, dass die Bürokratie die vierte Gewalt der Regierung ist, einen Schlag zu versetzen.

Dies würde eine Exekutive schaffen, die viel stärker der ähnelt, die sich die Gründerväter der Verfassung vorgestellt hatten. Es liegt auf der Hand, dass ein föderales Establishment, das praktisch immun gegen die Ergebnisse von Wahlen ist, nicht zu der Art von Rechenschaftspflicht führt, die erforderlich ist, um eine gute Politik zu machen, geschweige denn die Freiheit zu bewahren.

Sowohl die Legislative als auch die Exekutive sollten ihre jeweiligen Befugnisse nutzen, um den Einzelnen gegen große Unternehmen zu verteidigen, die faktisch öffentliche Macht ausüben. Die Eindämmung von Big Tech, die Durchsetzung von Kartellgesetzen, das Verbot von diskriminierender Berufsausbildung und die Lähmung der ESG-Bewegung sind allesamt Möglichkeiten, mit denen die politischen Instanzen die Freiheit des Einzelnen vor lautstarken ideologischen privaten Akteuren schützen können.

Die Gründerväter erkannten die Gefahren, die von einer Anhäufung von Macht innerhalb der Regierungsstruktur ausgehen, und die letzten Jahre haben gezeigt, dass sich diese Sorge auch auf den Unternehmensbereich erstreckt. Letztendlich wird die Wiederverankerung des verfassungsmäßigen Staatsschiffs die notwendige Grundlage für die Wiederbelebung einer Gesellschaft bilden, die in Freiheit, Gerechtigkeit und Rechtsstaatlichkeit verwurzelt ist.

Schluss

Amerika zu Florida machen

Als ich Gouverneur wurde, schlug ich alle Vorsicht in den Wind, indem ich Umfragen ignorierte, beschloss ich, ein engagierter Führer zu sein, der Probleme offensiv angehen würde. Ich regierte mit einem Gefühl der Dringlichkeit und der Bereitschaft, Risiken einzugehen, um das zu erreichen, was ich mir vorgenommen hatte. Wir konnten große Erfolge erzielen, auch weil ich aus Überzeugung regierte und nicht versuchte, mich dem anzupassen, was Alexander Hamilton einmal als »jede plötzliche Brise der Leidenschaft oder jeden flüchtigen Impuls« in der Öffentlichkeit bezeichnete. Wir hatten unseren wahren Norden, und wir waren nicht auf dem Weg, uns von Medienberichten und Hintergrundgeräuschen ablenken zu lassen.

Wir gingen auch strategisch vor, ich verfolgte unsere Agenda und war mir der Tatsache bewusst, dass ich die gewählte Exekutive in einem verfassungsmäßigen System war, das Kontrollen und Ausgleiche durch andere Zweige und andere Regierungsebenen vorsah. Ich verstand die Autorität, die ich nach den Gesetzen und der Verfassung Floridas besaß, ich verstand die verschiedenen Druckpunkte in dem System und verstand es, meine Autorität zu nutzen, um unsere Agenda in diesem System voranzubringen.

Wir leben in einer bizarren Zeit, in der Narrative an die Stelle von Fakten getreten sind, und ich habe mir keine Illusionen darüber gemacht, wie meine Aktivitäten von den Medienkonzernen aufgenommen werden würden, die jene Republikaner mögen, die sich weigern, etwas Substanzielles zu tun und pflichtbewusst linke Erzählungen akzeptieren. In der Tat war ich während der Corona-Pandemie der Gouverneur, der von den Medien am meisten verleumdet wurde, und seit dem 20. Januar 2021 wurde kein republikanischer Amtsinhaber konsequenter – und fälschlicherweise – angegriffen.

Das ist der Preis für die Ausübung einer Führungsrolle im modernen Amerika. Ein Gouverneur, der eine aggressive Politik verfolgt, die der linken Ideologie der Eliten des Landes widerspricht, wird unter Beschuss geraten – nicht nur von den alten Medien, sondern auch von Aktivistengruppen, Big Tech und den amerikanischen Unternehmen.

Um erfolgreich zu sein, muss eine Führungspersönlichkeit bereit sein, diese Schläge einzustecken. Das ist nicht immer einfach, vor allem, wenn so viele der Angriffe unverhohlene Lügen sind, aber das ist einfach der Preis, den man für die Führerschaft zahlen muss. Es ist ein Preis, den zu zahlen sich lohnt. Als ich mich gegen die vorherrschende Meinung über drakonische Maßnahmen zur Bekämpfung des Coronavirus stellte, wurde ich zwar von den üblichen Verdächtigen verunglimpft, aber ich konnte die Lebensgrundlage von Millionen von Menschen in Florida retten. Die Fauci verehrenden Eliten an den Küsten nahmen keine Rücksicht auf diese Menschen, und es war meine Aufgabe, die Menschen in Florida vor dem zerstörerischen biomedizinischen Sicherheitsstaat zu schützen.

Wenn man eine starke Position vertritt, wird das vom linken Medienkomplex zurückgewiesen und kann sich vorübergehend auf das politische Ansehen einer Führungsperson auswirken. Zum Beispiel, als Florida im Jahr 2020 landesweit führend bei der Forderung war, Schulen während der Corona-Pandemie geöffnet zu halten, sahen wir uns massiver Opposition gegenüber – von Demokraten, Lehrergewerkschaften, etablierten Medien und sogar einigen Republikanern –, sodass die öffentliche Meinung massiv gegen unsere Politik gerichtet war. Statt uns zu beugen, standen wir den Eltern und Schülern zur Seite und schlugen die Gewerkschaften vor Gericht. Und wir trotzten der Medienhysterie, die nichts mit den Daten zu tun hatte. Da sich die Beweise für unseren Ansatz häuften, erfuhr unsere Entscheidung eine so überwältigende Unterstützung, dass diejenigen, die gegen uns waren, dies in der Regel nicht mehr zugeben.

Es kann vorkommen, dass bei einer schwierigen Entscheidung die Politik nicht mitspielt. Man könnte sogar eine Wahl verlieren, weil man für seine Prinzipien einsteht. Das ist ein Risiko, das ein Leader einfach eingehen muss. Wenn das Richtige zu tun dazu führt, dass man eine Wahl verliert, dann soll es so sein.

Es lohnt sich nicht, sich zu verrenken, nur um sich an ein gewähltes Amt zu klammern.

Gegen Ende des Sommers 2021 erzählte mir Casey, dass sie etwas Komisches in ihrer Brust spürte. Es war kein Knoten, aber ein schwaches Gefühl, das sie untersuchen lassen wollte. Ich sagte ihr zwar, dass es wahrscheinlich nichts sei, aber ich empfahl ihr, ihrem Instinkt zu folgen und zum Arzt zu gehen.

Der Arzt fand bei einer Routineuntersuchung nichts. Das war eine großartige Nachricht, und ich verbuchte Caseys Besorgnis als übermäßige Sensibilität.

Nach ein paar Tagen war Casey wieder besorgt und fragte sich, warum der Arzt sie nicht zu einer Mammografie überwiesen hatte.

Sie wollte eine zweite Meinung einholen.

Wenn es um mich ginge und ein Arzt mir gesagt hätte, dass es keinen Grund zur Sorge gäbe, hätte ich wahrscheinlich nicht zweimal darüber nachgedacht, aber sie hatte ein nagendes Gefühl bei der ganzen Sache, und sie wollte nicht aufhören, bis sie einen Arzt gefunden hatte, der ihr eine Mammografie anordnete.

Ein paar Wochen später ging sie zur Mammografie. Einer der medizinischen Techniker glaubte, etwas festgestellt zu haben, was nicht schön zu hören war und uns große Sorgen bereitete, als wir in den folgenden Tagen auf die Ergebnisse warteten.

Zu diesem Zeitpunkt ging Casey davon aus, dass die Mammografie positiv ausfallen würde. Ich hoffte, dass das Ergebnis unbedenklich sein würde. Erst als ich den Anruf mit den Ergebnissen erhielt, akzeptierte ich voll und ganz, dass etwas nicht in Ordnung war.

Die Ergebnisse waren positiv: Sie hatte Brustkrebs.

Das war wie ein schwerer Schlag für unsere Familie. Casey war eine energiegeladene, lebensfrohe Ehefrau und Mutter von drei Kindern im Alter von vier, drei und einem Jahr, und sie hatte noch nie etwas Schlimmeres als eine leichte Grippe gehabt. Plötzlich hatte sie ihre Sterblichkeit direkt vor Augen. Ich hatte viel recherchiert, während wir auf die Ergebnisse warteten, und war froh, dass die Überlebensrate bei Brustkrebs unglaublich hoch war. Ich sagte ihr, dass es ein schwieriger Weg sein würde, aber ich war zuversichtlich, dass sie am Ende des Weges wieder gesund sein würde. Das war kein großer Trost für jemanden, der auf einen so schwierigen Weg starrte, und es gab viel Ungewissheit, die auf ihr lastete.

Die Chemotherapie war eine miserable Erfahrung. Ich nahm mit ihr an den stundenlangen Behandlungssitzungen teil, und am Ende war sie völlig erschöpft. Sie schleppte sich normalerweise die restliche Woche über weiter, und eine Woche später ging es ihr dann besser. Bis zum endgültigen Ende der Chemotherapie erreichte sie nie wieder das Energieniveau ihres alten Ichs. Der emotionale Tribut war vielleicht noch bedeutender. Jeden Morgen hüpften unsere kleinen Kinder im Haus herum, und sie dachte darüber nach, was passieren würde, wenn sie es nicht schaffen würde. Außerdem musste sie dies durchmachen, ohne zu wissen, ob die Behandlung tatsächlich anschlug, da selbst die besten Krebsspezialisten nicht immer alle Krebsarten »erwischen«.

Eine große Hilfe war die enorme Unterstützung und Zuneigung, die wir von den Menschen nicht nur aus Florida, sondern aus der ganzen Welt erfuhren.

Wir waren uns anfangs nicht sicher, ob wir die Diagnose öffentlich machen sollten, aber da Casey eine öffentliche Rolle spielte, hielten wir es für richtig, den Menschen mitzuteilen, was auf sie zukommt, und sie in regelmäßigen Abständen zu informieren. Als sie die Diagnose bekannt gab, erhielten wir eine riesige Flut von Gebeten und guten Wünschen – und das hat Casey sehr viel Mut gemacht.

Nach etwa sechs Monaten ergab der Scan keine Spuren von Krebs mehr. Sie musste zwar weiterhin regelmäßig gescannt werden, um einen Rückfall zu verhindern, aber das Ergebnis war so gut, wie wir es uns erhofft hatten.

Eine Krebserkrankung ist besonders für Mütter mit kleinen Kindern eine große Herausforderung, doch Casey hat diese lebensbedrohliche Herausforderung mit Entschlossenheit und Anmut gemeistert, und ihre Hartnäckigkeit im Kampf gegen den Brustkrebs war eine Quelle der Inspiration für mich und unsere Mitmenschen.

Die ganze Tortur war für uns beide eine Erinnerung daran, dass es im Leben keine Garantien gibt. Man weiß nie, welche Überraschungen das Leben bereithält. Jeder Tag ist ein Geschenk, also, Leute, macht das Beste daraus – und schaut nicht zurück.

★ ★ ★

Als Kongressabgeordneter flog ich regelmäßig von Florida nach Washington, DC, und zurück. Manchmal flog die Maschine beim Anflug auf Washington, D.C., parallel zur Natio-

313

nal Mall auf dem Weg zum Reagan National Airport. Wenn
man auf der linken Seite des Flugzeugs hinausschaute, hatte
man einen weiten Blick auf die Denkmäler für Lincoln, Jefferson, Martin Luther King und Washington sowie einen majestätischen Blick auf das Capitol. Dieser Aussichtspunkt war
vor allem für Erstbesucher sehr beeindruckend. Doch je öfter
ich diese Flugroute nahm, desto mehr wurde mir klar, dass
die Denkmäler, die die Werte und die Tradition unseres Landes am besten repräsentierten, nicht die waren, auf die alle auf
der linken Seite des Flugzeugs blickten. Nein, die beeindru-
ckendere Aussicht bot sich auf der rechten Seite des Flugzeugs,
über den Potomac River in Nord-Virginia. Dort standen verschiedene Denkmäler.

Sie waren viel kleiner als die auf der Mall und reihten sich
direkt aneinander. Es waren Grabsteine.

Die rechte Seite des Flugzeugs öffnete den Blick auf den
Arlington National Cemetery.

Für mich sind diese Grabsteine die bedeutendsten Denkmäler, denn trotz aller Ideale, die die Denkmäler auf der National Mall repräsentieren, wären sie nicht viel wert, wenn die
Amerikaner nicht bereit wären, das zu geben, was Lincoln das
letzte Maß an Hingabe im Dienst der Nation nannte. Diese
Opfer sind es, die eine freie Gesellschaft möglich machen. Und
obwohl die Denkmäler, die über den Friedhof verstreut sind,
weniger glamourös sind als die majestätischen Denkmäler auf
der anderen Seite des Potomac, sind sie die mächtigsten Sym-
bole für die Schuld, die wir als Amerikaner denen schulden, die
für uns gekämpft haben.

Die Opfer, die man bringt, wenn man ein wichtiges gewähltes Amt bekleidet, sind beträchtlich, zumal die parteipolitische
Feindseligkeit in den letzten Jahren so dramatisch zugenom-
men hat, aber diese Opfer verblassen im Vergleich zu denen,
die unsere gefallenen Helden gebracht haben.

Wie viele, die ein gewähltes Amt bekleiden, sehen Casey und ich die Aufgaben, für die wir kämpfen, als wesentlich für den Schutz von Freiheit und Chancen für unsere Kinder und darüber hinaus. Wir wollen unsere Gemeinden, unseren Staat und unsere Nation in einem besseren Zustand für zukünftige Generationen und für Gott hinterlassen, als wir sie vorgefunden haben.

Aber ich bin auch von dem Wunsch beseelt, denjenigen gerecht zu werden, die sich geopfert haben, damit unser Land frei sein kann. Präsident Ronald Reagan hat einmal gesagt, dass die Freiheit nur eine Generation von der Auslöschung entfernt ist, weil sie nicht durch den Blutkreislauf weitergegeben wird, sondern kultiviert, verteidigt und gestärkt werden muss.

Bei den Spaltungen in unserer Gesellschaft geht es nicht nur um unterschiedliche politische Präferenzen in Bezug auf Steuern, Vorschriften und Wohlfahrt, sondern auch um unsere Grundprinzipien, die Kämpfe, die wir in Florida ausgefochten haben – von der Bekämpfung des biomedizinischen Sicherheitsstaates über die Unterdrückung woker Konzerne bis hin zum Kampf gegen die Indoktrination in den Schulen – treffen den Kern dessen, was es bedeutet, ein Floridianer und ein Amerikaner zu sein.

Der richtige Weg nach vorn ist nicht schwer zu erkennen; er erfordert nur, dass man den gesunden Menschenverstand einsetzt und die grundlegenden amerikanischen Werte auf die Probleme des Tages anwendet. Aber er wird nicht leicht zu erreichen sein. Es wird einen erfolgreichen Kampf gegen eine Menge mächtiger, elitärer Institutionen erfordern, die das Land in einen Kreislauf wiederholter Misserfolge getrieben haben.

Florida hat gezeigt, dass wir die Fähigkeit haben, gegen diese Eliten zu gewinnen. Es braucht Entschlossenheit. Es erfordert strategisches Urteilsvermögen, es erfordert Stärke angesichts der Angriffe, und vor allem erfordert es Mut.

Epilog

Meine erste Amtszeit als Gouverneur war wie ein Wirbelwind. Ich lehnte es ab, Umfragen als Leitfaden zu verwenden, da es bei der Führung darum geht, die öffentliche Meinung zu formen und nicht nur zu reagieren. Ich stellte sicher, dass ich ein aktiver, energischer Regierungschef war, der sich in die Themen einarbeitete und konsequent in die Offensive ging.

Als die Corona-Pandemie ausbrach, wertete ich die Daten selbst aus und traf Entscheidungen, die der konventionellen Überzeugung widersprachen. Wir weigerten uns auch, uns dem Woke-Mob zu beugen, und wehrten uns gegen die ideologische Vereinnahmung unserer Schulen und gegen große Unternehmen, die eine linke Agenda verfolgten.

Bei jedem Schritt stießen wir auf den erbitterten Widerstand der etablierten Medien. Aber wir haben uns durchgesetzt. Wir haben nicht klein beigegeben.

Wir in Florida können bei vielen wichtigen Themen eine Vorreiterrolle spielen und historische Ergebnisse erzielen, aber das ist vielleicht kein Vorbild für andere, wenn es zu einer Wahlniederlage führt.

Die Wahl im November 2022 brachte die Antwort.

Auch wenn der Sieg bei der Wiederwahl nicht garantiert war, so schienen die Chancen doch von Anfang an gut zu stehen. Nach vier Jahren der Interaktion mit Floridianern aus allen Gesellschaftsschichten war es offensichtlich, dass meine Unterstützung seither nur gewachsen war, insbesondere nach unseren Kämpfen für den Schutz der Floridianer vor Verfügungen und Schulschließungen während der Corona-Pandemie.

Bevor ich 2019 Gouverneur wurde, wurden die wichtigsten Wahlen in Florida in diesem Jahrzehnt – die Gouverneurswahlen 2010, 2014 und 2018 sowie die Präsidentschaftswahlen 2012 und 2016 – alle mit einem einzigen Prozentpunkt oder weniger entschieden. Ein Sieg mit fünf Prozent würde in Florida einen »Erdrutschsieg« für einen Spitzenkandidaten bedeuten.

Die Zuwanderung während meiner Amtszeit, insbesondere nach dem Ausbruch der Pandemie, war politisch gesehen positiv. Bevor ich Gouverneur wurde, hatten die Republikaner immer einen Nachteil bei der Wählerregistrierung gegenüber den Demokraten in Florida, doch bei den Wahlen im November 2022 lagen die Republikaner mit 306 000 Wählerregistrierungen vor den Demokraten – ein Vorsprung von zwei Prozent bei der Registrierung. Viele dieser neuen Wähler sind aufgrund unserer Politik nach Florida gezogen.

Da dies für Florida untypisch zu sein schien, gingen politische Insider davon aus, dass ich zwar gewinnen würde, aber nur zwischen sechs und neun Prozent – ein beachtlicher Vorsprung, wenn man die jüngste Geschichte betrachtet, aber nicht ganz der zweistellige Vorsprung, der historisch wäre.

Als der Wahltag kam, war meine Kampagne optimistisch, dass wir einen großen Sieg erringen würden.

Tatsächlich haben wir den größten republikanischen Gouverneurssieg in der Geschichte Floridas errungen, einen Erdrutschsieg mit fast 20 Punkten, wie es ihn in Florida seit einer Generation nicht mehr gegeben hat.

Es war eine dominierende Leistung, die uns den Sieg brachte.

Wir gewannen mehr als 15 Prozent der unabhängigen Wähler, gewannen fast 60 Prozent der hispanischen Wähler, die Mehrheit der weiblichen Wähler und den höchsten Anteil an schwarzen Wählern, den ein republikanischer Gouverneurskandidat in der modernen Geschichte Floridas je erreicht hat.

In Miami-Dade County, das zu 70 Prozent hispanisch ist und das Hillary Clinton 2016 mit einem Vorsprung von 30 Prozentpunkten vor Donald Trump gewann, konnten wir 11 Prozentpunkte hinzugewinnen und waren damit die ersten Republikaner seit zwanzig Jahren, die diesen Bezirk bei einer Gouverneurswahl gewinnen konnten.

Während es im Vorfeld der Wahl Gerüchte gab, dass Miami-Dade im Spiel sei, sprachen nur wenige von der Möglichkeit, dass wir die traditionelle Demokraten-Bastion Palm Beach County gewinnen könnten. Und doch waren wir am Ende die ersten Republikaner, die in Palm Beach bei einem Gouverneurswahlkampf seit fast vierzig Jahren gewonnen haben.

Außerdem erzielten wir in den ländlichen Gebieten Floridas unvorstellbare Ergebnisse: In sechzehn ländlichen Bezirken gewannen wir mindestens 80 Prozent der Stimmen – das beste Ergebnis eines republikanischen Gouverneurskandidaten in der Geschichte des Staates.

Während wir 2018 mit knapp über 30 000 Stimmen gewonnen hatten, gewannen wir 2022 mit mehr als 1,5 Millionen Stimmen – der größte Rohstimmenvorsprung in der Geschichte der Gouverneurswahlen in Florida.

Wir konnten diese großen Wahlerfolge erzielen, indem wir den politisch weniger ausgetretenen Pfad beschritten. Wir haben vier Jahre lang Umfragen ignoriert, meine Vision für den Staat dargelegt, diese Vision erfolgreich umgesetzt und greifbare Ergebnisse erzielt.

Vom ersten Tag an war ich voll und ganz darauf vorbereitet, die politischen Wogen zu glätten. Dass wir nicht nur bei den Wahlen erfolgreich waren, sondern dies auch noch auf dramatische Weise, zeigt, dass eine gute Politik zu einer guten Politik führen kann. Das Florida-Muster ist eine einfache Formel: Sei bereit zu führen, habe den Mut zu deinen Überzeugungen, erfülle die Wünsche deiner Wähler und ernte die politischen Belohnungen. Dies ist eine Blaupause für Amerikas Wiederbelebung. Wir haben gezeigt, dass es möglich ist.

Dank

Seit unserer Heirat im Jahr 2009 ist meine Frau Casey bei allem, was ich tue, an meiner Seite. Sie ist eine bemerkenswerte First Lady für den Bundesstaat Florida gewesen und hilft den Menschen im ganzen Staat in Fragen der psychischen Gesundheit, der wirtschaftlichen Mobilität und der Katastrophenhilfe. Sie setzt sich unermüdlich für unsere Familie ein, auch wenn sie die Herausforderung der Krebsüberwindung meistern muss.

Sie gab mir ein gutes Feedback zu dem Buch und erinnerte mich an einige der Geschichten, die ich schließlich in das Endprodukt aufgenommen habe. Noch wichtiger ist, dass ich ohne ihre Unterstützung überhaupt keine Geschichte zu erzählen gehabt hätte, da ich in meiner Karriere nicht annähernd so viel Erfolg gehabt hätte ohne sie, insbesondere als Gouverneur.

Auch wenn sie nicht an diesem Buch beteiligt waren, haben die Mitarbeiter des Executive Office of the Governor entscheidend dazu beigetragen, unsere Vision für Florida Wirklichkeit werden zu lassen. Vom ersten Tag unserer Amtszeit an hatten wir das Glück, in unserem Amt eine Reihe engagierter Mitarbeiter zu haben, die unermüdlich daran gearbeitet haben, unseren Staat frei und wohlhabend zu machen. Ein Gouverneur kann eine kühne Agenda nicht umsetzen, wenn nicht alle am gleichen Strang ziehen. Meine Siege sind ihre Siege gewesen.

Eric Nelson von HarperCollins gab ein scharfsinniges Feedback. Er leitete ein fleißiges Team von Literaturprofis, die entscheidend dazu beitrugen, die Geschichte Floridas zu erzählen.

Bob Giuffra ist seit Langem ein Freund, und er hat mich während des gesamten Prozesses hervorragend beraten und unterstützt. Er ist einer der besten Anwälte Amerikas und hat einen sehr vollen Terminkalender, aber er war immer für mich da, wenn ich ihn brauchte.